地域の教育資源を生かした
ふるさと教育

中島 美恵子

【著】

国土社

はじめに

　子どもたちと夏の公園へ観察に出かける。すると，お堀端の竹垣に蝉の羽化を発見！　みんな息を潜めて命の誕生を見守る。しっとり濡れた柔らかい羽が少しずつ広がり銀色に光る。笑顔がほっとこぼれる瞬間。

　秋の公園では，山盛りの落ち葉の中にすっぽり入って仰向けに寝る。子どもたちは，「あったかーい，お風呂みたい」「落ち葉のお布団だ！」「木が何だか高く見える」「葉っぱが，ゆっくーり落ちてくるよ」「いろんな鳥の鳴き声が聞こえる」と，ふだん気にとめなかった自然の声，音を感じ，飽くことなく繰り返す。自然は，子どもに子どもらしい本性を引き出そうとする。まさに，レイチェル・カーソンが述べる自然の美しさ，不思議さ，神秘さに目を見張る子どもの感性はすばらしい。

　動物園では，ヒツジのライム君とのふれ合い活動。「ライム君，もこもこだ」「毛糸の洋服みたいだ」「いっしょに遊びたいな」「ライム君，生まれて4か月になる。何かプレゼントしよう」「大好物は何だろう」「花束をプレゼントしよう」「シロツメクサを摘んで，花輪をつくろう」子どもたちは，ヒツジと一体化しながら新たな願いを膨らませていく。飼育舎のサークルの周囲で教室のように学習が展開していく。

　高岡銅器の職人さんに，「仕事をいつまで続けますか」と尋ねる。どの方も，「死ぬまで続けるよ」と答え，子どもたちは感動する。「ぼくも，そのようにいえるくらい仕事や好きなことに打ちこみたい」と，自分の生き方を見つめはじめる。

　高岡城の立地条件をもとにして，ケント紙で「幻の高岡城」をつくる。追体験を通して，「敵から見て攻めにくいお城を築いてすごい」「前田利長が，高岡の町をつくり上げたので，今，私たちの住んでいる高岡があるのだ」子どもたちは，利長公の気持ちになって考え，ふるさとを誇りに感じていった。

　一人暮らしのお年寄り訪問を終えた帰り道。どの子もお年寄りとの交流の興奮と安堵で，頬を真っ赤に染めて語らっている。

　私は，平成時代に入って，富山県高岡市内の5つの小学校（高岡市立西条

小学校，定塚小学校，西広谷小学校，成美小学校，平米小学校）に勤務し，縁あって未来を担うたくさんのかけがえのない子どもたちと出会い，学び合うことができました。

　本書は，私の授業実践の1コマです。平成5年から平成25年までの20年間に，子どもたちとふるさと愛を基盤に地域の特性を生かした地域学習，ふるさと教育を主題に実践し，今にも通じると考える実践を取り上げ掲載しています。また次ページには，子どもたちと活動した箇所も加えた高岡市内外の関連マップを参考までに図示しました。

　子どもたちは自由闊達に活動しながら，「体験を通して総合的に学ぶ」感動の姿をいっぱい表出しています。私もその様子に心を動かされました。

　子どもの飽くことなき探究心には本当に拍手です。教室の算数の授業では，1つの課題について多様な考えを表出して，お互いに高め合っていく姿にふれるにつけ，私自身も心躍らせました。まさに，「みんな違ってみんないい」の心境です。

　それが，ふるさと地域に入って，フィールドワークしたり体験的に学習したりする中で，さらに開花するのです。この書は，「ふるさと発見」そして，子どもたちに小さな科学者としての探究心を身につけ，生涯社会を生き抜く力にしたいという願いから，「ふるさとに存在する時間，空間の織りなす姿から学んでほしい」という願いをこめたものです。

　ふるさと地域には，貴重な教育資源が存在します。それは豊かな自然や文化であり，また優れた指導者といった人材であり，ふるさとのかけがえのない宝なのです。そうした教育資源を生かし，教材化し，創意工夫して子どもの能力の啓発，生きる力の育成を目指して実践しました。

　そうした一つひとつの実践に自らのあり方をあらためて表出しながら，今，まさに教育実践されている方々の「授業づくり」や「ふるさとを生かした学習の魅力」などに寄与，参考になれば幸いに思います。

中島　美恵子

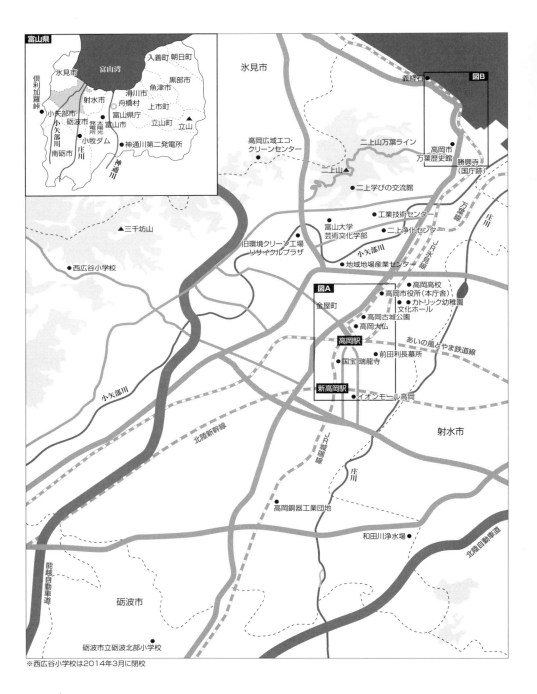
※西広谷小学校は2014年3月に閉校

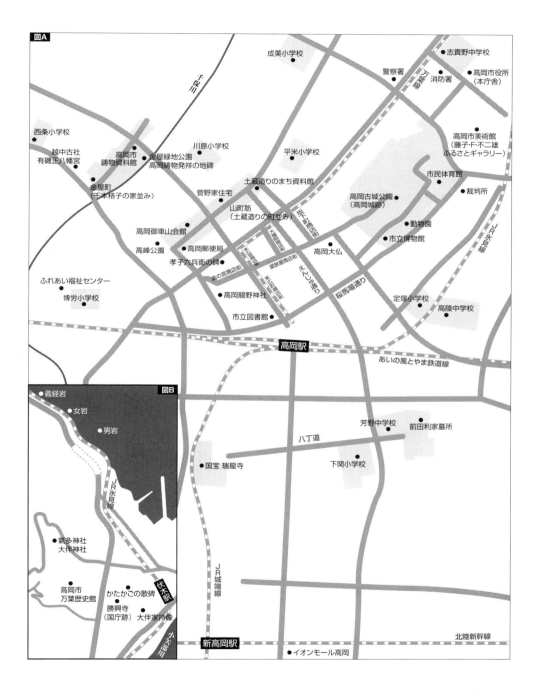

●目次

はじめに　2
序　8

Ⅰ部　ふるさとの自然，人との出会い，ふれ合い

1　古城公園ってすてきだね ……………………………………… 16
　　　　　　　　　　　　　　　　（第1・2学年　生活科）

2　ぼくとわたしのかわいい仲間たち ……………………… 28
　　　　　　　　　　　　　　　　　（第2学年　生活科）

3　動物園ガイドをしよう ………………………………………… 40
　　　　　　　　　　　（第1学年　生活科を軸とした合科的指導）

4　二上山の自然と文化 …………………………………………… 55
　　　　　　　　　（第5学年　社会科，総合的な学習の時間）

5　となりの町の友だち「こんにちは」 ………………… 68
　　　　　　　　　　　　　　　　　（第2学年　生活科）

6　資源・エネルギー探検をしよう ……………………… 78
　　　　　　　　　　　　　　　（第4・5学年　社会科）

Ⅱ部　地域に生きる人の働き，営み，願いを探る

1　川に沿って見つめる …………………………………………… 90
　　　　　　　　　　　　　　　　　（第4学年　社会科）

2　がんばれ　高岡の町おこし …………………………… 103
　　　　　　　　　（第3学年　社会科，発展的な学習の時間）

3　エコタウン「高岡」を目指そう ……………………… 120
　　　　　　　　　（第4学年　社会科，総合的な学習の時間）

4　ふるさとの緑と水と土に学ぶ …………………………… 140
　　　　（第3・4・5・6学年　総合的な学習の時間，道徳，特別活動，学校行事）

5　明るい町を目指して〜一人暮らしのお年寄りに学ぶ〜 ……… 154
　　　　　　　　　　　（第5学年　総合的な学習の時間）

Ⅲ部　地域の文化・伝統を招いた人に学ぶ

1　高岡御車山祭の伝統・文化の継承 ················ 168
（第3・4・6学年　社会科及び音楽，図工，特別活動）

2　高岡銅器の炎　いつまでも燃え続け ················ 182
（第4・5・6学年　総合的な学習の時間，ものづくり・デザイン科第5・6学年）

3　加賀藩の誇り，前田利長 ················ 196
（第6学年　社会科）

4　大伴家持，源義仲，義経のルーツを探る ················ 209
（第6学年　社会科）

5　学校ぐるみで町の歴史文化遺産に学ぶ ················ 222
（全学年　全教科，領域）

Ⅳ部　家庭と連携してつくる学校教育

1　思わず本に手を伸ばす子を目指して ················ 236
（全学年）

2　ぼくもわたしも家庭学習大好きっ子 ················ 249
（全学年）

おわりに　262

序

1　21世紀に求められる教育

(1)　「人間力」の育成と教師力の向上

　子どもたちがこれからの変化の激しい時代を，社会の有意な形成者として成長し，担い，有意義な人生をおくってほしいものである。そのためには，生きる力を支える確かな学力（基礎・基本を確実に身につけ，思考力や判断力，表現力を習得すること），自らを律しつつ他人とともに強調し，他人を思いやる心や感動する心などの豊かな人間性，たくましく生きるための健やかな体などの調和のとれた育成を重視している。そして，それを実践する力を養うこと，それらの営みを生涯にわたり継続していくなど生きる力としての「人間力」が必要になる。こうした「人間力」の育成を目指して，保護者や地域社会，教育行政機関等と連携しながら，みんなで新しい学校づくりに努めている。

　また，教員に求められる具体的資質能力は多々あるが，その一つに，「地球的視野に立って行動するための資質能力」[1] を富山県教育委員会があげている。それは，地球環境問題が予想以上に危機的状態で進行しており[2]，一国の政策では解決できず，地球的視野で実践行動できる人間を育成しなければならない時代だからである。

　折しも，「地球人の世紀へ」と題した新聞社説を読んでとても印象に残った。それは，「アメリカの先住民は7世代先までの未来を見て，悪影響が出ないように配慮する」という事例をもとに，若者たちに，「地球は子孫からの贈り物である」ということを述べているからである。アメリカインディアンの徹底した考え方に感銘するとともに，未来に生きる子どもたちにこの地球のすばらしさを教え，伝えていくことが，一層大切に思うようになった。

　今，地方創生が叫ばれ推進されているが，それぞれの地方には，独自の歴史と伝統があり，そのよさを保ちつつ，より豊かに発展していくことを願うのである。そのためには，21世紀を担う子どもたちをしっかりとしたビジョンをもって育てていくことが大切である。

　今日の急速かつ激しい変化が進む社会を生き抜いていくために，まず学校で，

そして家庭や地域との連携でしっかりと「生きる力」を育むとともに，ふるさとをベースとした地域愛豊かな学習を実践することが大切だと考えた。

幼少年期は，人として生きていくに当たっての人間形成の原点である。豊かな感性を育ませることは私たちの大切な課題である。そして，その基盤は，子どもたちが暮らすふるさとに発するととらえ，ふるさとの教育資源を見つめ，それを生かしながら教育カリキュラムを構成した。

(2) ふるさと富山の地域愛豊かな心の育成

上記のような人間形成を目指すには，自分たちの地域に根ざしたふるさと教育，ふるさと学習を進めることが有効である。地球的視野で考えつつ，足元から行動しなければならないのである。

地域の風土や生活が，そこに住む人間に語りかけるものは無限である。ふるさとの自然・社会・文化にはたらきかける活動を大切にすることにより，子どもは，それぞれ自分の見方や考え方，価値観や生き方に照らして，対象を選び，気付き，感じ，考えていく。そして，多様な人との温かい心のふれ合いや飽くなき追究を通して，自分は，どう生きるかを自ら問い，自分で考え，判断し，はたらきかけたりして新しい価値観を見出し，総合的な「生きる力」を育んでいくものと考える。その基盤は，子どもたちの居場所である地域であり，ふるさと富山の豊かな自然や文化，風土を慈しむ心であり，ふるさとをよく知り，地域への所属感と愛着を育み，誇りと喜びをもって生き続けることである。

元日の紙上対談[3] で，富山県知事石井隆一氏は，ふるさとのよさを再発見し，磨き，次世代に伝えていくことが，誇りと希望のもてる地域づくりに不可欠と述べておられ，一県民として心強いものを感じた。対談相手の藤原正彦氏は，実体験の大切さを述べておられた。

地域には，水や空気，緑，土壌がある。このごく当たり前の自然のよさを教えるとともに，根っこの強い逞しい人間を育成しなければならない。たとえ地域を離れても，原点で地域愛を身につけた者は，新たな地域においても地域愛を発揮するからである。人間形成の拠点であるふるさとで学んだことは，人生において大切なのである。

(3) 主体的環境観の確立を目指して

文科省『環境教育指導資料』では，環境は，自然環境と社会環境を含めた総

合的な事象として理解すべきとしている[4]。

総体的には，環境概念を人間を取り巻く自然環境及び社会環境，文化環境との総合性をもつものと定義できる。子どもは，地域生活環境や人間環境，自然環境を探求し，正しい見方・とらえ方・感じ方を身につけ，価値判断し，行動するものである。これを主体的環境観という[5]。私は，地域の自然や社会・文化など自分を取り巻く環境を総合的に「ふるさとの環境」ととらえてその

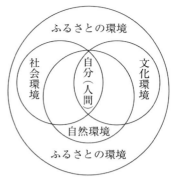

図1　環境の概念図

一体化を図り，主体的環境観の確立を目指す子どもの育成を中心的課題に位置付けた[6]。

レイチェル・カーソンは，『センス・オブ・ワンダー』[7]で，自然のもつ美しさや不思議さ，未知なもの，神秘なものに目を見張る感性を子ども時代に育むことの大切さを指摘し，世界中の子どもに生涯消えることのない感性を授けてほしいと述べている。幼少年期は，身のまわりの環境とのかかわりの中で瑞々しい感性を育むことができる最適な時期である。身近な環境での体験で得られた感性[8]は，新しい知恵を生み出す大切な財産であり，生涯を歩む時の「原風景」として生きる原動力となるからである。

2　教育資源について

(1) 子どもと地域社会との結びつき

子どもの生きがいの場として，学校があり，家庭，地域社会がある。「教育課程審議会答申」（平成19年）では，学校・地域社会・家庭の教育力の低下を指摘し，これらの子どもの学習の拠り所とするものが失われつつあると危惧している。そんな時代であるならなおのこと，地域に存在する生きた教育資源の発掘・活用が望まれ，期待されているのである。私たちは，これまでも地域教材の開発や教材化，実践に努めてきているが，ますますその継続，発展が大切といえる。

顧みると，子どもたちが暮らす校区，地域には，学習材，いわゆる「教育資

源」が豊富に内蔵している。地域は源泉的資料の宝庫である。教育資源とは，子どもを取り巻く全ての環境世界に存在する教材をいう。狭義には，毎時間取り上げられる教材をさすであろう。地域の教育資源を生かす場合は，学校内の教育資源と異なり，外に開かれていることが大切である。地域にある様々な資源を教材化することによって，教育的効果の向上を図ることが求められる。地域の中にある教育資源の観点を３つのカテゴリーでとらえてみた。

①　地域の様々な人材＝人との交流（人材，ＰＴＡ，第四領域〈NGO〉）

　まず第一に人との交流があげられる。学校における教育を責任をもって行うのは，専門職としての教師であるが，さらに，地域社会における特定の領域について優れた指導力や知識・技術をもった人をも視野に入れることが大切である。教師が，地域社会の中に見出される人材を，いかにして活用するかによって人との交流が拡大していくのである。そして，学校人材バンクのテキストを作成し，地域社会の優れた領域のプロ的な人を学校外の教師として招聘できる体制をつくるこが大切である。

②　ものの活用（博物館，資料館，公園，道路，森林，生き物）

　第二にものの活用がある。学校独自の施設・設備だけでなく，地域社会の中にある図書館，美術館，博物館，体育施設など様々な物的資源を活用することによって，学校の教育機能の拡大を図ることができる。また，公園そのものや園内の施設も資源満載である。道路は形態や仕組み，歴史が多くを物語る。森林は緑を通して多くのことを学べる。産業や生き物も動植物としてとらえると様々な領域であり，観察調査，飼育栽培など多くの活動ができるのである。

③　ことの活用（文献資料）

　第三に文献資料など，ことの活用である。これは，子どもたちが学ぶ過程で使用する文献資料をさしている。施設・設備で配布する解説書や写真，表，グラフ，古文書などが当てはまる。

　こうした地域の教育資源を位置付け，教員どうし共通理解の上で，教材開発に臨む。

3　ふるさと愛が詰まった地域学習開始に向けて

　私たちの身のまわりにごく当たり前に存在する自然界の水や空気，太陽，緑

はなくてはならないものである。そんな自然界で必死に生きる昆虫や鳥，動物といった生き物，草花は多くのことを語りかける。この素材を教材化し子どもが学ぶことにより，ふるさとの自然に親しみ，自然環境のありがたさを感じ取るであろう。また，人としての生きるための原体験として必要な食べ物（地産地消）の栽培や消費生活の様相，人間といった素材をテーマに学ぶ機会も大切である。ふるさと教育では，食べ物の生産やものづくりなどの産業，地域の歴史や伝統・文化，町づくりがどう支えてきたかなどと学ぶことを通して，一層ふるさと観が培われていくのである。

　ふるさと教育を著すにあたり，地域環境を自然環境，社会環境，文化環境の３つの観点からとらえた。そして，本書の構成を大きく４部構成とした。

　Ⅰ部　ふるさとの自然，人との出会い，ふれ合い

　Ⅱ部　地域に生きる人のはたらき，営み，願いを探る

　Ⅲ部　地域の文化・伝統を招いた人に学ぶ

　Ⅳ部　家庭と連携してつくる学校教育

Ⅰ部について　ふるさとの自然，人との出会い，ふれ合い（自然的環境）

　子どもが自然の中で遊び親しむことを通して学び得ることは無限である。自然は，何も語らなくても人間以上に多くのことを感じ取らせてくれるからであろう。子どもは，自然との対話を通して生物や動植物の仕組みに関心をもち，さらに，飼育栽培や観察調査をしてはたらきかけていく中で，生物の成長や命の大切さを学んでいく。これは，人としての人間形成において根本的に大切なものである。植物が育つ田畑，動植物が生きる野原や森林などの緑環境・水辺環境を通して多くのことを学べる。生き物も動植物としてとらえると様々な領域であり，観察調査，飼育栽培など多くの活動ができる。

　そんなふるさとの自然の中にどっぷりつかり，太陽や風，水（雨・川），緑，樹木（林・森）に触れ親しみかかわる中で，自然を正しく見る目，貴重な自然のとらえ方を学んでいくのである。

Ⅱ部について　地域に生きる人のはたらき，営み，願いを探る（社会的環境）

　ふるさと教育は，社会的環境の学びも重要である。地域社会において特定の

領域について優れた指導力や知識・技術をもった人をも視野に入れ，人材をいかにして活用するかによって，教育の機能は拡大することが可能であろう。そこには，地域社会に生きる人々が自然や伝統・文化を生かしながらはたらきかけ，より効果的な環境に築き上げていくさま，生き方が表出しているのである。地域社会の中に見出される様々な人の手を介したり施設の援助などを通して絡み合いより複雑な様相を呈していくのである。

Ⅲ部について　地域の文化・伝統を招いた人に学ぶ（文化的環境）

　学校や家庭・地域における人々の心の豊かさや共に生きる人々の絆を醸成する生活，地域，伝統などの文化価値が，教育力や地域活性化において見直されてきている。伝統文化にふれるとは，文化財を見るだけでなくそれにかかわる人にも出会い，話をし，ふれ合うことである。その点からすると文化的環境と社会的環境の融合といってもよい。日本の風土の中で形成された地域の伝統文化は，自然と人間とのかかわりの歴史を反映したものが多く，コミュニティーの維持にも大きな役割を果たしてきた。このため，祭りや伝統行事など伝統文化の継承にかかわる活動は，ふるさとの学習として大切なテーマである。本書では，高岡の伝統・文化の１つとして，高岡御車山祭を取り上げている。

　また，自然との融合や調和の中で育まれてきた日本の文化的・歴史的英知や特有の伝統・文化にふれることはふるさとの環境学習において大きな意義がある。例えば，高岡銅器は，様々な伝統的な技法を保存継承しつつ，弛まない努力・創意工夫を積み重ねながら斬新なデザインや技法を駆使して今に至っている。また，デザイン研究所や地場産業センター，工業技術センター，市役所，問屋，海外取引所など様々な機関との関連によって磨かれ，発展していく。子どもたちが，その過程の中から一方向でも見聞きし，感じ取ることから学び得ることは多い。一人ひとりの子どもの学びを生かし合うことによって教室の人数分の学び合いを総合して高め合っていくことができるであろう。

Ⅳ部について　家庭と連携してつくる学校教育

　家庭は，子どもにとって最も心安らぐ憩いの場であり情緒を育む大切な場であろう。また，日常生活におけるしつけや感性，情操の涵養など家庭教育がなされる大切な場所でもある。まさに，教育の原点は，家庭にほかならないだろう。反面，近年の都市化，核家族化等により，地縁的つながりの中で子育ての

序　13

知恵を得る機会が少なくなってきているといわれる。そんな中で，家庭教育や地域社会での教育の大切さが，ますます再認識されるようになり[9]，行政や関係団体が様々なふれ合い活動を企画し，親子で参加する姿が見られるのは微笑ましいことである。学校教育は，家庭があってこそ成立するのであり，相互の連携および協力に努めていかなければならない。教育活動の目的を達成するためには，家庭や地域の人々とともに子どもを育てていくという視点に立ち，家庭，地域社会との連携を深め，学校内外を通じた子どもの生活の充実と活性化を図ることが大切になる[10]。家に帰った子どもが，学校で学んだことを生かして体験的に考え，行動を起こすことによって，学びの成果を上げることができる。それを実際にやってみるかどうかは，家庭の保護者の深い関心度が大切になるだろう。本書では，家庭との連携による家庭学習習慣の確立や親子でのファミリー読書を取り上げた。

＜註＞

(1) 富山県教育委員会『幼・小・中学校教育指導の重点』2008, 3, P97

(2) 日本経済新聞『地球の危機を読まぬ人々』2008, 3.28

(3) 北日本新聞社「高めよう古里の品格」2008, 1.1

(4) 文科省『環境教育指導資料（小学校編)』財務省

(5) 佐島群巳『学校の中での環境教育』国土社，1992, PP67-68

(6) 拙著『地域で学ぶ環境教育』教育出版，PP8-20

(7) レイチェル・カーソン著・上遠恵子訳『センス・オブ・ワンダー』佑学社，1991

(8) 佐島群巳『環境教育』「環境教育指導資料の教育的役割」日本環境教育学会，2008, Vol. 17-2

(9) 平成18年教育基本法改正：保護者の項目は第10章。保護者は子の教育について第一義的責任を有しておりとする。

(10) 教育基本法第13条,「小学校学習指導要領解説—総則編—」文部科学省，2008, p71

I 部

ふるさとの自然, 人との出会い, ふれ合い

1 古城公園ってすてきだね

(定塚小学校)

第1・2学年　生活科

1　公園学習の授業づくり

　第1学年では，生活科のテーマを「なかよしのわを広げよう」という大単元構成で取り組んだ。子どもたちは，入学以来，友だちや教師といっしょに活動すること（人とのかかわり）を大切にしながら，家庭→校舎内→校庭→学校周辺へと活動範囲を広げていく。

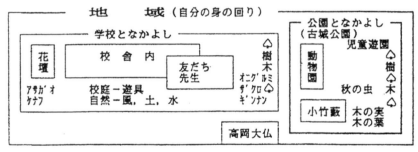

図1　子どもと身近な地域とのかかわり

　校庭へ飛び出していったR子，M子，H子は，長休み終了のチャイムがなるとタンポポをいっぱい握りしめて，「お花，摘んできたよ。先生にプレゼント！」と息を弾ませる。毎日，校庭に実った「オニグルミ」を拾ってくる子，校庭の遊具を使って遊んだ満足感や太陽や風の恵みで遊んだことなどを伝えてくる子等々。2学期になるとすっかり学校の主人公のようにふる舞うようになる。そして，だんだん公園へとなかよしのわを広げていく。公園は大人だけでなく，子どもにとっても遊び，憩いの場として大切である。

(1)　教育資源としての公園の魅力

　高岡古城公園は，高岡の中心に位置し，加賀藩高岡城城跡という古い歴史をもち，21万m²の広大な面積の3割を水濠が占める県定自然公園である。こ

のような環境条件で，古城公園は，次の視点から生活科学習が展開できる。

　ア　自然が豊かで動植物が多種多様に生息しており，生き物との出会いによる感性を育むことができる。
　イ　市民の憩いの場であり，幅広い年齢の人々が利用する，この人たちと出会い，人との接し方や社会生活のルールが体験できる。
　ウ　公園内には，動物園，図書館，児童遊園地，博物館などの公共施設があり，これを使うことで公衆道徳を身につける。また，公園の美化への意識を醸成できる。

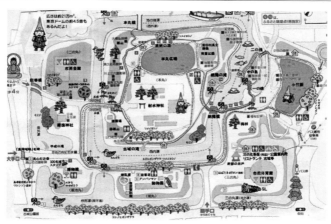

図2　古城公園内のマップ図[1]

(2)　シリーズで公園を見つめる

図3　公園を軸としたトピック学習とシリーズとの関連(第1学年)

「古城公園へいこうⅠ，Ⅱ，Ⅲ，Ⅳ」は，年間4つの単元で構成し，シリーズ学習を積み重ねる中で，一人ひとり望ましい環境へのはたらきかける力を育成していくようにした。「古城公園へいこうⅠ」は，春から夏にかけて　a桜がまんかいだよ　b動物園の動物となかよしになれるかな　c児童遊園地で遊ぼうなどの学習活動を実践した。「古城公園へい

1　古城公園ってすてきだね　　17

こうⅡ―虫の声がきこえるよ」は，生活科と他教科・道徳で，「古城公園へい
こうⅢ―はっぱの色がかわったね―」は，教科・特活で，「古城公園へいこう
Ⅳ」は生活科が主である。

　生活科は，長期間の子どもの成長を見守りつつ，自立の基礎を培っていくの
で，「公園」を軸として大単元構成の年間計画で２年間の継続した学習とした。
本書では，三つの実践を取り上げた

２　古城公園へいこうⅡ―虫さんの声がきこえるよ―（第１学年生活科）

(1)　生活科と他教科との内容のクロス

　表1は，年間指導計画から，トピック単元「古城公園へいこうⅡ―虫さんの
声がきこえるよ―」を生活科を中核とした合科的な関連でまとめたものである。
学習活動は，①体験的感性　②気付き・表現　③生き物への思い・かかわり
④生活化・実践行動の４つの段階とした。

　①の過程では，秋の公園が春・夏の公園と違うことを五感をはたらかせてと
らえ，虫探しをして秋を楽しんだ。子どもたちは，虫探検で，鳴き声が聞こえ
るのに見つからなかったり，捕まえようとするとピョーンとはねて悔しい思い
をしたりした。そんな自然の中での活動を通して，虫の体のつくりや色，住ん
でいる場所に興味をもち，進んで調べようとした。例えば，体の色とその虫の
すみか，食べ物による体形の違い，人間などが近づくと直ちに身を隠す素早さ
などである。特に，秋の虫たちは，生態的にもジャンプ力があり，運動エネル
ギーのすばらしさには目を見張る。

　②の過程では，こうした感動体験を子どもの意識の高まりに応じて，図工や
体育，音楽などの教科内容を合科的扱いで表現活動へ位置付けるようにする。
○図工―虫との出会いや感動を粘土でダイナミックにとらえ制作する。
○体育―公園のすてきな仲間たちの動きを体全体でまねっこする。
○道徳―「ちょうちょう（自然愛・動植物愛護）」を題材に学ぶことにより，
　　命の尊さに気付き，慈しむ心を育んでいった。
○音楽―虫捕りをした時の緊張した雰囲気は，「虫のこえ」の曲を情景を想像
　　しながら楽しく合唱する時に生かすことができた。思い思いの音色で鳴く虫。
　　種類によって鳴き方や動きが異なることに着目して，バッタやカマキリの歌

表1 「古城公園へいこうⅡ―虫さんの声がきこえるよ―」学習の流れ

第1学年　生活科を中核とした合科的な指導

単元名	過程	ねらい 課題	生活科（10時間）	他教科、領域（9時間）国語・音楽・図工・体育・道徳・特活
古城公園へいこうⅡ―虫さんの声がきこえるよ―	体験的感性	秋の公園が春・夏の公園とちがうことを五感をはたらかせて体全体でとらえ、虫探しをして楽しむ。	＜活動1＞「虫探検にでかけよう」 〇虫探検の準備をしよう（3時間） ・古城公園にいっぱい鳴いてるよ 〇虫探検にでかけよう ・公園のどこにいるかな ・うまく捕まえるコツを見つけたよ	
	気付き・表現 生き物への思い・関わり	秋の虫に関わる活動を通して、世話をするための工夫をしたり、虫の不思議さや面白さ・特徴などに気付いたりすることができる。 虫の食べ物や飼い方など虫について知った喜びを自分なりの方法でポケット図鑑に表現することができる。	＜活動2＞「虫さんとなかよし」 〇虫さんを飼おう　　　　　　（3時間） ・虫のおうち作り ・飼い方を調べる ・名前を付ける 〇ポケット図鑑を作ろう ・虫となかよくなろう --------------→ ・虫の健康観察をする（朝の会） ・虫の特徴を調べる ・虫さんごっこをする --------------→ ・音色に耳をすまそう --------------→ ・虫の曲を歌ったり演奏したりする ・ポケット図鑑完成	①＜図工＞「動物さんのおうち」 　　　　　　　　　　（1時間） ・虫を粘土で形作る ②＜道徳＞「ちょう」（1時間） ・自然愛、動植物愛護 ③＜体育＞「動物ごっこ―野原の素敵な仲またち―」（6時間内2時間） ・体全体でまねっこする ④＜音楽＞「虫の音楽会をしよう」3時間・「虫の声」を歌う、3題目を作詞する。 ・手作り楽器で演奏する
		楽しい虫さんパーティーになるように、虫について知ったことを工夫しながら力を合わせて作り上げていく。	＜活動3＞「虫さんパーティをしよう」 　　　　　　　　　　　　（3時間） ・パーティーの発表内容、グループ作り ・役割分担、グループ練習、準備 ・パーティー	＜図工＞（1時間） ・虫のお面作り ・会場の壁画作り
		生き物をもといた環境（公園）に返すことのよさに気付く。	＜活動4＞「虫さんとおわかれ」 ・公園へ返しにいく　　　　（1時間） ・おわかれのメッセージを読んで返す	＜国語＞（1時間） ・おわかれの手紙を書く

　もつくって歌おうと3番目も作詞する。さらに，身近なものから工夫した手づくり楽器を加えることによって，より楽しく演奏することができた。この音出しの工夫は，虫の羽がうまいつくりになっていることに驚くとともに鳴

き方に興味をもち，かわいがろうとする心
情を育てることにつながっていく。

　このような生活科と他教科・領域，道徳と
の合科的な学習によって身につけた表現力を
「虫さんパーティー」で総合的にそして一人ひ
とり多様に表出するのである。

(2)　小さい虫の命への気付き

①　虫と一体化する子どもたち

　子どもは，「ぼくの虫ピョンタ」と名前をつけるなどこだわりをもつことで，
自分の虫を大切にするようになる。飼い方について図書で調べて，土や枯れ
草・草を植えて古城公園を模した限りなく自然に近いすみかをつくった。S子
は，水飲み場もつくった。えさの与え方やすみかづくりで工夫している子ども
を認めて，みんなに広めるようにした。登校すると，持参のえさを取りかえ掃
除をした。そして，朝スピーチの時に，愛しい虫さんのえさの食べ具合いや様
子を紹介し合った。休日には持ち帰って，家族といっしょに世話するようにし
た。

　生活科室で飼育ケースから出して虫と自由に遊んだ。ケースごしに見るので
なく，虫が弱らないようにしながら，胸元につけて「虫バッチよ」とか，頭に
のせて「虫のリボン」としゃれて見せながら虫と一体化していった。えさにつ
いては，バッタをカマキリのえさとして食べさせたことが問題になり，カマキ
リの食べる権利・バッタの生きる権利の話合いから，「生きること」「生命」に
ついてみんなで真剣に話し合った。

②　生態や形態の不思議さを多様に表現する

　毎朝，自分の愛しい虫さんの健康観察を行った。常に，虫ケースを自分の手
近におくことで，羽根を震わせて鳴く様子や卵を産みつける瞬間・共喰いの戦
いを目の当たりに見ることができた。今まで何気なく見ていた虫も改めて観察
してみると，その体のつくりや動き方，生活の仕方などに不思議な事実がとら
えられる。

　おもしろい動きや鳴き方など，発見したことを「見つけたカード」に記録し
ておき，「虫さん図鑑」にまとめることにした。N子は，こおりん（N子のつ

虫のこえ　（三番目）

作詞　一年一組

がっしょうろうまい　キリギリス

虫の王さま　カマキリ

あとからバッタがとんできて

カサカサカサカサ　ピョーンピョン

秋の　よながを　なきとおす

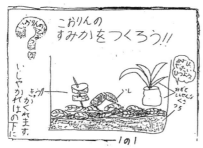

図4　こおりんの手づくりずかん

けたコオロギの名前）のポケット図鑑に，「こおりんのこわいお話，こおりんのくさいお話，こおりんのかなしいお話」をまとめ，紹介した。虫とのかかわり方によって一人ひとり個性的なすてきなポケット図鑑を作り上げることができた。

ポケット図鑑の作成は，さらに活動3の「虫さんパーティーをしよう」へ発展した。子どもたちは，自分が書きためたカードを見直ししながら，虫グループ別に発表する内容を話し合い，わかりやすい方法を工夫した。黒板いっぱいに秋の虫の風景画，棚の上では，虫が羽を震わせて鳴き，雰囲気が盛り上がる。パーティー会場では，紙芝居，身体表現，ペープサート，コント，クイズ式，音楽など多様に表現するのである。

写真1　手づくり楽器で虫さんパーティー

③　命の連続に気付く

4段階目の過程では，生き物をもとの環境に返すことのよさに気付く段階である。飼いはじめて1か月すると，次のような会話が聞かれた。

- C₁ 「虫さん，このごろ食欲がない」
- C₂ 「あまり動かなくなった」（と心配の声を漏らすB男）
- C₃ 「そろそろ虫さんの季節が終わるのかな」
- C₄ 「冬ごもりしたいのかな。元のすみかへ返そう」
- C₅ 「ぼく，ずーっと飼っていたい」（C₅のほかにも数名）
- C₆ 「ぼくのあっ君コオロギ，土に卵を産んでいたよ。卵を返したいから，ずっとおいとくね」

今後の飼育活動に意欲を見せるC₆には，限りない支援をしたい。虫の活動がピークを過ぎた頃，自然に返したい派は飼育箱を手に公園へ返しに行った。

1　古城公園ってすてきだね

子どもたちは，コオロギを落ち葉の陰に，バッタを草むらに返した。一人ひとり，お別れの言葉をかけながら葉の上にそっとおいた。なかなか手の平から離れようとしないコオロギ。子どもたちは，周囲の環境に調和し，生き抜こうとする虫の姿をとらえ，公園は虫にとっても大切なすみかであると認識した。

図5　虫さんへお別れの手紙

3　古城公園へいこうⅢ―葉っぱの色がかわったね―

(1)　図工・学級活動を関連付けた造形の場の広がり

子どもたちは，2度のどんぐり探検を宝物さがしのように楽しんだ。そして，どんぐりの木が公園内の随所にあることを知った。そこで，公園マップにどんぐりの木のある位置をシールでつけてみると，動物園や体育館，小竹藪周辺にかけて多いことが分かった。拾い集めたどんぐりは，おもちゃや飾りに変身した。子どもたちの作品を分類すると，大きく三つのタイプである。

○一つの素材を活用する。
 ・どんぐりごま，まつかさバッジ，ネックレス，やじろべえ
 ・くりのへた（へたに穴をあけてネックレスにした素朴なアクセサリー）
 ・銀杏の実のネックレス
○素材どうしを組み合わせる。
 ・どんぐりとまつかさを使った動物
○素材に身のまわりの物や家庭の飾りなどを加える。
 ・H男―首飾りのどんぐりとどんぐりの間にウッドビーズを入れる。
 ・T子―まつかさの間に切ったカラーモールを入れてキジを作る。
 ・M子，M男―保専の講習会に参加して，まつかさに色を塗ったり，スパンコールやビーズをつけたりしてミニツリーを作る。

この遊びや作品づくりは，秋への実感とともに友だちとのかかわりを深めることができた。どんぐりごまを作るために穴あけのコツを友だちから教わった。

そして，回り具合を確かめ合ったり競争し合ったりした。

作ったおもちゃで遊んだり，飾りを身につけてファッションショーをしたりして楽しさを味わうと，さらに，「もっと他の友だちにも見せてあげたい」「いっしょに遊びたい」という気持ちを高めていった。それは，入学以来，お世話になっている６年生といっしょに遊びたいという願いに至った。そこで，作りたい物別にグループを組んで各コーナーの作品を増やしていった。

ゲーム的なコーナー	どんぐりコリントゲーム，弓矢，迷路，こま，やじろべえ，けん玉
ファッションのコーナー	松かさミニツリー，ネックレス，動物，人形，ペンダント，ブローチ，洋服や冠

さらに，具体的な準備として，６年生を招くためのお知らせポスターやコーナー紹介のプラカードを作成したり，招待状を持っていく人を決めたりした。当日は，６年生４クラス全員が来てくれ，いっしょにどんぐりごまを回したり，逆に剣玉をうまく操作するコツを教わったり，洋服や冠，ネックレスを身につけてくれたりと予想以上に喜んでもらえて，１年生は大満足であった。さらに，６年生は１年生の活動に対してお礼の手紙を書いてきてくれるなど，温かい交流となった。

図６　６年生といっしょに集会

図７　６年生のお礼の手紙

(2) 感動体験は豊かな表現活動へ

① 樹木から季節感をとらえる子ども

子どもにとっては，葉っぱの１枚も宝物である。１枚ごとに，色の美しさを眺めては袋に入れる。銀杏の葉を拾っていたＥ子が，緑色と黄色が混ざった葉

をさし出して，「葉っぱは，まわりから黄色くなるんだね」という。相づちを打ちながらM子は，「かえでの木のてっぺんの方が赤いよ。上から紅葉するのかなあ」という。この時期になると，季節を感じ取っているのや，分析の細かい発言が見られるようになり，子どもの鋭い観察力に驚く。着眼点のよさを賞すると，他の子どもたちも関心をもつようになっていく。

　２週間後に探検すると，落葉した樹木の中で，「かえで」の樹立が目立つ。「わあ！真っ赤だ。」歩くと落ち葉がカサカサと音を立てる。M子が両手いっぱいの落ち葉を空に向かってまくと，みんなも続けて行う。

　C₁　「雨みたい」

　C₂　「落ち葉のシャワーだ」

　　　　さらに，特大のビニール袋へ落ち葉を集めて入れる。パンパンに落ち葉が
　　　入った袋が80個もできた。

　C₃　「クッションみたいに気持ちいい」

　C₄　「ソファーにして寄りかかろう」

　C₅　「ベッドにもなるよ」

　T₁　「落ち葉のふくろで楽しい遊びをいっぱい考えたね」

　　　　季節ごとに探検をする中で，子どもたちは，口々に感動の声を発した。

　C₆　「春は桜の花でピンク色だ」

　C₇　「ペンギンの赤ちゃんが生まれた頃は，みどり色だった。公園で，花とみど
　　　りの緑化フェアーが行われた時も，みどり色だった」

　C₈　「秋は，紅葉で黄色やオレンジ色だった」

　C₉　「秋の終わりになると真っ赤な色だけ目立つよ」

　C₁₀「そうすると，冬はきっと雪が降るから，木も公園も白だね」

　このように，子どもたちは，公園を色の変化としてとらえていった。樹木の比較により季節を体感し，自然への関心を高めていったのである。

② どんぐり博士との出会い

　公園でどんぐり拾いに夢中になっていると，洋服にどんぐりバッジをつけた方が通りかかった。インタビューグループは，親近感をもって近づいた。おじさんは，子どもたちの集めたどんぐりを見て，「みんなよく集めたね。これは

スダジイ。それはナラガシ,マテバシイだよ,みんながんばって勉強してね」と励ましてくださった。おじさんは,鳥取県淀江町の田口勝蔵助役さん(その後,町長に就任)で,どんぐりをふるさと起こしの地場産品にしたり,「日韓どんぐりフェスティバル」を催したりしている方であった。田口さんは,子どもたちの活動に心をとめられ,後日,どんぐりの葉や実,殻斗の実物やどんぐりに関する資料『どんぐりメモ』を送ってくださった。

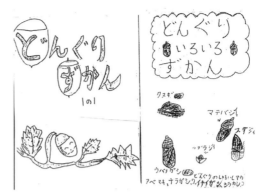

図8　どんぐり図鑑ができたよ

写真2　どんぐりおじさんとの出会い

そこで,資料を使って学び合い,どんぐりの語源・どんぐりの仲間・どんぐりの葉っぱ・どんぐりと森の子どもたち・どんぐりと虫たちなどのテーマで「どんぐり図鑑」を作成した。前単元「秋の虫」でポケット図鑑を作ったことを生かして,M子は自分の名前を使って,「○○ちゃんのどんぐり図鑑」といったようにしゃれたネーミングにした。さらに,子どもたちは,田口さんのようにどんぐりを使ってすてきな飾り物を作りたいと新たな意欲を燃やしていった。

クリスマスイブに,田口さんからどんぐりクッキーがプレゼントされた。子どもたちは,食べるや,「甘くておいしーい」「お口がとろけるようだ」「チョコレート味だ」などと感想を連発し,五感を使った活動で瑞々しい感性が呼び覚まされていく。そして,「クッキーを作ろう!」と新たな意欲を燃やした。

③　どんぐりと「共生」

資料「どんぐりメモ」によると,どんぐりの中にシギソウムシという幼虫が住んでおり,どんぐりの幼芽を食べて成長するという。S男は,「シギソウム

1　古城公園ってすてきだね　　25

シがかわいい」といって，6匹も容器に入れてかわいがっている。どんぐりがとっても好きだが，それをえさにして生きているシギゾウムシもたまらなくかわいいのである。

森には，どんぐりをえさとする動物が多く生息する。そして，食

写真3　どんぐりを公園に返します

料として集めた木の実を土の中に埋めて随時，取り出して食べている。食べ忘れや埋めた場所が分からなくなった実は，そのまま放置されるために，自然に発芽して成長していく。これを知った子どもたちは，次のように提言した。

- C₁「ぼくたちは，動物の大切な食べ物を使っておもちゃを作れたんだ」
- C₂「残った分は，自然に返そう」
- C₃「虫さんを返した時のように，どんぐりも公園へ返して植えよう」
　この意見を公園管理事務所に伝え，どんぐりを2～3か所に植えることが叶えられた。
- C₄「どんぐりを拾うだけでなく，育てることが大切だね」
- C₅「ぼくは，去年，太閤山ランドで拾ってきたどんぐりを植えたよ。今，葉っぱが5枚ほど出て，少し丈が伸びたよ」
- C₆「ぼくたちもA君（C₅）のように鉢でどんぐりを育てようよ」

早速，どんぐりを鉢に横に寝かせて植えると水をかけて，春の発芽を待った。広葉樹は，木の実を豊富に実らせるとともに水源涵養の役目も果たしているということで見直されている。北陸電力[2]では，どんぐりの育樹を推進しているということを知った。本実践は，その第一歩として子どもたちに親しまれているどんぐりと自然にふれ合う中で，自然と共生する心を醸成するものと考える。

5　まとめ

豊かな感性は，子どもが具体的な活動の中で，心が揺さぶられ心に残るような感動体験を積み重ねることによって育っていく。本実践では，古城公園を軸

としたシリーズカリキュラムを作成し，実践した。子どもは，対象（動植物や人）と出会いによる一体化学習が成立した。そして，自分とは異なる生き物や人間の立場とか気持ちとかを理解して，共感したり思いやったりする優しさへの感性が育つのである。対象と一体化できる価値ある体験的活動を展開することによって，子どもはイメージを豊かに膨らませ，自分なりに表現したり，友だちに伝え合ったりしながら共生の心を育んでいくことができる。

　感性は，認識を広げ発展させる創造の泉である[3]。子どもにとって，大切なものとして，「驚く心」「美しいものへの感動」「新しいものへの好奇心」といった感覚が豊かな表現の創造性を生み出す基盤である。価値ある体験的活動の位置付けにより，子どもは，その時々の感動を言葉にする。その言葉のよさや温かさの事実に気付かせることによって，表現力が培われていく。対象と愛情をもってかかわることにより，気付きや自然愛護，社会認識が育まれていく。一つのものが成長してゆくドラマをみたり，それを素直に感動したりする心が大切である。

＜付記＞

○本稿は，下記拙稿をもとに本書用に書き下ろしたものである。

・拙稿「豊かな感性と認識を育てる環境教育―生活科を中核とした合科的な指導―」
　『環境　教育』日本環境教育学会，2000，VOL.9-2，P33-P44

＜註＞

(1)「高岡古城公園散策ガイド」高岡古城公園管理事務所，高岡古城公園を愛する会のガイドマップ一部抜粋

(2) 北陸電力では，どんぐりの育樹を推進しており，どんぐりの苗を黒部環境福祉研究所（所長佐々学先生，元富山医科薬科大学学長）から取り寄せている。これを契機に当研究所と交流実践する。

(3) 扇田広元，1996「豊かな感性を創造する教育実践指針」月刊教育ジャーナル，1月

ぼくとわたしのかわいい仲間たち

(定塚小学校)

第2学年　生活科

1　生活科と図工，道徳，特別活動とのクロス

　1学年「古城公園へいこうⅠ～Ⅳ」の学習で充実感を抱いた子どもたちは，次に，「お堀にはどんな生き物が住んでいるのかな？」「どんな木が生えているのか調べたい」などとさらなる関心を示した。

　そこで，2学年では，1学年の学習をもとに，町探検の活動コースの一つに，「公園探検」も位置付けて接続・発展させた。図1は，公園を軸としたトピック単元を引き出してシリーズ化したものを示す。

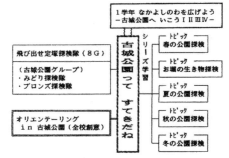

図1　公園探検を軸としたトピックとシリーズとの関連（第2学年）

学習形態や内容から，次の三つを位置付けた。

○公園の動・植物について詳しい名人さんとのT.T（Team-Teaching）による探検
　・ナチュラリストと樹木や昆虫の生態学習
　・動物園飼育技師と水の生き物探検＜本実践：生活科と他教科・他領域＞
○関心別グループ探検＜生活科を中心とする（保護者も付き添い）＞
○全校縦割グループによる公園オリエンテーリング[1]＜1～6学年の異年齢の子どもどうしがグループを構成して活動する。3学年以上は，総合的な学習の時間に位置付ける＞

表1　第2学年生活科を中核とした合科的な指導

	過程	ねらい・課題	生活科　（10時間）	他教科，領域（6時間）国音図体道特
公園探検II ―ぼくとわたしのかわいいなかまたち―	体験・感性的	①お堀を探検し、見つけた生き物を採集しようと様々な用具や採集方法を工夫する。発見したことを生き物マップやカードにまとめる。	<活動１>「生き物探検に出かけよう」(3時間) ・公園の飼育技師に採集方法や生き物のすみかについての情報を集める。 ・お堀の生き物を協力して捕まえる。 ・公園生き物マップにまとめる。	<学校行事ー校外学習> ・魚津水族館へ出かけよう。
	気付き・表現	②採集してきた生き物が住みやすいように、水槽を工夫したり生き物の飼について調べたりして継続して世話することができる。 　活動を通して知ったことや観察して気付いたことを書きためたカードをもとに「ポケット図鑑」を作る。	<活動２>「生き物さんとなかよし」 ○水の生き物を飼おう　（3時間＋日常活動） ・教室の仲間に名前をつける。 ・飼い方を調べる。すみかを作る。 ・えさやり、水かえ、健康観察 ○ポケット図鑑を作ろう ・生き物の特徴を調べる。 ・生き物さんの健康観察をする。 ・水の生き物と遊ぶ。	<課外>寄り道探検で公園管理事務所の方に飼育上の問題点を尋ね、解決する。ポケット図鑑が完成した時は、報告しに行く。 <図工>「かわいいなかまを残そう」 ・粘土で生き物を形作り、　（1時間）記念写真にとって残す。 ・かわいい仲間とふれ合う場面を描く。
	思い・かかわり・工夫　生きもの・生活への	③楽しい水族館になるように力を合わせて工夫し、開館する。	<活動３>「仲よし水族館を開こう」(3時間) ・役割分担、準備・招待状作り ・室内環境（整飾、館内用音楽） ・開館	<学活>「一年生をしょうたいしよう」 ・企画内容、グループ作り　（1時間） ※創意ふるしろの時間をコーナーの準備の時間に補う。
	実践・行動・生活化	④生き物をもといた環境（お堀）に返すことのよさに気付く。生き物を大切にするとともに、生き物に合った環境を考えることができる。	<活動４>「生き物さんとお別れ」(1時間) ○生き物を元の場所に返そう。 ・生き物をどうするか話し合う。 ・公園へ返しにいく。 ・生き物やお堀を大切にするポスターを作る。	<道徳>「もとの海辺へ帰りたい」1時間 ・カニの題材をもとに生命尊重の心を育む <国語>（1時間）・お別れの手紙を書く <創意ふるしろ>「生き物さんとおわかれ」（1時間）

　表1は，第2学年生活科年間指導計画の中から，トピック単元「お堀の生き物探検―ぼくとわたしのかわいい仲間たち―」を取り上げて，生活科を中核とした合科的な指導をまとめたものである。

(1)　公園お堀へ願いを発展させた町探検

　町探検では，各クラス7～8グループの構成で興味・関心のある場所へ出かけた。みどり探検隊は，H男，T男，Y男の3人で，古城公園の自然や園内の施設を調べることになった。T男のご両親が交代で探検に付き添った。2日目，みどり探検隊が小雨の中をフィールドワークしていると，「古城の滝」の付近で，カメを見つけた。T男の父親が，「図書館も探検のコースになっているから，カメの種類を調べてみてはどうか？」と声がけされた。そこで，園内の中央図書館へ行って図鑑を調べることにした。

　教室へ戻って来るや，「カメを見つけたよ！　図書館で調べたらクサガメと書いてあった。帰り道，みんなでクサガメの『くろちゃん』と名前をつけたん

だよ」と大喜びである。級友も予期せぬ公園みやげに拍手をした。T男は，自ら水槽やエアーポンプ，石，えさなどを用意してきて，クロちゃんやタイリクバラタナゴの快適なすみかを作った。家族の協力もあって準備の手際のよさに感心するばかりである。

　みどり探検隊のカメに触発されて，「先生，ザリガニ釣ってきたのを教室へ持ってきてもいい？」などと，水の中の生き物へ子どもたちの関心が向いていった。こうして自然な姿で学習が展開していった。

(2)　西岡さんとお堀の生き物探検

　表1のように，学習活動を4つの過程でとらえた。活動1は，生き物探検で工夫する過程である。動物園飼育技師の西岡さんのアドバイスを得ながら，公園の石垣周辺（高岡城遺構），中之島，朝暘の滝など案内してもらい[2]，各グループは，するめの糸を垂らしたり，網ですくったりして水の生き物を探した。えさや釣り方を工夫し，アメリカザリガニ，エビ，タイリクバラタナゴ，タナゴ，カメ，ハゼ，ドブガイ，大オタマジャクシ，タニシなど，一人1匹を捕まえることができた。公園のお堀のほかにも，家族と前田家墓所のお堀，庄川，用水，田などに捕まえに行き，ギンブナ，フナ，オタマジャクシ，メダカ，ブルーギルなど20種類に及び，一人ひとりの飼育活動がはじまった。

　子どもたちは，飼育過程で気付いたことを記録した。1学年で秋の虫のお世話で手づくりポケット図鑑にしたことを思い起こし，飼育しながら気付いたことを随時，ポケット図鑑や飛び出すカードに書き表していった。また，図工の時間には，かわいい仲間とのふれ

写真1　飼育技師さんとタナゴを捕まえる

合いを絵で描いたり，粘土でダイナミックに形づくりをしたりして関連付けて学ばせるようにした。子どもたちは，お堀で捕まえた瞬間の様子やザリガニを怖がらずに持てるようになった自分をダイナミックに描いた。そこには，自分と生き物との温かいかかわりが垣間見える。

2　感性から認識へ

(1)　自然生態系のリズムを体で感じる

　生き物の世界は，厳しい自然生態系（食物連鎖）でつながっている。お堀生き物探検の帰り，水槽の中では，生きるための争いが起きていた。N男が捕まえたタイコウチがヤゴの血を吸って死なせてしまったのだ。別のケースでは，ヤゴどうしの共喰いがはじまっている。子どもたちは，目の当たりの戦いに驚き，1年生の時の秋の虫以上に，世話することの難しさを実感した。

☆　飼育過程の子どもどうしの情報交換

C_1　「ぼくのザリガニ，脱皮の途中で食べられてしまった」

C_2　「共喰いしてる」

C_3　「タナゴが，また死んでしまった」

C_4　「水を替えたのに」

M_1　「水道水，生き物によくない薬（塩素）が入っているんだ」

M_2　「ぼく，カルキ抜き持ってきた」

C_5　「わたし，くみおき水のかわりに水筒に水持ってきたよ」

C_6　「O君のザリガニに水しか入っていない。かわいそう」

C_7　「小石入れてあげたら？」

M_3　「ザリガニは神経質だから，隠れ家をつくったらいいんだよ」

C_8　「ぼくの図鑑見たら，砂を入れてそこに水草を植えてあった」

C_9　「S子ちゃんは，水草も入れてあるよ。すてきだね」

C_{10}「古城公園といっしょの状態がいいのかなあ」

C_{11}「ぼく，水藻を用意してくるね」

　C_1は，図鑑から脱皮前に体の変化を察知しなければならないことをとらえた。C_2，C_{11}も同様。C_5，C_6，C_7は，先行経験からの発言である。C_3の原因は，西岡さんから水温の上昇であると教わり，水温計を用意して見守ることにした。M_1 M_2 M_3の発言にみるM男は，家庭で育てた先行経験を生かして，友だちの飼育ケースを観察し，気付いたことをアドバイスした。

　このようにトラブルが生じた時は，図鑑で調べたり，飼育技師の西岡さんの所へ尋ねて行ったりして解決するようにした。そして，水生昆虫にとってお堀

の水は，かけがえのない大切なものであることに気付いた。限りなく自然に近いヤゴのすみかを作ろうと，Ｙ男は，お堀をまねて茶色く腐りかけた落ち葉を入れた。そんな中，タイリクバラタナゴがドブガイの中に卵を産んで小さな赤ちゃんがかえったのである。子どもたちはタイリクバラタナゴと二枚貝のドブガイは大切ななかであることに気付いた。大オタマジャクシ（食用カエル）が成長してカエルになりかけ，Ｍ男のメダカの卵がかえって赤ちゃんが泳いでいる。こうした生命誕生から，互いに切っても切れない共生という知的な気付きに至るのである。子どもたちは，お堀の生き物も自分たち人間と同じように生命をもち，懸命に生きているということを認識するのである。

(2) なかよし水族館へようこそ

　子どもたちが，最も生き生きと活動したのは，活動３「なかよし水族館」を開館して１年生を招待しようという目当てに向かって，友だちと協力しながら取り組んだ時である。

　ａ＜課外＞各クラスのふるしろ（企画委員）係が集まり，水族館の運営の方法を相談する。

・校外学習で見学した魚津水族館では，お客さんに喜んでもらおうと，珍しいクリオネの公開などの企画展やタイの輪くぐりショー，入場券，Ｂ.Ｇ.Ｍなどを工夫していることを思い起こしながら案を練った。Ｍ男もヒトデやナマコを触るのが楽しかったことから，進んでふるしろ係になり，「カメやザリガニを上手に持つ方法を教えてあげよう」と，積極的に案を出した。また，入場券を作った。

　ｂ＜学級活動＞具体的な方法を話し合う。（展示する生き物や展示方法，自分がどの担当に所属するかなど）

　ｃ＜創意の時間「ふるしろ」(3)＞各生き物グループ別にコーナーの具体的な準備を行う。

　開館日には，紙芝居やクイズ，カメやザリガニのふれ合い体験，ショーなどを企画して，名前や特徴を一生懸命教えてやり，入場した１年生に喜んでもらった。子どもたちは，みんなで協力し合って活動を進めていく中で充実感や満足感にひたるのである。さらに，２学年以上にも発展していった。

学習発表会では，合科的学習でミュージカル「スイミー」に取り組んだ。子どもたちは，思い思いの海の生き物に扮して，いろいろな生き物が共存しているドラマを歌と踊りで演じ，学習を継続させることができた。

写真2　ミュージカル「スイミー」

(3)　**自然に返すか，飼い続けるか，揺れ動く子どもたち**

　水族館の閉館後，飼育してきた水中生物をこの後どうするかが問題となった。夏休みも近い。自分たちが一生懸命，世話してきた生き物を前に，「ぼくのもの」という所有感や愛着心と，もともと住んでいた自然に返すべきだという心の中で，学級の中でも考えが揺れ動いた。そして，次の2つの意見に分かれた。

◇　**飼い続ける子たちの理由**
・どのように成長していくのかずっと観察して知りたい。
・自然の中で他の生き物に食べられてしまうかもしれない。
・卵を産ませて増やしたい。
・これからも自分たちで飼い続ける自信がある。

◇　**自然に返す子たちの理由**
・お堀は広くて気持ちいい。それに，魚のお母さんや仲間が待っているよ。
・タイリクバラタナゴは次々に死んでしまった。もう飼うのが大変。
・お堀の水は，水道の水より自然だし，水草も多いからいいのでは。
・道徳の「もとの海辺に帰りたい」で勉強したように，生き物は，生まれ育った場所が一番いいんだよ。

　子どもたちの主張の背景には，息長く飼育してきたこれまでの経験がうかがえる。1年生時の虫の飼育では，1か月たつと公園のもとの草むらに返したのに，2年生では予想外に飼育し続けたいという子どもが多かった。子どもの心の葛藤が大切であると考え，2年生なりに自分の意見をもち，十分に話し合わせるようにした。そして一人ひとりが決めた考えを大切にすることにした。

Y子は，犬の散歩中に見つけたカメをかわいがって育ててきた。しかし，学習が終わると，友だちと石垣近くのお堀へ返すことにした。「水の中へすーっと消えていった」というY子の日記から，カメに対する優しい心情がくみ取れる。

写真3　カメをお堀に返す

3　環境保全へのはたらきかけ

　本単元「水の中の生き物」の学習を終えた時，子どもたちは，「公園はそこに住む生き物にとっても大切な場所なのだ」と思うようになった。そして，生き物が住む環境である古城公園を大切にしなければならないということを実感し，公園美化を呼びかける立て札を立てようと提案した。

```
C₁「前は，アメリカザリガニがいっぱいいたのに乱獲で少なくなった」
C₂「ブラックバスやブルーギルなどの外来種を放す悪い人がいる」
C₃「カメやタナゴが安心して住めるお堀にしよう」
C₄「ヤゴが元気に育つように自然な水でなくちゃね」
C₅「看板を作ってお知らせして，みんなに守ってもらおう」
```

　上枠内のような話し合いから，『お堀は生き物の大切なすみか。みんなできれいにしよう』という標語が生まれた。公園管理事務所の内山所長さんに，「看板は，文字を白地に緑色か青色で書くこと，イラストはふさわしくない」などを教わり，公園の緑環境にマッチさせることの大切さに気付いた。レタリング調に作り，石垣近くのゴミを落としやすい所に立ててもらった。

4　秋の古城公園探検

(1)　自然のおくりもの

　ナチュラリストの山下真佐子さんとの出会いは子どもたちにとってかけがえのないふれ合いであった。事前打合せで，自然に対する感受性を育てたい旨を伝えた。

34　Ⅰ部　ふるさとの自然，人との出会い，ふれ合い

子どもたちが公園で観察するのにぴったりの時期として、山下さんのすすめで、お堀の水面をコシアキトンボが飛び交う初夏の公園を探検した。そして、暑いとはいえ、木の葉の茂りや木肌の風のささやきで夏という季節感を味わった。

写真4　コシアキトンボを発見

　晩秋の公園では、1年生の時以上に、どんぐりや落ち葉など秋の恵みに感謝しながら活動を深めていく。

① ネイチャーゲームで自然にひたる

| 活動① | ・落ち葉をグループ別にたくさん集めて山盛りにし、その中に入った時の感じ。 | 「温かーい」「ふわふわしている」「落ち葉の布団だ」 |

　子どもたちは、落ち葉の温もりから受けた感覚を素直に言葉にする。

活動②・寝転がって空を見た感じ。

山下　「落ち葉の布団の中に寝転がって、上を見ます。そして、見えたものをいいましょう」
C₁　「木が高く見える」
C₂　「葉っぱがゆっくり落ちてくる感じ」
C₃　「鳥の鳴き声がよく聞こえるよ」
C全　「自然の声が聞こえてくるよう」

写真5　自然の声がきこえそう

　空が見えるというと思っていただけに意外であった。S男は、五感を総動員させて、ふだん感じることのない視点から自然をとらえ、感性を研ぎ澄ます。

　A男が、笑顔いっぱいに没頭する姿も見られた。子どもたちは、この活動を飽きないでくり返し行い、満足気であった。

　自然をこよなく慈しむ山下さんに、自然の声をきく新鮮な感覚を教わったのである。この活動は新鮮で、公園と親しむための新たな出会いにもなった。

　このように、森の中でのにおい、味や手触りなどの五感をフルに刺激するよ

うな体験は，感性を伸ばすことにつながるといえる。二年間，公園の樹木と
様々なふれ合いをもった。樹木は自然環境の主体と考え，低学年では，樹木で
遊ぶ，木の実を食べるといった緑への温かさに気付く学びが大切である。

②　恵みを味覚で体感する

　1年生の時，鳥取県淀江町の田口勝蔵助役（I—1，27ページに掲載）か
ら「どんぐりは食べられる」と教わり，M男は，図鑑でシイの木の種類が可
能であると知った。2年生の秋には，山下さんに，小竹藪広場でスダジイにつ
いて教わった。

山下「この細みの小さいどんぐりはスダジイの実で，生でも食べられるんですよ。
　　　カラスも食べるんですよ。緑の葉っぱは落ちないで，来年の春，新しい赤ち
　　　ゃんの葉が出てくるまで，じっとくっついているのです」
C全　「えっ，本当？」
※昨年からスダジイをたくさん拾って造形活動に使っていたが，食べられると
　は初耳である。早速，拾って実を割って食べてみた。
C₁　「こりこりしていておいしいよ」
C₂　「噛んでいると甘みが出てくる」
※小竹藪周辺には，樹齢500年も経過したようなスダジイの大木が数本ある。さ
　らに，「動物も鳥もこの実をえさとしている」事実を学んでいる子どもたちは，
　自分たちが使いたい分だけ袋に入れた。
　　H子，A子，S子の3人は，通りすがりのおばさんたちに会うと，
C₃　「これスダジイといってね，食べられるんだよ」
　　と，割って手渡す心優しい面を見せた。

　M子は，スダジイを持ち帰ると母親とクッキーづくりに挑戦した。5月の
町探検で，「すえひロード探検隊」に所属していたM子は，末広町の洋菓子店
「ロマンベール」でクッキーの作り方を教わり，学級の39人分のスダジイクッ
キーづくりを試みた。触発されて，Y子，A子，E子も挑戦し，他の子どもた
ちにも広まっていった。クッキーの味は上々で，どんぐりクッキーやどんぐり
だんご作りに発展し，学活でパーティーを盛り上げることになった。
　　パーティーでは，公園探検の思い出をお堀の生き物のペープサート，「古城

の滝」や「民部の井戸」などのいわれを綴った紙芝居，全校で活動したオリエンテーリングを見本にしたクイズ，絵巻物，カレンダーなど様々に表現した。このようにして，年間5回の探検から得た感動や知的な気付きなどを文集「思い出」の中に総合的に表出していくのである。

(2) 子どもの実践行動や表現の変容
① 公園の公共性を認識する

公園探検を重ねるうちに，自然や動物園，遊具といった施設だけでなく，多くの人が利用していることに着目した。そして，学びの場であった公園に感謝の気持ちが醸成してきた。H男は，おばさんが公園を清掃していたことをふり返り，お世話になった公園を美しくしたいと願いをもった。ここにH男の環境に対する心構えや心配りが溢れている。これは，クラス全員の共通の意見となり，学活動へ発展することになった。11月下旬，

写真6　公園の落ち葉掃き

みんなで竹ぼうきや熊手で小竹藪の沿道の落ち葉を掃き集めた。こうして，公園美化の心が芽生え，環境倫理が育まれていくのである。

② イメージマップにみる公園の膨らまし

どの子どもも二年間，公園に深くかかわってきた。Y男，M男のイメージマップ[4]がそれを物語っている。イメージマップ(imagemaps)—(cognition maps)とは，心の中に描いた概念図である。これはきっかけになる言葉を一つ書き，そこから連想する言葉を次々に書きこんで線で結んでいくものである。

Y男，M男のイメージマップに子どもの表現の創造性を読み取ることができる。学習

図2　Y男のイメージマップ（1年生12月）

2　ぼくとわたしのかわいい仲間たち　　37

した事項を関連付け，個々の知識にとどまらない認識の広がり，つながりが見てとれるからである。子どもにとっての公園の魅力は，風景の美しさだけではとらえられない深い気付きがあるのである。

樹木の落とす葉や木の実が，学びの材料として活躍した時，感謝の気持ちから価値が生じる。

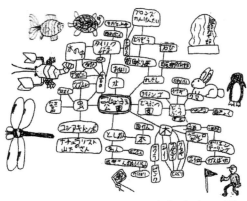

図3　M男のイメージマップ（2年生11月）

奈良県に住んでいたことのあるH子は，作文で奈良公園と比べながら古城公園のよさを書いた。このように環境教育的視点から，公園で豊かな体験的活動を行うことによって自然や社会とのかかわり方を学び，環境認識を深めることができるのである。

図4　公園活動のふり返り（H子の作文）

5　まとめ

子どもが活動の舞台である地域の自然や文化・社会的環境の現状を空間的・時系列的に把握し，変化をも察知し学習活動の中に縦横に取り入れるように工夫した。そして，環境教育の視点から再構成し，子どもの意識，思考の流れに沿いながら大単元構想で実践することから，以下の成果が見られた。

①　思考の連続性を配慮したクロス・カリキュラム

トピック的に各単元に環境教育的視点を入れて展開する。さらに，有機的に統合したり（シリーズ化），大テーマを設定（総合的な学習の時間や大単元構想）したりして，年間を通して学ぶ中で，「地域（公園）に学び愛する」気持ちが醸成されていく。時には，二年間のスパンを見通してゆとりをもって展開することにより，学習の連続性を保障することができた。

その場合，生活科と他教科・領域などとの関連を図り，合科的な指導を行うことで，子どもの問題意識が連続していき，思考も高まり生き生きと活動する姿が見られ，相乗的功果を生み出す。まさに，子どもの学習の連続性が見方，考え方，行い方などの能力の転移性を図られたのである。これは，年間指導計画の時数面や内容面からみても効率的で学習がスリムになる。

②　公園探検の魅力

　子どもは探検をする中で知的好奇心を伸ばし，発見力の啓発ができた。公園は，魅力的な資源が内蔵している。自然的・文化的環境のよさばかりでなく，人的（社会的）環境へのかかわりをもつことによって，子どもの活動や思考の深まりを生み出し発展していくことができる。公園探検によって，願いを次々に達成し環境認識を深めていき，さらに環境保全の行動へ発展していく動機付けとなったのである。

　こうした低学年での公園での学びをふまえ，接続・発展を考慮した学年間の系統をもとに，中・高学年では，「公園」を軸としてどんな実践，展開を膨らませていけるか考究したい。

＜付記＞

○本稿は，下記の論文など再構成したものである。

・拙稿，日本環境教育学会『環境教育』「豊かな感性と認識を育てる環境教育—生活科を中核とした合科的な指導—」2000，VOL.9-2，P33-P44

・拙稿，高岡市小学校教育研究会実践記録論文『豊かな感性と認識を育てる環境教育のあり方—生活科を核とした合科的な指導４年間の取組み—』1998

＜註＞

(1) 平成14年以前は，学校創意の時間「ふるしろの時間（学校独自の名称）」に位置付けて実施した。14年以降は，中学年以上は，特別活動や総合的な学習の時間に位置付ける。

(2) 古城公園の水濠は，水質浄化のための整備以後，水面が高くなったため，お堀や石垣周辺の水辺近くには行けなくなっている。

(3) 同 (1)

(4) イメージマップについて—これはきっかけになる言葉を１つ書き，そこから連想する言葉を次々に書きこんで線で結んでいくものである。個々のイメージを相互に結ぶ。

動物園ガイドをしよう

（定塚小学校）

第1学年　生活科を軸とした合科的指導

1　動物とのふれ合いの魅力

　当校の近くの古城公園には，市の動物園があり自由に入園できる。平日は，幼稚園や保育園，小学校の子どもたちが見学に来ており，休日には，家族連れの来園者で賑わっている。大きな規模の動物園では，活動範囲や動物などに制約を設けて活動しなければならないが，本教材のように身近にある簡易動物園で学ぶことは，子どもたちにとって魅力である。その意義は次の3点である。

＜自分と動物との一体化＞

　低学年の国語科や道徳の学習には，動物を主人公にした題材が多い。子どもたちは，主人公と一体化して人間と同じような気持ちで吹き出しを書いたり，動作化したりするなど真剣な眼差しで学ぶ。

　まして，身近に本物の動物がいることは生きた教材である。ペンギンに興味のある子どもは，その動きのかわいらしさに目が釘付けになる。また，ウサギを抱っこするとその温かさや柔らかさなどの温もり，心臓の鼓動などを感じ，学習という意識を越えた感動がある。子どもが，「ウサギってかわいい」と思うと同時に，教師はそれを発見した子どもも認めたい。それが自信となり，次の学習への意欲，さらには自分自身も成長していこうとする意欲を育てたい。

＜飼育体験の減少と動物にふれることの大切さ＞

　かつて学校では飼育舎があり，飼育委員会を中心に，ウサギ・アヒル・ニワトリ・チャボなどを飼育していた。平成4年に上越市立大手町小学校の視察で，ヤギを学校で飼育し生活科学習で子どもたちがなかよくふれ合う姿に感銘したことがある。それは幼い頃，自分の家にいたヤギのえさやりをして親近感があり共感するのである。近年，鳥インフルエンザの影響や動物アレルギーの児童への配慮から飼育する学校が減少した。こうした現状から，子どもたちが小動

40　　I部　ふるさとの自然，人との出会い，ふれ合い

物に触れ，世話を通して，生き物への優しさや慈しむ心，命の大切さを感じ取る場がより大切になってくる。

＜目の前の動物の秘密や人から満足感を得る＞

　動物園は，小学校児童も幼稚園園児にとっても動物を共通の土俵として学びやすい素材である。動物の秘密を動物園内で伝えることは，臨場感が生まれ，年長児も体全体で楽しむことができる。しかし，園児は，内容に魅力がないと興味を示さない。そこで，日本初等理科教育研究会（以下「日初理」とする）の研究大会に来校し参観された先生方を年長児に見立てて，リハーサルのような形でのガイドツアーを試みる。子どもたちは，目の前にいる動物や初対面の人とかかわり合うことから，用意されたシナリオ通りに表現するわけではない。そこには自分たちで問題解決していかなくてはならない場面が生じることもある。子どもたちにとって切実な立場を通しての学習は，自分の生き方を問われることにもなる。

○　子どもへの期待

　・動物園にいる動物に愛着をもち，大切にすることができる。（関心・意欲・態度）

　・動物について発見したことのよさに気付くことができる。（気付き）

　・自分たちが伝えたいことを楽しみながら多様に表現することができる。（思考・表現）

○　生き方が表れる学習の流れ

　・次ページ図1参照。

2　多様なふれ合いが動物への親しみへ

(1)　富山市ファミリーパークでの共有の場

　当校1年生の出身幼稚園や保育園は，校区域内の園をはじめとして市全域と十数か所に及ぶ。したがって，動物とのふれ合いや扱いなど先行経験も様々である。そこで，入学間もない時期に，動物と共通体験をして学習に動物が登場してきた時，共有したいと考えた。

　校外学習で富山市の野外動物園ファミリーパークへ出かけ，順に見学し共通に理解すること，グループで自由に見学することの方法をとった。特に，安全

図1　学習の流れ「動物ガイドをしよう」

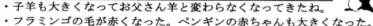

```
┌ 第1次　動物となかよし（春へん）　③
│   お気に入りの動物とふれ合おう
│   ・フラミンゴは、一本足はおもしろいね。
│   ・羊の毛がふわふわだ。モルモットもふわふわだよ。
│ もっと動物とふれ合おう、調べよう　③
│   ・この前より毛がふわふわ。薄くなった。
│   ・えさをおいしそうに食べるね。
│ 動物には不思議や楽しいことがいっぱい！夏休みも調べよう（課外）
│   ・くじゃくの羽が少なくなったよ。
│   ・ペンギンが暑いから、かげで休んでいたよ。
│   ・羊の赤ちゃんが大きくなったよ。
│ 第2次　動物となかよし　（秋へん）　　　　　　　　　　④
│   動物ってすごいね。みんなに教えてあげたいな。
│   ・動物グループになって教えてあげよう。
│   ・うさぎやモルモットにさわってもらおう。
│   ・フラミンゴの一歩足立ちやってみよう。
│ 動物園ガイドツアーをしようパートⅠ（日初理の先生方に）
│ ②＜ガイドツアーについて、アドバイスをしてもらおう＞
│   ・お客さんにほめてもらってうれしかったね。
│   ・アドバイスしてもらったところを変えてみよう。
│ 動物園ガイドツアーをしよう　パートⅡ（幼稚園年長さん）　⑤
│     招待状を作ろう。年長さんに動物園で楽しんでもらおう
│   ・おみやげにプレゼントをわたそう。
│   ・動物シールを貼ってあげよう。
│ 動物園ガイドツアーをしよう　パートⅢ（全校オリエンテーリング）②
│   ・全校のみんなにも教えてあげよう。
│ 第3次　動物となかよし　（冬へん）　　　　　　　　　　②
│   もうすぐ冬がくるね。冬の動物園ってどんな様子だろう
│   ・子羊も大きくなってお父さん羊と変わらなくなってきたね。
│   ・フラミンゴの毛が赤くなった。ペンギンの赤ちゃんも大きくなった。
│   ・動物園にくる人が少なくなったね。さくに雪囲いをしているよ。
│
│ 動物さんと一年間なかよくできてよかったね。　　　　　　①
└ 動物さん、飼育員さんありがとう。2年生になってもなかよくしようね。
```

で子どもになじみの動物として，キリンへの草やり，ポニーの毛を漉く，アヒルを触り耳を見つける，ウサギに触れるなどの4つの活動をローテーションで体験し合った。

(2)　五感を鋭くする

　初めて古城公園の動物園へ出かけた時，クジャクやシカの園舎で子どもたち

から様々な発言が出た。さながらフィールドワークの場での子どもの言葉は実感的で鋭い。例えば，シカ（日本ジカ）のサークルに集まった子どもたちは，第一印象を次々発した。

- ・角が長いな。　　　　　　・爪が２本に分かれている。
- ・鼻をくんくんさせている。鼻を触るとやわらかかった。引っこんだよ。
- ・ぴくぴくかわいい。体がえさのにおいがした。
- ・歯と舌で食べたよ。えさをぺろりと食べた。さつまいもを一気にぱくり。
- ・べろで巻いて食べた。えさをもっとあげてみたい。育ててみたい。
- ・ぼくの手を舌でなめられた。気持ちよかった。舌がぶつぶつしてた。

シカの角や爪，鼻，舌などをよく観察し，どのように動かしているかよくとらえている。特に，触った感じや舌で触られた感じなど五感を鋭くした言葉である。そこから，シカに親密感をもち，もっとなかよくなりたいといった願いが生じてきている。

ウサギコーナーでは，飼育係のおねえさんにだっこの仕方を教わり，子どもたち一人ひとりが抱っこをしてみた。触った時の温かさが，子どもたちにかわ

- ・目が赤いね。かわいかったよ。
- ・ふわふわしていて気持ちよかった。
- ・触ってよかった。
- ・触ってみるとふわふわ。かわいくてたまらなかった。
- ・抱っこしたらくすぐったかった。また抱っこしたいな。

いさを覚えさせ，もっと抱っこしたい，お世話したいという気持ちを生じさせていった。

そこで，２回目に動物園へ出かけた時は，動物園の所長さんや飼育技師の方々の力を借りて，「モルモットやヒヨコを抱っこする」「シカにえさを与える」「ヒツジの毛にふれる」などの直接ふれ合う活動や，自由にいろいろな動物を見てまわる活動を取り入れた。そんな中で，自分が，特になかよしになりたいなと思う動物を見つけるようにした。どの子どももいろいろな動物の所へ行き，何か見つける度に「発見したよ」とうれしそうに報告し，動物となかよくなろうという思いを膨らませていった。

3　動物園ガイドをしよう　　43

(3) 学校でウサギを飼ったよ

　こうした動物園でのふれ合い交流をきっかけに，動物園のウサギを一羽，譲り受けることになった。1年生全体で飼うことにして，動物園へウサギを迎えに行った。

　子どもたちは，「ロップイヤーという種類だよ。2才なんだよ」と嬉しそうに報告した。また，「抱っこする時は，おしりをしっかり支えてもつといいんだって，飼育係のお姉さんがいってたよ」と，友だちに抱っこの仕方を教えていた。そして，「ウサギの食べ物はにんじんのほかに何がいいのだろう」と進んで調べたりする姿が見られた。また，ウサギが下痢をしているのに気付くと，「どうしたんだろう。食べ過ぎたのかなあ？」と，食べ物の観点から心配して，何度も様子を見に行っていた。子どもたちは，「居心地がよいように」「元気でいられるように」と，一生懸命に世話をしようとする気持ちがうかがえる。

　全校に放送で呼びかけて，名前を募集した。たくさん寄せられた名前をもとに，「チャッピー」と名付けた。それからは，グループで順々にえさやウサギ小屋の掃除をする当番を決め，その日のチャッピーの様子を飼育ノートに書いて成長を見守っていった。最後は，担任教師たちが毎日の子どもの活動具合の様子を確認するようにした。

写真1　ウサギを譲り受けたよ

　夏になると，風通しのよい室外のウサギ小屋「ウサギさんズハウス」に移動し，直射日光が当たらないようによしず張りを吊した。夏休み中は，2人一組の当番体制で毎日お世話をした。子どもたちはウサギだけでなく，アサガオなど植物の成長の様子もよく見て水やりを欠かさずに行うなど，生き物全般に関心をもち大切に世話を続けていった。

3　動物への学びの深まり

(1)　クジャクの羽根の不思議を調べる子どもたち

　子どもは，豊かな発想でとらえ声を発する。教室に戻ると，園舎で発した感動を発表し合い共有した。そして，不思議なことやもっと調べたいことを出し

合った。下覧はクジャクについての感動の発言である。

○第一印象	◎教室でのふり返り
C_1　うわあー，羽根がきれい。	C_1　どうして羽根を広げるのだろう？
C_2　丸い模様だ。	
C_3　目玉模様だ。	C_2　飛びたいからかな？
C_4　羽根がセンスみたいだね。	C_1　追いはらうため？
C_5　どうしてこんなきれいな羽根が生えるの？	C_3　みんな集まれ！って合図かな。
	C_4　いっしょに踊りましょうって誘っているのかな。
C_6　羽根が落ちている。	
C_7　柔らかい毛が生えてきているよ。	C_5　結婚するため？……そうだ！めすが来たって知らせてるんだ。
C_8　どのように寝るのかな。	
C_9　広げて羽根をお布団にするのかな？	C_6　プロポーズかもしれない。
	C_4　じゃあデートをしているんだね。

　微笑ましいような話合いを通して，互いに学び合っていく。この話合いをふまえて書いた「見つけたよカード」は，見学後すぐに書いたカードと比べると，文や絵に鋭さがあり観察の吟味が見てとれる。

　2回目の見学で，クジャクの羽が初夏に抜けかわることを教わった。この時期は，美しく立派なクジャクの羽が抜けて皮膚が痛々しく感じる。その抜けた羽を動物園のおじさんからいただき，大切な学びの資料にする。

　M子は，クジャクがきれいな羽を広げていたことが印象に残り，夏休みの自由研究では，羽の模様について調べた。あんなきれいな羽が抜けることに驚いて理由を聞き，他の鳥たちも1年に1回，羽が抜けかわることを知った。また，雑誌に，えさは，毒虫やトカゲ，ヘビを食べるって書いてあったけど本当なのか確かめたいと思い，動物園へ直接，出かけた。野生のクジャクは小さな虫やヘビの赤ちゃんなどを食べるらしい，動物園では野菜を細かくして混ぜて与えることを教わった。こうしたことを，「クジャクってどんなとり？」というタイトルで絵や文でまとめた。

　羽を課題に学びを深めた子どもたちは，動物について調べたことを発表する場で，解説内容を互いに吟味していった。学習参観で保護者の前で，日初理の研究大会に来られた全国の先生方へ，幼稚園の園児に，全校オリエンテーリングで他学年へと機会を得て，さらに内容を吟味していくことになる。

3　動物園ガイドをしよう　　45

(2) 動物紹介を通した幼稚園との交流

① 交流への意欲を高めた名刺交換

　子どもたちは，動物とふれ合って見つけたことや分かったことを本校が交流しているカトリック幼稚園の子どもたちにも教えてあげたいという願いをもった。そこで，幼稚園と小学校の教員で交流の方法について打ち合せを行った。そして，動物を通した交流をする前に，学校と園の子どもどうしが，「手づくり名刺の交換会」で自己紹介をし合って名前を覚えるなどして，お互いに親しくなる場をもとうということを話し合った。

　動物園の場所は幼稚園と小学校の中間地点にある。動物園へミニ遠足に来た園児との初顔合わせを広場で行った。第1回の交流をきっかけに，子どもたちは，幼稚園の子どもたちを意識しながら，特に関心のある動物ごとにウサギグループ・クジャクグループ・ペンギングループなどとグループをつくり，協力して活動を進めることにした。

② クジャクのすてきを伝えよう

　クジャクグループは，きれいな羽を広げた時の様子が印象的だったので，飼育のおじさんからいただいた羽を使ってファッションショーをしようと考えた。また，クイズも出そうと，「羽を広げるのはおすですか，それともめすですか？」といった問題を考えた。クイズに正解した人にはクジャクの羽を貼ったしおりをプレゼントしようなどと話し合った。下記は，クジャクグループが，学習参観の時に保護者対象に紹介した内容である。

解説1＝クジャクは，キジの仲間で，かざり羽は200本もあります。夏，羽が抜けかわるよ。

解説2＝おすはきれいな羽をもっているよ。おすは，めすの前で羽を広げます。

解説3＝クジャクがはねを広げるのはめすに気に入られたいからだよ。

解説4＝おすの羽根は大きいけどほとんど飛べません。夜は木の上で寝ます。

写真2　クジャクグループの中間発表

解説5＝えさは，動物園のおじさんたちがとうもろこしを細かくしたものに，青菜やキャベツを細かくしたものを混ぜて与えています。

解説6＝水の近くで群れをつくって，水の中の小さな虫や藻などを食べて暮らしています。土を固めて巣を作り，その上に卵を1個だけ産み，めすとおすが交替で温めます。

　この発表では，保護者に動物グループの発表内容をアンケート形式で評価してもらった。そのアンケートをもとに次の幼稚園の交流へのステップとした。

アンケート
　グループの話を聞いて答えてください。
　クジャク　グループ
　①　おもしろかったですか。
　　　（少しおもしろかった　　おもしろかった　　とてもおもしろかった）
　②　声の大きさはどうでしたか。
　　　（少し小さい　　ちょうどよい　　大きい）
　③　わかりやすかったですか。
　　　（少しわかった　　わかりやすかった　　とてもわかりやすかった）
　④　感想を書いてください。
（感想）　クジャク羽カードがきれいでうれしかったです。クジャクの羽を広げるのは，おすだということを初めて知りました。声は，もう少し大きい方がいいですよ。

③　ペンギンの動きを伝えよう
　ペンギングループは，歩くかわいい動きがたまらなく好きで，その動きを紹介することに決めた。歌を歌い，ダンスをして楽しみ，クイズを出題して選択で答えることにしようと決めた。活動後にプレゼントを渡すことにした。

解説1＝これはフンボルトペンギンです。ペンギンは，だれだか分かるように色別の輪っかを付けて1匹ずつ名前がついているんだよ。（H子）

解説2＝1年に1回，体の毛が抜けかわります。今年2月に生まれたペンギンは，グレー色をしています。来年の春になると黒い毛になります。（T子）

3　動物園ガイドをしよう　　47

解説3＝好きなえさは，魚でアジとイカとエビだよ。1日に30〜40匹も食べるよ。（J子）

解説4＝ペンギンは，たくさんの家族でくらしているよ。シャワーを浴びて遊ぶのが好きだよ。（A子）

解説5＝ペンギンの羽は泳げるような形になっているよ。背中が黒いのは，泳いでいる時，空から見た敵に見つかりにくいためだよ。お腹が白いのは，海の中を泳ぐ敵やえさの魚にも見つかりにくいからだよ。（D男）

写真3　ペンギンの服装を工夫

　T子は，いろいろな動物に目を向けて多様な視点から接してきたが，ペンギングループの一員となった。動物園にはいろんな種類の動物がいるが，それぞれ似ている所や違っている所を見つけ，それをクイズ形式にして発表した。

　幼稚園の子どもたちといった，自分より幼い子どもを対象に発表する場を設けることは，子どもたちが自分の見つけたことをもっと分かりやすく表現しようとするのに効果的であった。また，「動物の絵を描いたペンダントをあげよう」「動物の折り紙にしよう」「どの動物を見たのか分かりにくいから，カードに動物シールを貼ってあげよう」など，相手に喜んでもらえるように考える姿も見られるようになった。

(3) ヒツジの成長と自分を重ねて見つめる子どもたち

① 子ヒツジのライム君とのふれ合い

　5月に「動物園だより」が届いた＜市内の学校の学級に1枚配布されている＞。子どもたちは，3月に生まれたヒツジのライム君の記事に注目して，「かわいいね，見に行こうよ」といった。早速，動物園へ出かけた。

○ライム君の第一印象	○不思議なこと
・赤ちゃんヒツジかわいいなあ。毛が白い。 ・ふわふわそう，なでてあげたい。 ・お父さん，お母さんヒツジは背が高いね。 ・えさをあげたいな，水も飲ませてあげたい。	・どうして毛があるの？　毛が生えるの？ ・寝るポーズはどんなかな？ ・食べ物は何？　草のかたまりらしいよ。

そこで，動物園に依頼して，2回目の見学ではふれ合い体験を行った。「もこもこだ」「毛糸のお洋服みたいだ」「えさを食べさせてあげたよ」「今度は，いっしょに遊びたい，お散歩もしたいな」「草や花で作ったおもちゃをあげようよ」などとライム君のサークルを囲んで話合いが高まっていった。子どもたちは，「ライム君7月4日で4か月だね。みんなで何かプレゼントしようよ」「ライム君の大好物は何だろう」「ライム君に花束をプレゼントしよう」などと新たな願いを膨らませていく。下校後，子どもたちは，家の近くの草を摘んだり，高岡文化ホールのうずまき広場のシロツメクサを摘んだりして，集めたものを友だちどうしで教え合いながら2連，3連につなげ，首飾りを作った。

　ライム君が生まれて4か月目になった。飼育係のお姉さんに連れられて来たライム君は，仮設のサークルの中に入った。「ライム君，こんにちは」「ライム君，大きくなってるよ」子どもたちの声がとび交う。

　はじめに，夏の成長を計測する。動物専用のかぎ型のものさしを使って，体高は58cm，体長（鼻からお尻まで）が95cm，重さ22kgである。ライム君と並んで，「私たちの腰の高さになったね」と，自分の身長と比べながらライム君の成長を喜んだ。最後に，シロツメクサを編んだ飾りを首にかけてあげたり，ヨモギの冠をかぶせたりした。オオバコの葉っぱを集めた子どもたちは，ふとんのように敷いていた。

写真4　シロツメクサの首飾りをプレゼント

② ヒツジの毛がぬいぐるみに変身

　帰りに，刈り取った羊の毛をおみやげにいただいた。夏休み中に，担任3人でヒツジの毛を毛糸用洗剤で汚れをきれいにして動物園経由で業者に毛糸にしてもらった。

　その後，図工の時間にぬいぐるみ教室の先生の指導で，ヒツジの

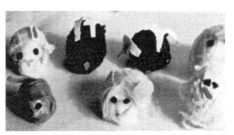
写真5　羊の毛がぬいぐるみに変身

3　動物園ガイドをしよう　　49

毛を使って動物ぬいぐるみを製作した。ヒツジの毛がスピンドルで紡がれ毛糸になっていく様子を見ると，子どもたちは，国語で学んだ「たぬきの糸車みたいだ！」と歓声をあげた。それから，小石に毛糸を巻きつけ，自分が調べてきた好きな動物の人形に変身させていった。これは，動物への親しみや魅力を身近に感じることになり，他教科との関連も大切である。

夏休みは，動物園でこれまでに学んだことをもとに，興味・関心

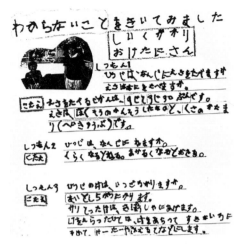

図2　H男のライム君研究

をもっていることや不思議なことを調べることにした。H男やT男は，2〜3回，動物園へ出かけ，ライム君の一日の生活を取材した。H男は，図2のように，弟の誕生がきっかけで，ライム君の生活をも熱心に追っている。

T男は，ヒツジの毛が温かくて油っぽく，毛の長さは中指の真ん中ぐらいだったなど五感を研ぎすませている。また，暑い日の毛がもこもこでさらに暑そうな様子に，「どうして毛があるの？」と聞くと，皮膚を守ったり寒さを防ぐためといわれ納得したようである。さらに，ヒツジの種類について本やインターネットで調べ，分かったことを絵やお話，図，写真などでまとめた。そして，大人になったライム君を見てみたいと期待に心を弾ませている。

○　ヒツジグループの発表

> T男　「日本コリデールの種類です。毛は，寒さを防ぐんだよ」
> A子　「ヒツジの毛はふさふさしているよ。毛を触らせてあげようよ」
> S子　「雨にぬれても，毛が重くならないうに，油がついているからだよ。特徴を教えてあげよう」
> H男　「ヒツジの毛は，5月になったら刈るんだよ。毛は，フェルトや毛糸になるんだ」

> T男　「牧草や乾燥した草をたくさん食べます。9時と3時30分に食べます」
> 全　　「これらのことを解説やクイズにしようよ」

　ヒツジグループは，服装を「ヒツジっぽくしよう」と話し合って，洋服に綿をつけてかわいい姿に扮した。そして，ライム君やお父さんヒツジ，お母さんヒツジの紹介やクイズを行った。幼稚園の子どもたちもライム君の背中を触ったりいっしょにえさやりをしたりして満足気であった。

写真6　ヒツジグループの解説を聞く園児たち

③　ライム君のマフラーづくり

　動物園では冬に備えて12月中旬に飼育舎の雪囲いをする。テレビのニュースで知った子どもたちは，早速，放課後，寄り道探検をした。

　「これから寒くなるね。風邪をひいたら治してあげたい」「お部屋掃除をしてあげたい」「ライム君の誕生日にお祝いをしよう」「ヒツジの毛で編んだ服を着せてあげようよ」「毛を刈ってあげたいね」……　子どもたちは，極太毛糸で指編み（A保育園出身の子どもたちが年長時代に体験したことを想起して）を互いに教え合いながら飼育係さんやライム君のひざ・肩かけを編んだ。H男は，「ぼくは，ライム君のことを教えてくれた飼育係の桶谷さんにマフラーを編むんだ」と，真剣に教えてもらっていた。

　子どもたちは，1年間，ライム君と一体化した気持ちで，成長を見つめてきた。動物園のふれ合い広場のサークルのまわりが学びの場である。ライム君に直にふれた時の温かさ，匂いを感じるなど五感を通したかかわりから発する言葉や飼育

図3　ライム君の身体測定を書いたよ

3　動物園ガイドをしよう　　51

係の人への質疑応答＜T・Tの立場で＞を通して学習が展開し発展していった。

4　伝える楽しさを知る
(1)　動物園だよりに載せてもらったよ

　動物園が定期的に出している「動物園だより」に，みんなからのたよりを載せてもらえることを伝えると，I子やH男が，「書くよ」「やってみたい」と意欲をみせた。

　動物園の担当のお姉さんから，「すてきに仕上がりましたね」と渡され

図4　「動物園だより」に載せていただきました（一部抜粋）

た「動物園だより」を見た子どもたちから，「わあ，上手だ」という声があがった。また，この便りを見た家の人から，「1年生すごいね」「よくがんばっているね」といわれたことをうれしそうに報告する姿も見られた。T子やH子は，にこにこ顔で，「たくさんの人に見てもらいたいなあ」「また，やってみたい」と，表現する喜びを感じていた。

　このように，動物園発行の「動物園だより」に，絵図や文で表出する活動を経て，幼稚園の子どもたち，日初理の研究大会に来られたお客さん，さらに全校縦割り公園オリエンテーリング活動での動物紹介などへつなげ，意欲的に取り組むことができた。

(2)　さらなる交流を目指して
＜交流の感想カード＞

T₁　幼稚園のお友だちに，動物紹介をした時のことを，クラスの他のグループの人にも教えましょう。
C₁　ぼくは，クジャクの説明をして，クイズを出したよ。それから羽根を触らせたり，手づくりのプレゼントを渡したりした。とても喜んでくれてぼくも

うれしかった。
C₂　はじめはドキドキしたけど，だんだん楽しくなったよ。ウサギを抱くとうれしそうだった。モルモットを触ると，「温かいな」と話していた。
C₃　ヒツジを触ると，「毛がかたい」といってたよ。
C₄　わたしは，ウサギグループだった。お友だちがどんなことをしたら喜んでくれるかなぁ？と，真剣に考えた。幼稚園のみんなは，ウサギは鳴かないと思っていたようだけど，「鳴くんだよ」って教えると，びっくりしていた。
C₅　幼稚園のみんなとなかよくなれて本当によかった。
T₂　クジャクやウサギ，ヒツジさんの発表を園児がとっても喜んでくれて，すてきですね。

＜カトリック幼稚園からの手紙＞

交流学習後，カトリック幼稚園の子どもたちからお礼のはがきが届いた。「楽しかった」「またいっしょに遊びたい」などといううれしいたよりに子どもたちは，さらなる交流へと期待を高めていった。

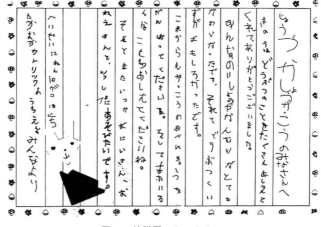

図5　幼稚園からのたより

5　動物や動物園学習の大切さ

「いのちの教育」の大切さが一層，求められている。そんな時，身近な動植物とのふれ合いや人との交流によって，豊かな感性や知的な気付きを育ませることは大切である。校区の大切な教育資源である「公園」内の動物園を生かして多様に展開することができる。

①　動物の成長の変化に対する気付き，生命をもっていることへの気付き，さ
　らに自分のかかわり方に対する気付きなどを大切にしながら取り上げるよう
　にする。また，その感動を個性的に表現させることによって，動物への親し
　みが増し，自分の生活をも楽しいものにしていくことができる。
②　動物園で働く人々や幼稚園の子どもたちとふれ合う活動を通して，子ども
　たちは，愛情をもって接している姿に尊敬の念をもった。また，幼い子ども
　たちには，思いやりの気持ちをもって交流することができた。これからも，
　多様な人々（働く人，特に低学年児童より幼い子やお年寄りなど弱い立場の
　人）とふれ合う活動を充実させていくことが大切である。
　　今，動物園は，林や丘，森，池など自然を生かした飼育舎を配慮して造成し
　たり，間近に動物の生態を見聞きできるよう体験しながらまわったりするなど，
　工夫を凝らした新しい野外型動物園が人気を博している。こうした動物園との
　連携が，今後，大切になるからである。
　　研究会の時，柴田敏隆氏が教員を目指す学生対象にヘビに恐怖を抱かないよ
　うな実習を行ったことを話された。ヘビはともあれ，子どもたちが動物嫌いに
　ならないように，教師や保護者が動物に適切に世話できることも求められる。

＜付記＞

○　本稿は，同学年担任３人で授業実践した事例を筆者が再構成したものである。

・松谷，筱岡，中島「第１学年の実践　古城公園となかよし―動物はかせ大集合―」
　『研究の歩み』定塚小学校，2000，P9-P21

・日本初等理科教育研究大会富山県大会で本校が研究指定校のおり，筑波大学教育
　学部附属小学校森田先生を講師（１学年部会）に指導をいただいた。

4 二上山の自然と文化

(西条小学校)

第5学年　社会科，総合的な学習の時間

1　森林学習の視点

(1)　緑教材のよさ

　富山県は，森林面積の比率が北海道や沖縄に次いで広く，緑に恵まれた県である。環境学習の軸教材はいくつかあるが，ここでは「とやま環境計画」のスローガン《水と緑の快適な環境を目指して》の1つである「緑」を取り上げた。

　本事例は，二上山での子どもたちの自然観察や調査活動から，自然や文化的環境に対する認識を深め，環境保全の大切さを習得させることを目指した。樹木に親しみ，森と人とのかかわりやそこに生まれた文化を知ることは，地域の環境をとらえる出発点となるものである。「緑」と「森林」を軸とした環境学習として，次のような学年間の系統を考えた[1]。

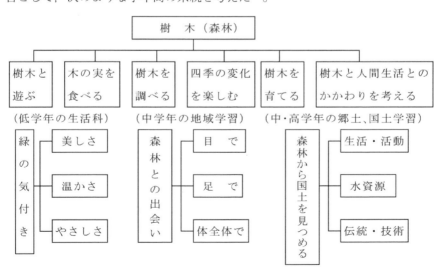

図1　緑と森林を軸とした学習内容関連・発展の図

4　二上山の自然と文化　　55

図1の緑と森林を軸とした系統図をもとに，各学年の具体的な学習活動を構想したのが，表1である。

表1　学習活動（単元）構想表

第一・二学年	＜生活科学習＞ ・のはらであそぼう ・あきとあそぼう ・アサガオさんいっぱいになあれ ・大豆を変身させよう ・土はいちご（トマト・野菜）のお母さん	第五学年	土地の利用と開発 ・平地の利用（富山） ・山地の利用 ・資源の利用 ・万葉ウォークラリー ・環境保全フィールド調査 水と緑の一体化
第三学年	＜地域学習＞ ・緑調べ ・川の源流を突きとめよう		住みよい環境を考える ・国土の自然を守る ・地球の環境を考える
第四学年	・二上山での自然観察 ・緑環境マップ作成 ＜国土学習＞地形の様子 ・平地、山地、川の様子	第六学年	＜歴史学習＞ ・大伴家持と万葉のふるさと ＜政治学習＞ ・私たちの生活と政治

　低学年の生活科で，花や野菜を育て，土にふれ合い緑に親しむようにする。3学年社会科の地域学習で，緑の樹木の多い所に着目していく。さらに，4学年で，二上学び交流館での宿泊学習で自然観察やオリエンテーリングを通して，二上山の自然や文化，歴史に関心をもっていく[2]。

　緑を軸とした学習は，さらに，高学年の国土の学習や歴史学習へと発展していく。二上山や身近な自然や文化の恵みにふれ合うことから，感性を育み，緑や森林への認識を地域的に広げていくものであり，これは5学年社会科の「国土の自然を守る」学習とも関連している。

(2)　森林の多面性

　能登半島国定公園の一角に位置する二上山は，2つの峰をもつ標高274mの小高い優美な山である。奈良時代には，大伴家持（おおとものやかもち）が和歌（『万葉集』に所収）を詠み，南北朝から戦国時代にかけては守山城（もりやまじょう）が築かれていた。全長8.4kmの万葉ラインは，自然と歴史に親しむドライブコースになっており，中腹の万葉植物園では，50余種の万葉植物が自然の姿のまま観察できる。また，

写真1　小矢部川沿いからの二上山

山頂付近には，ブナ（中部地方では本来は，山地帯の植生である）が何本か自生している。

二上山は子どもたちにとっても二上学び交流館を起点とした宿泊学習やキャンプ場での野外活動など自然に親しむ格好の場所である。様々な昆虫や植物が生息する二上山で，自然とふれ合う活動を体験することは，子どもたちの感性を培うと同時に，自然保護の意識を高めることが期待できる。

① 環境教育の視点から

生物の種の多様性と生態系（エコシステム）

二上山には，多くの種類の樹木（ブナ・カシなど）や草花が生育している。特に，ブナは，富山県では，山地帯（標高500〜1,600m）に分布する樹木であるが，二上山のような低い所に分布することから，気候などの自然環境条件の移りかわりを知ることができる。また，昆虫や野鳥などいろいろな動物も観察でき，動植物が互いにかかわり合って生きていることをとらえることもできる。

日本人の自然観

二上山で詠まれた大伴家持の和歌や万葉集歌碑から，二上山やふるさとの自然の美しさに感動した古代日本人の自然観にふれる。

環境保全

・ 二上山の自然の美しさにふれ，生態系の成り立ちについて考える中で，環境の保全の大切さを知る。

・ 二上山の自然を守るための行政の取組みや市民グループの努力にふれることができる。

こうした一連の学習を通して地域からグローバルな問題に課題意識を発展させながら，環境保全の大切さの意識を高めていきたいものである。

② 育てたい能力・態度

・ 二上山のウォークラリーや自然観察を行う中で様々な動植物に接し，自然環境の美しさや不思議さに感動する。　　　　　　　　　　　＜豊かな感性＞

・ 自然の巧みさに気付き，自然の仕組みや規則性を探ろうとする。

＜洞察力＞

・ 二上山や地域環境を守るために，自分たちにできることを考え，豊かな自然や環境を残していこうとする態度を身につける。　　　　　　＜実践力＞

4　二上山の自然と文化　　57

・自然を愛護し，生命ある動植物を大切にする。　　　　　　＜思いやり＞

③　本学習の流れ

ねらい[次] ()内は時間	主な学習活動	※指導上の留意点 ・教材・資料
[第一次] 二上山に登ろう（1 ＋学級活動＋課外） ○ウォークラリー で、二上山の自然 や文化にふれる。	1　グループ別に調査の事前打ち合わせをする。 ・コース、役割分担、準備物、歴史、伝承など 2　「ふるさと再発見ウォーク」を実施する。	・二上山観光マップ ・しおり、各種図鑑
[第二次] 国土の自然を守る (2) ○郷土や国土さらに 世界の森林につい て調べることがで きる。	1　富山県及び日本の森林資源について調べる。 2　照葉樹林について調べる。 宮崎県綾町の照葉樹林文化 3　森林に関する環境問題について調べる。森林伐採、森林の焼き畑、砂漠化、マングローブ林減少、酸性雨 ○矢島さんの地球環境問題の講演	・ランドサット写真 ・「命輝け地球」VTR ※地球レベルの問題に ついては、その他 VTR など視聴覚機器 を利用する。
[第三次] 地球の環境を考える (2) ○環境を守るいろい ろな取組があるこ とを知る。	1　地球環境を守る世界的な会議や運動などを調べる。 ・「世界環境の日」「環境週間」、国連人間環境会議、「宇宙船地球号」 2　県や国及び自然を守る市民の努力を調べる。 ・地域の自然保護＝国立・国定公園、原生林保護、郷土の森指定、レクレーションの森整備 ・自然保護の宣伝＝「みどりの日」「植樹祭」、自然観察会、森林体験、「エコラベル」制度 ・日本のナショナル・トラスト運動	・世界的な自然保護の 動きや国の施策にも気 付くようにする。 ・新聞記事・環境白書
[第四次] 緑の環境（3＋調査 は課外） ○二上山の自然環境 を調べ、保全に心 がけようとする。	1　二上山の自然環境について調べ、発表する。　　　　　　　　　　　（本時） 2　子ども環境サミットを開き、自然を守るため、自分たちでできることを話し合う。 [クラス・アジェンダ※] 3　リサイクル活動や美化活動などのボランティア活動を行う。	※樹木の様子や土壌を 中心に調べさせる。 ※地球サミットでの「ア ジェンダ 21 」に因ん でクラスで決めた行 動計画（心がけなど） ※心がけは、家庭にも 啓発し協力を得る。

表2　指導計画（8時間＋課外）

2 万葉ゆかりの二上山へ

(1) ふるさと再発見万葉ウォーク

　学年PTA委員会の話合いで，親子活動でウォークラリーのような自然体験を行おうという共通理解をした。そして，学年担任とPTA保護者が，実施・運営に向けて，情報収集や資料提供など協力，連携して行った。土曜日の子どもたちの充実した過ごし方に向けて，地域や家庭との連携，役割分担の大切さが求められていた折りで，活動の位置付けを工夫したものである[3]。

　ふだん何気なく見ている自然の風景でも，目隠しをしたり，木の幹や土にふれてみたり，また，自然を見る視点をかえると新しい発見や驚きがある。遊びを通して自然のもつおもしろさを見つけてみると，今まで体験しなかった自然との一体感や自然観を養うことができる。

コースチェックポイントでの学習内容＜一部紹介＞

　みなさん，万葉集ゆかりの地「二上山」へようこそ！　元気いっぱいスタートしたことでしょう。みんなで力を合わせ，ゴールを目指してください。

☆チェックポイント3

　◎　コナラ林で，木の切り株や太陽の位置から方角を探す。

　◎　樹木の名前と特徴を見分けながら，樹木の種の多様性を調べる。

　　・みなさんは今，どの方角に向かって進んでいるか分かりますか？
　　　木の切り株から探ってみましょう。（東西南北）

　　・すぐ近くにナラの木があります。この木の周囲は何cmかな。

　　　　　　　　　　　　　　　　　　　　　　　　　　　（　　　　）cm

☆チェックポイント5

　◎　二上山山頂（奥の御前）が，この地域で最も標高が高く，標高274mであることを指摘する。

　◎　頂上に自生するブナの生態を調べる。寄生植物「ヤドリギ」を探す。

　　・高さが274mの山頂です。まず，「ブナ」の木を見つけてください。
　　　この木は標高500～1,600mの高地に生えるのが一般的です。でもここは，
　　　274m，なぜこのような小高い山に生えているのでしょうか。

　　　（わけは，　　　　　　　　　　　　　　　　　　　　　　　　　　）

4　二上山の自然と文化　　59

> ・みなさん「ヤドリギ」という植物を知っていますか。この木の種をまいたのはだれかな？
>   ①市役所の観光課　　②大伴家持　　③鳥　　　答え（　③　）
> ☆チェックポイント６
> 　◎　万葉植物園の歌碑を詠み，詠歌植物を調べる。
> 　・ここが万葉植物園です。ここには約50種の万葉集ゆかりの草木が植えられています。大伴家持の歌に，「岩瀬野に　秋萩しのぎ　馬並めて　初鷹狩りだに　せずや別れむ」という歌があります。この歌は，万葉集の何番目の歌でしょう。答えは，万葉植物園の中にあります。また，ハギのほかにどんな万葉植物が植えられているでしょう。
> 　　答え（４２４９）番　　（フジ）（カタカゴ）（ヤマタチバナ）

　真夏でも聞こえる雑木林のウグイスのさえずり，美しい自然を満喫できる木漏れ日の中，フィドンチッドの香りが漂ってくる。ナラやマツの自然林をぬってひたすら歩いていく。子どもたちは，山頂に自生する大きなブナの木に耳を寄せ，吸い上げられて木の中を流れる水の音を聞こうとした。そして，二上山のブナ林は氷河時代の名残であり，自然がつくり出した博物館であることを知り驚いた。

写真２　ナラの木のまわりを測る

「もう少しだ，頑張れ……」と，励ましの言葉を交わし合う。「葉っぱは１枚だけ採ろうね」Ｈ男の父の自然への優しいいたわりの言葉がけなど，ウォークラリーの楽しい１日であった。

　このように，二上山で森林浴をしながら自然に親しみ，木々とふれ合い，樹木の特色を知ることができた。二上山の自然の恵みの中で，自然と対話をしながら豊かな感性を育んでいくのである。

第2チェックポイントは，城光寺の滝だ。山道が細くなってきた。熊笹やシダが生い茂った道がいつまでも続き，小川は透き通った水が流れている。水の落ちる音やウグイスの鳴き声も聞こえてきた。滝をバックに記念写真を撮ると，ヒンヤリとして気持ちよい。滝を抜けると，太陽の光が強くて，まわりが白くて暑く感じた。

　ナラの木広場の問題は，「矢印→は，どこの方角ですか」というものだ。K君のグループは，方位磁石で測定している。ぼくたちは，「切り株の年輪の幅を調べよう」と話し合った。年輪の幅が広い方は太陽がよく当たる「南」，狭い方は寒くて伸びなかったんだろうと「北」と考えて，南北を決めて答えを出した。

(2)　体に刻む野外学習

　本事例は，社会科国土学習をもとに郷土の二上山を再認識するものである。学習形態は，子ども一人ひとりが自分の目と耳で実際にフィールドワークすることが望ましい。そして，コースの下見は，1～2回は必要である。コースの選定，安全面で配慮すべき点を検討し，チェックポイントでは樹木や森林に目が向けられるような解説や設問をつくるとよい。

　フィールドワークでは，かなり急坂の城光寺線遊歩道〜山頂線遊歩道〜下二上線遊歩道を利用した。そして，実際に，身近な森林や公園に行って，樹木調べをし，葉を落とす木，針のような葉の木，葉をつけて冬を越す木などを観察させた。(本児童たちは，前年度に，下二上線遊歩道〜上二上線遊歩道のコースをオリエンテーリングしている。ここでは，ムササビの生態，モウソウ竹林の生育，ツリフネソウやオトシブミのゆりかご，クモの生態などを行い，動植物が互いにかかわり合って生きていることを学んだ。このほかに，目的に応じて，大師ケ岳線遊歩道，白山林道を利用できる。

　また，森林の中で感じたことや考えたことを発表したり，森林や木とのかかわり合いや思い出について話し合ったりすることも効果的である[4]。なお，二上山は，歴史的・文化的側面から課題を設定し，調べてみても魅力ある教育資源である。

○二上山活動をふり返ってマップ図に表す（T子，H子グループ）

<マップ内のP1・P2・P3・P4…は，活動のチェックポイントを表す>

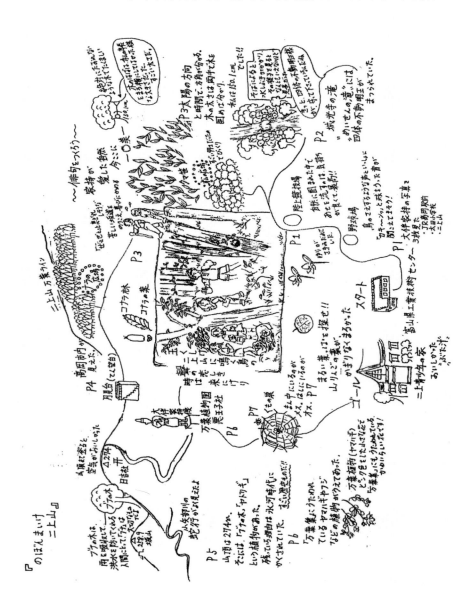

62　Ｉ部　ふるさとの自然，人との出会い，ふれ合い

3 万葉の森の自然度は？

　子どもたちは中学年の時に二上山頂上から小矢部川や自分たちの校区をオーバービューしたり，二上宿泊学習で自然観察をしたりしてきた。5学年になると，上記のように，万葉の森林の中をダイナミックに自然体験をしながら縦断した。これらの体験的な活動を通して，もっと二上山の自然環境のよさを調べ，破壊されていることはないだろうか問題にした。二上山での五感を通した体験から，一人ひとり（各グループ）が疑問や興味に沿って課題を設定し，進んで調べようとする意欲を尊重することが大切である。

　そこで，子どもたちの活動を複線化した学習になるようにした。さらに，調べたいことを分類・整理し，次のような4つの調査項目を設定することにした。

---

　①　二上山の樹木　　　・ブナの木　　　・マツの木の自然度
　②　水　　　　・城光寺の滝の水の美しさ
　③　動植物
　④　万葉ライン

　これらの調査項目を追究するためには，野外へ出て観察・実験や聞き取りを実施することがある。調査方法は，自然観察・聞き取り調査（二上山の自然を守る会，地元の古老，ナチュラリスト），行政の取組み，図書資料などとした。また，随時，教師の調査資料や子どもの家庭・地域社会からの情報などを生かすようにしていった。

　教師は，子どもが取り上げた課題について，どんな調べ方をしたらよいか手立てを明確にして調査活動（資料収集）を実施できるよう支援することが大切である。また，調査してきたことをみんなに広めたいという意欲を「まとめる場」や「広める場」で表現させ，認めてやることが大切である。

○　**野外体験で人間と自然のかかわりを学ぶ（第四次　6/8，7/8時）**

・ねらい……二上山の自然や文化について調べたことをもとに，自分たちを取り巻く自然の仕組みに関心をもち，人間も自然を構成する一員であることに気付く。

　第四次では，野外体験学習や各グループの調査結果を発表し合った。そして，一人ひとりが分かったことや考えたことを伝え合い，まとめていった。

4　二上山の自然と文化　63

表3 第四次（6/8時，7/8時）学習の展開

主な学習活動と子どもの反応結果	指導上の留意点
○野外へ出て観察や聞き取り調査を実施する。 ・調査方法　自然観察、聞き取り調査（二上山の自然を守る会、地元の古老、ナチュラリスト）、地方公共団体の取組、図書資料 ○本時の学習問題と予想を確認する。 「玉くしげ　二上山に鳴く鳥の　声の恋しき　時は来にけり」と詠まれた二上山の自然環境は大丈夫だろうか、見直してみよう。 1　課題別グループで調べたことを発表する。 　①山頂のブナの木　　②城光寺の滝 　③マツの木　　　　　④万葉ラインによる植物の変化 　── 山頂のブナの木 ── ・低い所では珍しい。 ・20cmくらいの腐葉土はふかふかだ。 ・小さい虫がいっぱい。 ・網の目のような根だ。 ・土の保水力の実験 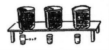 ※元気に根を張るブナは貴重だ。解説板を作ったらよい。 　── 城光寺の滝 ── ・登山中に飲んだ滝の水が、冷たくておいしかった。 ・今年の猛暑でも水が枯れず、勢いよく流れていたよ。森の恵みだ。 ・pHを調べた。pH＝6，0 　── マツの木 ── ・昔 → きのこ、木の実、たきぎを採る山をよく手入れした。 ・今 → 枝打ちや下草刈りをしない（国定公園指定以来、自由に伐採できないため）低い木々や雑草がはびこる。→マツが育ちにくい。 ◎マツの葉の気孔の顕微鏡観察をする。 ・二上山のマツの葉は美しい。 ・フィトンチットの香る空気はきれいだ。 ・白サギがふんをして木を枯らす。 ・葉の気孔の様子の比較	○子どもたちの疑問や興味に沿って課題を設定し、活動を複線化した学習になるようにする。 ○本時は、4つのテーマから話し合う。 ○自分たちの調べたことを他のグループの発表と比較しながら聞くようにする。 ・フィールドワークの時の様子をふり返る。 ・具体物の写真を使って分かりやすく発表する。 ・聞き取り調査の時、協力いただいた方の話から、感銘を受けたことなども発表するようにする。

―― 万葉ラインによる植物の変化 ――
○観光開発→市民の憩いの場である。
[マイナス面]
・車のタイヤに植物の種が付いて運ばれて行き、万葉ラインの山肌に外来種が吹きつけられる。
・ソメイヨシノの植樹(害虫)→生態系にアンバランスが生じる。
・車のライト、騒音の影響 → 渡り鳥の休憩地であるが、鳥が羽を休めることができない。
・夜行性の動物が眠れない。
・ゴミかごをカラスがあさる。
・ハイカーが山野草を持ち去る。
→ササユリ、イワウチワ、カタクリの花が少なくなる。

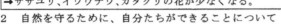

・人間によって、自然の調和が崩れた時に起こる影響を考え、自然の中での人間の立場を考えるようにする。

2　自然を守るために、自分たちができることについて考えをまとめる。

| 自然に優しい遊歩道が大切なんだ。 | 二上山の一斉清掃に参加するよ。 | 自然を荒らさないよう山野草をそっと残しておこう。 |

○自然にして、次代へ伝えることが必要であることをとらえるようにする。

山道に咲いている花をむやみに採らないで、見たい時に二上山へ行こう。

4　クラス・アジェンダ―ぼくたちにできることは―

　第一次で，二上山での―自然体験や第四次での自然環境に関する話合い，また第二・三次での国内の森林に関する環境問題[4]や地球環境を守る取組み[5]などの学習を主体的に学んだ。

　まず，課題別グループで調べたことをそれぞれ発表する。興味に沿って課題を設定し，活動を複線化した社会科学習を行うようにした。地域の自然がどのように変化してきているのか，お年寄りにインタビューしてきた。

　第四次では，自然の開発を例に，自然の中での人間の立場を考える。さらに，これらを総体的にもとにして，子ども環境会議を開くことになった。環境学習では，その行動や生き方に迫らなければならない。したがって，「子ども環境サミット」等の話合いは，一般論ではなく自分の価値判断に迫れる話合いになるように指導・支援する必要がある。

　テーマは，自然を守るため，自分たちにできることを話し合う　である。クラスで司会者・環境大臣・自然大臣・エネルギー大臣・財務大臣・農林水産大

臣・交通大臣・産業大臣・母親代表・ボランティア団体・子ども代表といった役割分担を行い，それぞれの立場から実態を説明したりして話合いを進めた。子どもたちは自分が実行できることを出し合ったが，リサイクルや美化活動などのボランティア活動に話題が集中した。なお，この学習は授業参観時に実施し，子どもたちの心がけは，家庭にも広め協力を得ることにした。

　そして，地球サミットでの「アジェンタ21」にちなんで，クラスで決めた行動計画（心がけ）をクラス・アジェンタとして掲げた。クラス・アジェンタへ発展したものは，学級全体で取り組むもの，グループで取り組むもの，個人でできることの三つの方法をとった。

　まず，学級全体としては，「使用済み切手を集めて，ネパールを救済しよう」という活動である。子どもたちの大半は，文通友だちから来た手紙の切手を集めた。また，家族に呼びかけて定期的に持ってくる子もいた。S子の母親は，会社の事務所に呼びかけて，集めてもらった切手を随時，持ってきてくれた。「おばあちゃんが，『長年のものを捨てるのはもったいない』といって，コツコツ集めていたものだよ」と200枚も提供する子もいた。学年末になると全部で8000枚に到達し，担当の子どもたちが，郵便局を通して届けることにした。これをきっかけに，ベルマークやグリーンマークも集めようと積極的に収集・整理していった。

　A子は，ガールスカウトで二上山の野営キャンプ活動に参加したことがある。学習後，市の主催する二上山清掃にも進んで参加し，道路の空き缶を拾うなど，二上山の環境保全美化に意欲的に取り組んでいった。

　また，通学路の一部に地下道があるため，高学年は，休日，低学年の児童と地下道清掃を行っている。アジェンタの話合い以来，K男は，「ぼくたちが，毎日通う通学路だから，明るく気持ちよく歩けるように掃除するんだ」と気持ちを新たにして，なかよく清掃に励んだ。

5　二上山の緑と森林文化

　地球レベルの森林資源が問題視されているが，緑を軸とした森林学習は，環境教育の重要な一翼を担っている。樹木に親しみ，樹木を知ることは，森林への理解を深め，自然環境をとらえる出発点となり基盤となるものである。また，

身近な地域の緑の学習は，国土や地球といった空間的広がり，歴史といった時間的深まりを考える基盤としても重要である[6]。地域での緑環境を保全するための多様な活動をとらえてみることが大切である。

　例えば，行政では景勝地を指定するだけでなくて，豊かな自然を損なうことなく自然とふれ合うことのできる設備と公園サービスの充実に努めていることをとらえるであろう。また，自然を守るために市民グループが活動を行っていることを知るであろう。こうした地域の環境保全活動を行う人や団体とのふれ合いを通して，子ども自らも活動に参加したり，自分はどうしていくか自己決定を迫る場面も出てくる。こうした生き方に迫る学習過程の構築が大切になる。

＜付記＞

○本稿は，富山県総合教育センター研究協力員の時の実践事例（下記）を加筆再構成したものである。

・拙稿「二上山の自然と文化」『環境教育指導資料（小学校編）—思いやりの心を育てる環境教育—』富山県総合教育センター（1995,3）

＜註＞

(1) 拙著『地域に学ぶ環境教育』p.30

(2) 「二上山」第1〜7号，二上山の自然を守る会発行

　　「二上山研究会研究紀要」第1〜8号　県立二上工業高等学校

(3) フィールドワークに際しては，緑とのふれ合いの大切さを述べた新聞記事，高岡市公園緑地課発行の二上山観光パンフレット，「発見クエスト1」のパンフレット，ネイチャーゲームの資料，テレビ視聴（いのち輝け地球）等を活用すると有効である。

(4) 森林文化研究会『森林文化教育の創造と実践』日本教育新聞社，P-83，1992

(5) 『Utan（環境月刊誌）』学研

(6) 佐島群巳『環境問題と環境教育』国土社，1992

となりの町の友だち「こんにちは」

(西条小学校)

第2学年　生活科

1　アサガオを通した交流までの授業づくり

(1)　アサガオの種大空へ

子どもたちは、1年生の時、アサガオを育てた。アサガオの芽生えや美しい花の開花に喜び、一つの種から新しい種ができて、生命が連続していく仕組みに感動することができた。

そして、「日本中、アサガオの花いっぱいにしたいな」という願いをもって地球に優しい紙風船でアサガオの種を大空に飛ばした。アサガオの種入りの地球に優しい紙風船は、「アサガオいっぱいになあれ」という子どもたちの願いや夢を乗せて空高く舞い上がった[1]。

写真1　アサガオの種, 大空高く

幸いにも、小矢部市や砺波市、旧福岡町（現高岡市）など高岡市近辺の数人の方から「アサガオの種入りの紙風船を拾いましたよ。大切に育てますよ」という返事のお手紙が届いた。

(2)　あやかさんとの出会い

特に、砺波市立砺波北部小学校1年生のあやかさんが同年齢のため、親しみをもった。2年生になって、「アサガオの種の芽が出たよ」というお便りが届くと、子どもたちは、「やったー, よかったね」と拍手した。こうして、アサガオの種を拾っていただいたことが縁[2]で砺波市立砺波北部小学校との交流が始まった。

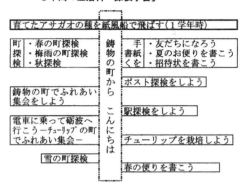

図1　指導計画「探検」

この生活科実践は，子どもたちが，町探検で町の人と交流したり，他校の同学年2年生と交流したりと二つの観点から併行して行い，願いを膨らませ学びながら成長していくものである。また，生活科を中心に教科・領域を関連させて展開するようにした。合科的学習の特徴は町探検などの単元をいくつかシリーズ化させたり，子どもの思考意識を連続・発展するようにして，大単元構想を試みたことである。指導計画は，図1，表1の通りである。その根底には，枠内のような三つの視点がある。

- アサガオ・チューリップの植物栽培という生命の連続
- 他地域との異なる文化・産業の交流
- 手紙交換による人と人との心を結ぶ

表1　「鋳物の町からこんにちは」指導計画

2 どんな人に会えるかな

(1) 「わたしの町って大すき！」

　「探検活動」は，多様な直接体験を保障し，子どもたちの好奇心や探求心を育んでいくことのできる学習である。そこには，身近な地域の自然や社会のことがらの新たな一面に気付く発見や秘密さがしの楽しさ，興奮，喜びがある。また，自分なりの仕方でかかわりを深めていく期待感や不安感とそれを乗り越えやり遂げた時に味わえる自信などの価値ある体験を見出すことができる。

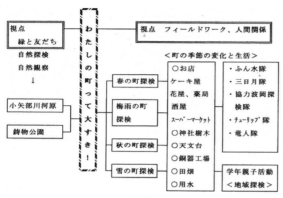

図2　町探検の構成図

　西条校区は，子どもたちにとって身近な生活の場であり，心躍るフィールドの場である。そこで，探検グループごとに，自分たちの願いを出し合って計画を立てて，探検に没頭することを願っている。そして，自然や人々とのふれ合いを通して，自分たちの町のよさに気付いていくことを期待している。

　2学年に進級すると，子どもたちは学校や公園からさらに校区や校区外へと地域認識を広げていく。この学習は，図1に示すように長期にわたって四季を通じて町探検をくり返した。「どんな人に会えるかな」とわくわくしながら働く人に出会い，話を聞いたり，人々のくらしの様子を観察したりして，関心をもつようになる。町探検で地域の人たちと交流する中で，季節の変化やくらしをとらえ，町の人の心の温もりを感じとることができた。そして，「わたしの町って大すき！」というふるさと愛を育み，多様な表現活動の場で表出していった。

写真2　川原の広場でシロツメクサを編む

T₁　町探検で，どんな発見がありましたか。
C₁　さわやパン屋さんは，体によいパンを考えて作っています。例えば，ヨモギパン，モロヘイヤパン，こんぶパンです。
C₂　小矢部川河川敷にいろんな草花が咲いていたよ。図鑑で調べると，カタバミ，オオジシバリ，ハルジオン，シロツメクサです。草で神経衰弱や押し花をしたよ。
C₃　イワカミには，できたてのおいしそうなケーキを飾って売っていたよ。作り方を教わったよ。コック帽のお兄さんが，国語や算数，図工などいろいろな勉強が，パン屋さんになった時に役に立つんだよと，話してくださった。
C₄　竹中製作所（たけなかせいさくしょ）に行きました。いろんな銅器や大きいウマやライオンの銅像もあったよ。
C₅　色政着色（いろまさちゃくしょく）では，銅器の花瓶に，深緑の落ち着いた色をぬっていたよ。
C₆　長井（ながい）とうふ屋（や）さんは，枝豆入りとうふや白いとうふ，油揚げもあったよ。できたての豆乳は，温かくてとってもおいしかった。
C₇　とうふ屋さんのおじいちゃんは，病気をしたので，子どもたちには栄養いっぱいの豆腐を食べてほしいから作り続けているんだよ。
C₈　さわやさん，イワカミさん，長井さん，みんな食べ物がおいしくなるようにすごく工夫しているね。
T₂　すてきな名人さんたちに出会って，いっぱいお話したね。
C₉　探検の思い出をまとめて，砺波北部小学校の友だちに送ろうよ。

(2) 人とのふれ合いによる感性の育ち

　２年生になると，春の町探検で知った自分たちの町のことを，砺波北部小学校２年生にパンフレットにして送った。やがて，一人ひとりに名前入りの飛び出すカードが送られきて，喜び合った。以後，生活科で飼育栽培や自然観察，町探検など五感をはたらかせて学んだことを，手紙交換で紹介し合って交流を深めていった。
　子どもたちは，手紙交換をして自分たちの町

写真３　町探検発表会

を「調べ」「親しんだ」。さらにその体験を，「伝えたい，届けたい」という強い気持ちに生み出していった。それが，「礪波北部小学校の2年生に送りたい」という明確な相手意識に支えられた時に，多様な表現方法でアプローチするのである。そして，自分たちが紹介するために，「もう一度，私たちの町のことを見直さなくては」と，相手意識に立った再構成・伝達活動が成り立つのである。そして，町探検は，ますます真剣味を帯びていった。

(3) 手紙の旅を追いかける

① ポスト探検

やがて，両校の子どもたちは，互いに「○○君に会って話してみたいなぁ」という願いが生まれてきた。そこで，両校の2年生でふれ合い集会を行うことを企画した。まず西条小学校が礪波北部小学校を招くことになり，早速，招待状づくりがはじまった。文通を重ねるうちに，子どもたちに疑問が出てきた。

> 自分たちが出した手紙は，どんな旅をして友だちの手に届くのだろうか？

そこで，手紙の行方を知ろうと，高岡郵便局（本局）へ出かけてポスト探検をすることにした。本局に着くと，まず130円切手を買って封筒に貼った。投函し終わると，担当のおじさんが，ポストの鍵を開けてくださった。「あっ！ぼくの手紙だ」「この布の袋を郵袋というのですよ」

それから，その郵袋を持って2階へ上がった。自動消印装置が作動する。大型のオートメーション化した機械の間を，封筒や葉書は息つく間もないスピードでスタンプが押されていく。子どもたちは，あまりの早技に，「わあーっ」と驚きの声をあげながら見入った。しかし，「郵便番号を書いていない封書は手作業になる」という事実を知り，郵便局で働く人々の工夫や苦労に気付き，きまりを守って心をこめて書く大切さを再認識するのであった。

② ようこそ鋳物の町へ—自分の町を見つめ直す

10月26日，礪波北部小学校の友だちを迎える日になった。体育館で緊張しながら名刺交換と握手でふれ合い集会が始まった。当日は，企画委員会が右枠のア〜ウの3つのふれ合いイベントを設定した。

ア	生活科コーナー
イ	銅器体験の共有
ウ	鋳物公園でふれ合いランチ

さらに，アの「生活科コーナー」では，次の４つの活動を行った。

A　秋の草花　　B　秋の虫　　C　水の中の生き物　　D　校区の紹介

アのA－秋の草花コーナーは，自然の植物を学校園にあるマリーゴールドの実をすりつぶしてできた汁で和紙に絵を描く活動や，すすきでふくろうを作る活動である。砺波北部小学校の子どもたちは，この草木染めを興味深く体験してくれ，担当グループの子たちも満足げであった＜子どもたちは，２年間で身のまわりにある草花（アサガオ・チューリップ・ツユクサ・マリーゴールドなど）を材料に草木染めを体験してきた。この体験でどこにでもある草がもつ思いがけない力にふれ，植物に一層関心をもつようになった＞。最後

写真４　名刺交換―ようこそ西条へ

に，全員で作った和紙の小物入れをプレゼントした。これは和紙をマリーゴールドで染めて牛乳パックに貼りつけたものである。

二つ目は，町探検を通して鋳物工場や銅器屋さん（問屋）が多いことを知ったことである。子どもたちは，これは西条の町の自慢であるととらえ，キーホルダーの原型づくりの体験をいっしょに行って，「共有し合う」ことをにした。西条小の子どもたちは，原型のゴム板の鋳造したい部分の色づけについて学んだことを自信をもって伝えた。

> あやかちゃんに会うと，笑顔であいさつしてくれたよ。名刺こうかんの時，うれしくなったよ。
> 　わたしは，西条紹介チームで，みんながコーナーに集まると，ガイドブックを配り，マップづくりをしたりしてがんばったことを元気よく話したよ。　　　　　　　（O子）

写真５　ふれ合い体験コーナー

> 「えみさん，どんな人かな」と，どきどきしながら手づくり名刺交換をしたよ。
> 　優しそうな人ですぐなかよくなった。年賀状が届いたときは，とてもうれしかった。これからも手紙のやりとりをしていくよ。　　　（K子）

> 　バッタさんずハウス（虫の住み家のネーミング）に入れるとき，10人ほど集まって見てくれて，とてもうれしかった。クイズは，みんな2問ぐらいしか当たっていなかったのに，最後の人が全問正解したので，ほっとした。　　　　　　　　（H男）

　その後，銅器の仕事に携わる定塚さん（北辰工業）に鋳造をお願いした。ピカピカに仕上がったキーホルダーを砺波北部小の友だちが喜んでくれた時，子どもたちは，自分たちの町のすてきさに自信をもつのであった。

3　電車に乗って砺波へ行こう

(1)　駅探検

　今度は，自分たちが出かける番である。砺波の学校までどのようにして行くのか不安や興味でいっぱいである。早速，H男は，帰宅後に母親と調べてきて拡大地図に道のりのルートを紹介した。

C₁「高岡駅から城端線に乗って砺波駅まで行くんだよ」
C₂「わーい，電車に乗れるー」
C₃「何時の電車があるのかな」
C₄「切符買えるかなあ」
C₅「子ども料金の所がちゃんとあったよ」
C₆「上の部分のボタンを押すと半額になるんだよ」
C₇「ちがうよ，下にあったよ」
　※子どもたちの意見が分かれる。
C₈「よーし，駅探検に行こうよ」

写真6　切符はうまく買えるかな

　こうして，探検グループによる駅探検が始まった。子どもたちが砺波へ探検

したいという思いには三つある。一つは，電車に乗って探検してきて友だちと もっとなかよくなりたいという願いである。二つ目は，種をつけた紙風船が着 地した砺波ってどんな所だろう，あやかさんのアサガオの種はどうなったかな という期待である。三つには，自分たちが育ててきたチューリップをたくさん 生産している砺波の人に，「育て方の秘密を教えてもらいたい」という切実感 である。この活動は，両校の担任のきめ細かい協力によって実を結ぶことがで きた。

(2) 獅子舞で歓迎ありがとう

　交流当日は，秋晴れで金木犀がさわやかに香る日であった。子どもたちは， 駅探検で切符の買い方を学んだので，とまどうことなく自信をもって改札口 の駅員さんと挨拶を交わしながら電車 に乗りこんだ。そして，友だちと電車 に乗ったうれしさを語り合ったり，車 窓の景色を見たりしながら過ごした。

　砺波駅で降りると，中心街を通り抜 け，稲穂の色づいた田んぼが広がりは じめ，やがて校舎が見えてきた。２年生の担当の子どもたちが，玄関に迎えに 出ており，案内してくださった。以下は，交流の作文である。

写真７　獅子舞でお出迎え

> 　砺波北部小学校のみんなが，「お祭りワッショイ」のいせいのよい音楽でむか えてくれました。
> 　アサガオの旅の発表で，「５個から110個に増やしました。」といったので，わ たしたちの種をそんなにも増やしてくれたんだと，とてもうれしくなりました。
> 　生活科のゲーム（輪投げやつり，お面屋さん）をしました。最後に，手をふ りながら，お別れをしました。（T子）

４　がんばるチューリップ栽培

　アサガオが縁で砺波北部小学校との交流が始まった。子どもたちは，チュー リップの球根をプレゼントしていただき大喜びだった。チューリップ専業農家

５　となりの町の友だち「こんにちは」　75

の方からきれいな花を育てる秘密を教わっての栽培である。

朝の健康観察では，子ども自身の分とチューリップの健康チェックも加わる。
「チューリップさん，雪をかぶって重そう。よけてあげよう」「暖かくなったら真っ赤な花を咲かせるといっている」子どもたちは，植物と会話しながら，「いのち」に気付いていくのである。道徳の関連教材「ゆきとチューリップ」の学習は，他を思いやる敬虔な心を育むものである。花の栽培をきっ

写真8　道徳学習材での役割演技

かけに植物とひととの交流，そして絆が紡がれていく。この子どもたちの鉢栽培の様子を新聞社が取材され掲載してくださった。子どもたちが，チューリップに寄せる期待は熱い。子どもたちの優しい心の花が咲き誇る春も近い。

5　願いの達成による環境認識の広がり

アサガオの種が縁で，子どもたちの関心は，学校→郵便局→駅→砺波と点と点が空間認識の育ちによって線としてつながり環境認識が広がっていったのである。この一連のシリーズ学習を通して，子どもたちは，砺波のことを知るとともに，一層，「わたしの町って大好き！」という地域愛が強くなっていった。次ページの図3のN子のイメージマップに大きく成長した学びの姿をうかがうことができる。

＜付記＞
○本実践研究は，日本社会科教育学会において発表したものを加除修正した。
＜註＞
(1) 拙著『地域に学ぶ環境教育』教育出版，1998，PP21-22
(2) 同上
・高知県和紙研究所に勤務していた宮地亀好さんに紙風船を提供いただいて以来，環境教育活動を支援していただく。

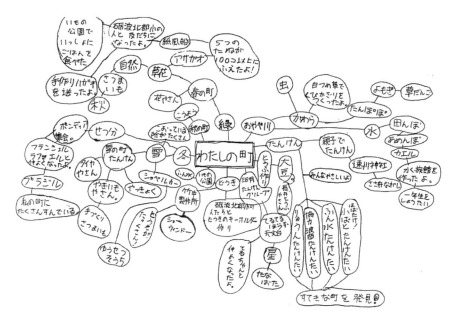

図3　N子のイメージマップ（学習後）

5　となりの町の友だち「こんにちは」

6 資源・エネルギー探検をしよう

(平米小学校)

第4・5学年　社会科

1　資源・エネルギー学習の魅力

限りある地球資源の中で生きていく上では，一地球人として，エネルギー開発への的確な判断力やエネルギー消費者としての価値観や行動力を育成することが必要不可欠になってきた。21世紀に生きる子どもたちが，資源・エネルギー環境に対する正しい知識や的確な認識に基づいた判断力や行動力がもてるような学習の教材化が大切である。その場合，感性の豊かな低学年の時期に，直接体験を重ねからだ全体で感じ，認識していく。上学年では，エネルギー施設を見学して具体的なエネルギーの仕組みについて学ぶことによって将来の確かな概念形成の基盤になると考える。

第5学年社会科学習は，「日本の産業」や「国土と環境」がテーマで，今日的課題である資源・エネルギー環境とかかわる教材が多い。その中で，単元『国土の環境と国民生活』を資源・エネルギー環境の観点から，効果的に学習を進める教材構成を考えた。特に，資源・エネルギー教材を通して，子どもたちが追究を深め，実践に向けて行動を起こすには，どのような指導過程や手立てが大切であるか試行した。

本県は，山岳地帯から豊富な水が流れ出て七大河川を形成するなど，水資源や森林が豊かである。また，太陽エネルギーが地球温暖化などの原因にならないクリーンなエネルギーとして注目されている。そんなふるさとの環境の特色を生かし，水力発電や太陽光発電の見学を導入したり，森林の話や森の木を使った製作を行ったりすることによって，資源・エネルギーの大切さを感得することができる。

78　Ⅰ部　ふるさとの自然，人との出会い，ふれ合い

2　環境保全の意識を高めていく教材構成

　4学年の「電気の確保」の内容と5学年の「森林資源と環境」の内容と関連付けて学ぶことにより，環境保全の意識をさらに高めていくと考えた。そして，上学年（主に4・5学年）の環境領域の内容が知識・理解の習得だけでなく，実践・行動へ意欲を高めていく子どもを育成するようにした。

○見学前の発電方法に関する知識（数字は人数）

太陽光20　風力18　水力18　火力14　地熱9　原子力6　LNG 3

　子どもたちは，発電方法の名前をよく知っているが，説明することは困難である。そこで，富山の自然環境の特色を生かした資源・エネルギー環境の教材を効果的に位置付け，実践する方法を考えた。

①4学年内容（3）電気の確保と5学年内容（1）のエの森林資源の働きを関連付ける。
②発電所など具体的あるいは半具体的な見学を効果的に位置付ける。
③森林資源や発電力（再生可能エネルギー）の大切さを認識し，身の回りの豊かな自然を未来に残すために何ができるか考え，実践するようにしていく。

【指導計画】

私たちの国土と環境　（23時間）

①さまざまな自然とくらし（9時間）

②私たちの生活と環境（6時間）

　　・自然の恵みを生かした電気　　・私たちのくらしと資源・エネルギー

③私たちの生活と森林（6時間）

　　・私たちの富山の森　　・森林を守り，地球を守る

○環境に優しい国，日本を目指して（1時間）

3　実践の具体

(1)　北陸電力の展示施設館『ワンダーラボ』の見学

　北陸電力は，本社の隣に北陸電力エネルギー科学館「ワンダーラボ」を併設

している。ここは，小・中学生に人気の科学探究の展示館で，太陽光発電や水力発電，風力発電，原子力発電，火力発電などの発電の仕組みを模型に触れながら実感的に学ぶことができる。

写真1　ワンダーラボで電気の体験

○ワンダーラボでの活動

- C₁　電気の模型がとても面白かった。
- C₂　スイッチを押すと電気の流れが分かって，科学の勉強になった。
- C₃　電気の道，くらしと電気の役割の展示もためになった。
- C₄　エネルギーの大切さや電気のパワーを試しながらやって楽しかった。
- C₅　火力は火を起こして発電する。風力は風で風車を回し，水力は水を流して水車を回して電気をつくる。太陽光や風力で発電するのは，自然の力を利用するから環境にいいなと思った。
- C₆　発電所の見学が楽しみになってきた。

ワンダーラボで，様々な電気を起こす仕組みを模型に触れることでおおよそを理解するとともに，次の発電所見学への意欲付けになった。

(2) 発電所見学

実際に稼働する太陽光発電所見学で五感を通して理解することにより，学びが確かなものになっていった。

子どもたちは，発電所の高台に上ると，数千枚ものソーラーパネルが設置された様相に驚き，太陽光発電の仕組みに関心をもった。特に，ソーラー電池の数，パネルの出力，パネ

写真2　太陽光発電PR館で体験する

ルの数，パネル一枚当たりの電圧等に着目した。PR館では，写真2のように，当日の太陽の光の量から，電車の模型の動き具合や発電力の強さをとらえるこ

とができた。C₇～C₉の発言が該当する。

C₁　メガソーラーがすごく大きい。
T₁　ソーラーパネルの秘密を発見しましたか？
C₂　パネルの角度を30°にして，雨や雪を落ちやすくしているよ。
C₃　パネルに雪が積もっていると発電できないから，雪を落としやすい角度らしい。

写真3　太陽光発電パネル

C₄　30°がパネルと太陽光との角度で吸収しやすいのだ。最適な発電力を保つために工夫をしている。
C₅　パネルどうしが5.3m間隔で，架台を1.2mの高さに決めているのも，雪の多い富山県の特徴だよ。
T₂　太陽光パネルの工夫を3つも見つけたね。富山型ソーラーパネルだね。
C₆　説明によると，太陽光電池は光エネルギーを直接，電気エネルギーに変換する。太陽電池に光が当たると，－の電気と＋の電気が発生し，＋はP型シリコンへ，－はR型シリコンに集まる。これに電球やモーターをつなぐと電気が流れるんだって。
C₇　PR館の○×クイズで太陽光のことがもっとよく分かった。
C₈　太陽が雲で隠れると，ソーラーの電車があまり動かなった。
C₇'　見学の日は，曇りで発電量が少なかったが，晴れていたら発電量が多くなって模型電車がもっと速く走るのにと思った。
C₉　曇ってると光をあまり吸収できない。太陽がしっかり出ていると，一度にたくさん電気を集めたことと同じことになる。

　子どもたちは，ソーラーパネルの大きさや数からすごい威力を感じていたが，PR館での解説から，発電所はいろいろと工夫している事実に気付いていった。富山県のような降雪地域では，パネルの傾斜角度やパネルの間隔，架台の高さなど（C₃～C₅の発言）地域特性に合わせて工夫していることに着目した子どもが多かった。

6　資源・エネルギー探検をしよう　　81

○水力発電

　神通川上流には，北陸電力第1，第2，第3発電所が稼働しており，今回，岐阜県境の第2発電所を見学した。第2ダム水力発電所では，川の水をせきとめ，ダムと直下の発電所との落差を利用して発電している。高い所から低い所へ流れる水の勢いで水車を回して，その回転力で発電機を回して電気をつくるのである。

写真4・5　神通川水力発電所

T　発電所の中はどうでしたか？
C₁　大型機械がたくさん置いてあった。
C₂　神通川第1，第2，第3ダムとそれぞれ必要な分だけ水を使って発電している。
C₃　コントロール室には，ひねって回すスイッチ，押すスイッチなどたくさんついていた。
C₄　水力発電は，水の流れる力を回転する力に換え，水車の回転力で電気を発生させるんだ。それを変圧器で高電圧にし，たくさんの会社や家に効率よく電気を送る仕組みだ。
C₅　富山県は，七大河川があるから水力発電用のダムもたくさんあるようだね。
C₆　水力発電は，自然エネルギーだから環境に優しいね。
C₅　ダムを造る時に，田畑や家が埋まるのが問題だね。

写真6　発電所中央コントロール

　<u>太陽光発電や風力発電は，水力発電と同じように，排気ガスが出ないので，これからの発電にも大切だと思う。</u>（児童感想）
　電気が生み出される様子を間近に見て，子どもたちは，再生可能なエネルギーをつくり出すには，労力も経費もかかると再認識した。そして，自然界を照らす太陽や流れる水，吹く風は無限だけど，人間がエネルギーとして使いはじめ

ると有限なのである。

- ・太陽光発電や風力発電などエコな発電が注目を浴びている。発電所の電気は身近なのに忘れている存在だったけど，実際はすごく楽しかった。これから電気を大切に使いたい。
- ・ふだん使っている電気がどのようにつくられているかどのようにして届けられているか分かった。これからは，電気をむだにしないで，大切に使おうと思った。

図1　A子の手づくり新聞

　見学を通して，エネルギーの大切さを認識するとともに，エネルギーと環境や働く人に目を向けながら，学びを深めていった。図1は，A子の手づくり新聞である。発電所見学をもとに，さらに関心をもった様々なエネルギーについて発展的に調べてまとめたものである。

(3)　森林体験『森の寺子屋教室』

　テキストやビデオ教材で日本や世界の森林の実態，特に富山県の豊かな森のすばらしさから森林の大切さを学んでいった。本校ではミニ門松づくりやシイタケ菌の植えこみなどの活動を行った。

ミニ門松づくり

　フォレストリーダー（森づくりへの理解を深め推進する指導者）数人が近辺の山で，樹木の葉や枝，実，花などを伐採し用意された。その材料を使って，ミニ門松を作るのである。

　孟宗竹と真竹を切り，松や南天，笹などを組み合わせて作った。南天は，難を転じ，門松は福を呼ぶといわれる。子どもたちは竹を切るのに四苦八苦したが，飾りつけになると発想豊かに組

写真7　竹の切り方を教わる

6　資源・エネルギー探検をしよう　　83

み合わせて，楽しい作品に仕上げた。

・自分の作った門松で新年を迎えられることがとてもうれしい。→森は私たちの生活，地球の環境を守る大切な場所だと分かった。森は，人間だけでなく，他の生物にとっても大切な場所だから，森林伐採のし過ぎが改めていけないと思った。そのためにも，森林のことをもっと知って大切にしなければと思う。

・4年生の時，「緑のダム」について学んだが，改めて森林の働きや大切さが分かった。森林には，生き物のすみか，山崩れや雪崩を防ぐ，地球の環境を保つ，木材を生産する，レクリエーションの場，潮風を防ぐなど大切な働きがたくさんある。山崩れの起きるしくみや裸地，耕地，森林によって流出量に差がある。こんなことからも今の生活を見直していきたい。

　森の寺子屋教室，森の木の枝葉を活用した作品づくりやシイタケ菌の植えこみをしたりすることは，森林について考えるよい機会になった。子どもたちは，森は様々な役目をしていることが分かり，豊かな緑の森林のことを大切にしていこうと考えた。

(4)　地球に優しいエコエネルギー作戦

　自然環境の大切さを認識し，学んだことを生かして，自分でできるエコ活動を考え，実践した。

①私たちのくらしの環境チェック

　電気の学習後，これからの環境を考えて，くらしの中から環境に関する10項目のチェックを行った。

①暑くても，冷房の設定温度は28℃以上　②暖房の設定温度が20℃以下でも過ごせるよう工夫する　③買い物の時は，袋を持参　④近くに出かける時は，徒歩か自転車　⑤自動車よりも電車やバスを使う　⑥省エネタイプの電球（LED）を使う　⑦省エネタイプのテレビや冷蔵庫を使う　⑧環境ラベルつきの商品を買うようにする　⑨カーボンオフセットに協力している製品　⑩地域の環境イベントなどに参加する

　その段階で8個以上に○がついた子どもは4人である。○が5～7個は13人と大半である。そこから次のような実態が見える。

84　　I部　ふるさとの自然，人との出会い，ふれ合い

【考察】　子どもたちが家庭で意欲的に取り組んだのは，冷暖房温度の設定や買い物の時のエコバッグ持参である。実践時期が11 ～ 12月の冬季であったため，「暖房の温度を低めに設定する」に取り組んだ子が20人と大半だった。大半の子は，「温かい洋服を着こむようにした」であるが，K男やU子のように，「設定温度を低くして膝掛けをして温めた」というのもあった。K子は，「カーテンやドアを閉めて部屋が寒くならない」ようにし，H子は，「北の向きを閉める」と方角に着目している。「暖房の温度を高めに設定する」が13人であることから，実践の季節が夏場だと数値も高かったと考えられる。

　また，本校区の交通の利便性を生かして，「徒歩や自転車を利用しよう」という子が20人いた。一方，一人で電車やバスを利用して出かけることは7人と少なく，日常的に家の人の自家用車で移動することが多いようである。

　電気については，省エネタイプのLED電球を使うが16人で，電球が切れると随時LED電球に交換していくのである。冷蔵庫やテレビも消費電力の少ないエコ型家電を購入したり環境ラベルに配慮して購入するが11，12人で，家族も共にエネルギーに配慮していく姿勢が見られる。

　A子のように家族とエコ対策について声をかけ合いながら実行するのは，達成感も大きく好ましい。M子の，「みんなで1つの部屋で過ごす」というのもエコ対策を家族で共有しているからできるのであり微笑ましい。N子も同様で，「暖房した部屋に集まって過ごし，他の部屋を使わない」などこまめな節電に心がけている。

　N男は，環境イベントで工作教室に参加したことがあるが，K男も同様に環境イベントに楽しみながら参加して環境問題について考えていきたいとしている。今後は，N男のように無理なく継続していけるエコ活動をしてほしい。

②地球に優しいエコエネルギー作戦

> a　自分たちの生活をふり返る視点→省エネ（水，電気，ガス），ごみの分別，リサイクル
>
> b　身の回りの人々へはたらきかける視点→ポスターづくり，募金活動，子どもエコクラブ
>
> c　自然環境に積極的にはたらきかける視点→自然保護活動への参加

6　資源・エネルギー探検をしよう　　85

先のＮ男のエコエネルギー作戦は，年末に冷蔵庫に食品をたくさん入れ過ぎて消費電力が多くならないように，ハッポウスチロールで手製の保冷箱を作って野菜・果物を冷やすという方法を実践，継続したものである。学級の実践活動については，右の枠内の通りである。

○電気をこまめに消す　15人（使わないコンセントを抜く，宿題を早めに終わらせる各１人含む）
○暖房温度を低めに設定　8人（こたつかストーブ片方だけ利用１人）
○見たいテレビだけ見る，みんなで見る　5人（本を読む含む）
○服の重ね着，足元はくつ下をはく　3人
○風呂には，3時間以内に家族全員が入る　2人
○同じ部屋で過ごす　2人
○その他　10人

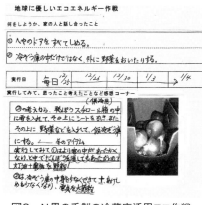

図2　Ｎ男の手製の冷蔵庫活用エコ作戦

　年末年始の寒い忙しい時期であるが，全員，家族と協力しながら決めたことを継続，実行した。電気をこまめに消すが15人と圧倒的に多かった。寒くて少しでも温かくしたり動くのが億劫になりがちだがしっかりと受けとめて実行している。

・エコするためにもいろんなエコのことを知ってやらなければと思った。これから毎日いろんなエコをやりたい。家族みんなと協力してやりたいと思う。
・思っている以上に，電気をむだに使っていることが分かり，ビックリした。地球のことを考えて，使っていない電気やむだな電気を見直したい。

4　ふるさとの資源・エネルギー学習の魅力

　上学年の資源・エネルギー環境学習においては，自分たちのふるさとの豊かな水や緑の森，太陽の恵みといった自然資源を生かすことが大切である。そし

て，具体的あるいは半具体的なフィールドワークを組み入れることが実感を伴い有効である。

　富山には，水量豊かな七大河川が流れ，上流に北陸電力や関西電力などの水力発電所が稼働し電力を生み出している。かつて，富山湾沿いの新港火力発電所を見学したことがあるが，時代のニーズで，太陽光発電所や風力発電も稼働するようになり，再生エネルギーに目を向けるようになった。また，そうした利点を学びの場に生かし，発電所での発電の仕組みを五感を通して学び，認識することにより，エコ環境を目指して，積極的に実践・行動していくことができる。あるいは，森林資源としての樹木を生かした活動を行うことによって，森に親しみ，森の環境保全への行動を培うことができる。

　なお，風力発電は，新エネルギーの中の再生可能エネルギーの一つとして注目を集めている。自然エネルギーを対策とする欧州の中でドイツでは，風力発電の設置が目覚ましく世界最大の風車大国である。日本は，2016年度で発電設備が323万kW，設置基数2203基で世界の導入量の0.7P，19位である。コスト低減を目標に洋上風力にも着目して環境に優しい風力発電事業を目指しているという。

　豊かな水に支えられた富山県は，水力発電の供給量が多い。ダム排砂など下流域の環境負荷を考慮しながらも水エネルギーによる発電は大切である。

　自然エネルギである再生エネルギーと森林資源や水を関連付けて学ぶことにより，資源・エネルギー環境への関心や環境保全の態度を培っていくのである。

＜付記＞

○本稿は，下記研究発表をもとに作成したものである。

・日本教材学会第28回研究発表『研究発表要旨集』2016，PP26-27

＜参考文献＞

・「とやま森の教本」富山県農林水産部森林政策課

・『平成26年度　エネルギー教育モデル校実践報告書』27,3「日本科学技術振興財団」

・佐島，高山，山下，富岡『資源・エネルギー環境に関する総合的学習の実証的研究』第二次報告書，資源・エネルギー環境教育に関する総合的研究プロジェクト，2002，野口，中島，鷹野「あそびの中でエネルギーをみつけよう」 PP44-57

II部

地域に生きる人の働き，営み，願いを探る

■1■

川に沿って見つめる

（西条 小学校）

第4学年　社会科

1　水学習の意義

(1)　ふるさとの水辺環境づくり

　「水」は，生命の源泉であるといわれるように，あらゆる生命にとって欠くことのできないものである。美しく清らかな水の流れは，人々の心を和ませ，気持ちをも和らげてくれる。水は，環境を構成する中核となるものであり，自然界と社会を循環し，地域の自然現象と人文現象とのつなぎ手でもある。

　近年，都市化の進展にともない身近な自然が失われつつある中で，川や海などは水と緑の貴重なオープンスペースとして，その環境整備や活用が強く求められている。3000m級の峰が連なる北アルプス立山連峰，その山々に降り積もった雪は，1年を通じて冷たく清らかな水をもたらす[1]。

　それら水資源は，「本支川合わせて大小300あまりの河川」や「扇状地を縦横に流れる農業用水路」，「谷間や丘陵地に築かれた多くのため池」「水力発電用ダム湖」等，恵まれた水辺環境を生み出す。

　豊かな地下水は，生活用水としてばかりでなく，数多くの潤いと安らぎのある快適な環境を形成している。環境庁が選定した「全国名水百選」には，富山県から全国で最も多い4か所が指定されている[2]。この水を将来にわたって守っていこうと「クリーンウォーター計画」も実施され，魚が住み，水遊びが楽しめる川や海を守ろうと，治水，利水，創水を目指している。

(2)　子どもにとっての水

　高岡市は，比較的広い平野の中に位置し，七大河川の1つである庄川や小矢部川などが流れている。また，本実践の西条校区は，校歌に「さやかにうたう千保川，流れもつきぬ小矢部川……」と歌われるように，小矢部川とそこに落水する千保川に囲まれた校区である。

90　　Ⅱ部　地域に生きる人の働き，営み，願いを探る

水のイメージ

「水」から子どもたちが何を連想するのか言葉を書き出させ，それを分析した。

<対象－4年1組（28人）>※数字は人数

> ・川13　小矢部川9　富山湾8　千保川5　ダム3　下水処理4
>
> 　プール・自然・農業用水・雨・おいしい・薬・冷たい・噴水等　各3
>
> 　考察　「水」という一つの言葉から様々なイメージが出てくることが分
>
> 　かったが，分類してみると次のようなものが多数を占めている。
>
> ◇川，海，雨，湖，雪，滝などの自然物　　　　　　　　　　　　28
>
> ◇ダム，水道，田畑，工業用水など活用の面から　　　　　　　　13
>
> ◇おいしい，冷たい，きれい，汚いなど知覚，感覚的なもの　　　11

・川の言葉が圧倒的に多く，校区を流れる小矢部川や千保川，富山県の七大河川をあげるなどふるさとの特性である。また，海や山や川に恵まれた地形的な面からの発想ととらえる。

・ダム，浄水場，浄化センターといった公共施設をさす言葉をあげるのも地域性である。用水や田んぼをあげる子がいるのは貴重である。水田はダムの役目をして国土保有の立場からすると，水循環という米づくりについてもとらえる必要性を感じる。全体的には，「水」を広く抽象的にとらえており，生活の中で力強く活かしている姿を学んでいくことが必要である。

(3)　水学習指導の構想

　小矢部川では，鮎解禁の時期，小舟で鮎を釣る人の姿が見られる。子どもの中にも，父親と魚釣りを経験している。しかし，一級河川は流れも速く深くて危険なため，子どもたちが近づくことを厳しく禁止し，疎遠な川になっている。

　そこで，地域の川を「水」という環境の観点を入れて，「水」を軸とした教材構成をした。例えば，小学校低学年での水は，五感を通して体感する対象である。中学年では，生活水や飲料水としての水，生活排水などである。高学年では，産業排水としての水，水の汚染などについて学んでいく[3]ことができる。また，水は「緑」と切り離せない関係なので，緑との一体化を図りながら取り組むようにする。このように，高学年に向けて，実践を通して自然愛護や環境保全へ深まりを目指していきたい。

2 小矢部川をオーバービューする

　中学年の社会科学習は地域学習といわれるくらい地域に密接であるため，見学を多く取り入れ，子どもたちのふるさと意識を高めるようにした。

　二上山(ふたがみさん)(274m)の頂上からは高岡市内が一望できる。そこで，高岡市の広がりをオーバービューした。子どもたちは，自分の家の位置を確かめ合うと，「ぼくの家のあたりは水田が多いな」「工場の屋根が目立っている」などと校区の地形や土地利用の全貌をつかんでいく。さらに北側の方へ移動すると眼下に，小矢部川が見えてきた。「わあーよ〜く見える！」という驚きの声がする。高い地点から見ると，蛇のように曲がった川面が光っている。「蛇のように曲がりくねっているから，『蛇行』というんですよ」と説明する。

写真1　小矢部川蛇行を眺める

さらに，千保川が，小矢部川に合流する地点を確認し合った。子どもたちは，自分たちの校区をも流れている小矢部川を立体的に見ることができ，以後の平面図作成においては抵抗なく書き表すことができた。

(1) 川をさかのぼる

　河口周辺は，海に近づくにつれ，川幅が広くなっていき，周辺の貯木場には木材が浮かんでいる。レポート報告会で，Cグループは，ロシア船の船員たちが運んできた外材を積み下ろし作業している様子を発表した。

写真2　貯木場について発表

　小矢部川が富山湾に注ぐ伏木港(ふしきこう)の近くには重化学工場が並んでいる。子どもたちは，特に，校区に立地する「第一ファインケミカル（医薬品会社）」に関心をもち，工場の規模や働く人などについて記したパンフレットをもらってきた。小矢部川に接しているのか実際に確かめてみると，川沿いに立地し川に向かってパイプが幾本も通っている。子どもたちは，工場の立地条件を考え，薬品工場では，大量の水が必要であり，小矢部川の水を使っていると知った。

(2) 河原の水辺環境にひたる

　小矢部川河川敷は，一面に，ヨモギ，クローバー，シロツメクサ，カラスエンドウ，アザミなどの草花が咲いている。子どもたちは，ポケット図鑑で植物名を調べたり，シロツメクサやヨモギを摘み取って首飾りをつくったりした（後日，商店会の学習でヨモギ餅にして試食した）。川辺には，どんな生き物がいるか「せせらぎウォッチング」をした。白いきれいな鳥が数羽，川辺を動く。「あっ，サギだ」「魚を捕まえているよ」「アユを食べているのだ」「首のあたりに青や緑・紫が混ざりきれいだ」「いつもはもっとたくさんいるよ」等々。小矢部川の川辺には，多くの鳥が生息しているのである。

　沼田真[4]氏は，都市化によって衰退する鳥としては，猛禽類，サギ類，カワセミ類など動物性の食べ物をとるものであるとしている。沼田説から，小矢部川の西条・国吉流域にシラサギが生息するということは，この鳥の食べ物である水辺の小魚が豊富であると

写真3　小矢部川縁の水鳥

いうこと，水質の汚濁やBODの測定値が低いことを示していると考えられる。みんなで「春の小川」を歌い，笹舟を作ると，「海まで流れていきますように」と願いをこめて流した。

3　川がつくる町や村の営み

(1)　私たちのくらしを支える水

　小単元「くらしをささえる水」の導入で，「学校には，水道の蛇口がいくつあるだろう」という疑問に対して，「18個くらいかな」「27くらいあるよ」などと予想を立てた。そこで，グループ別に蛇口の数調査を行うと，何と123個も設置されている。子どもたちは，予想以上の数に驚き，「こんなにたくさんの水道の水がどこからきているのだろうか」と水の旅に関心をもちはじめた。

　浄水場の見学から，水の源流は，和田川ダムと小矢部市の子撫川ダムであることを知った。また，高岡市内の水道水が，どのような仕組みで引かれているのか上関配水場で調べた。その結果，上関配水池に集められると，コンピュー

1　川に沿って見つめる　　93

ター処理され，各地区へ配水されていく仕組みになっているのである。配水場の仕事や工夫について話し合った。

T₁　配水場ではどんなことをしていましたか。

C₁　ポンプ室に大きな機械が6台あった。コンピューターで自動的に動かしている。

C₂　昼も夜も自動で動くけど，人間が運転する部分もあるので監視している。

C₃　24時間いつも動いているので大変だ。

C₄　コントロール室にも，スイッチボタンがたくさんあった。

C₅　一度にいろんな町に水を送ることができてすごい。たくさんの機械で操作しているからできるのだ。

T₂　施設の様子や働く人のことをよく観察しましたね。

C₆　昔の水道の装置が展示してあった。井戸の写真もあった。

C₇　昔は，つるべを使って井戸水をくみ上げていたそうだ。でも今は，水道ができて，水洗トイレや洗濯機など便利な電化製品を使い，水をたくさん使うようになった。

C₈　高岡市の地面の下には，たくさんの送水管が通っていることが分かった。

C₉　高岡の水は，岐阜県の高い山の上流から流れてきているのだよ。

T₃　配水場の方が，「富山県では，おいしい水をたくさん飲めますよ」と話していたね。

C₁₀　富山の水はおいしいから，よい所に住んでいると思う。

C₁₁　水がおいしいのは，おじさんたちが水を管理しておられるからだね。

C₁₂　私たちが寝ている間も，交替で働いて大変だ。父も夜の仕事で大変だからだ。これからもがんばっておいしい水をつくってください。

　上記の話合いを通して，子どもたちは，水が計画的に配水される仕組みに感心するのであった。

(2)　生活環境としての川

　子どもたちは，下水がどのような仕組みで処理されていくのか疑問に思った。浄化センターは，20haの広い敷地で下水を扱っているとは思われないモダンできれいな建物が並んだ美的環境である。

94　　Ⅱ部　地域に生きる人の働き，営み，願いを探る

はじめに，大きな下水管を見た。「うわー，大きい！30人全員が入るほど大きい。この浄化センターが担っている役割が，それほど大きいことを物語っているのだ。また，マンホール蓋のデザインが市によって異なる。子どもたちは，「高岡市のは銅製の蓋で，古城公園の模様もある」「チューリップの模様だから

写真4　30人丸ごと入る下水管

砺波市だ」「射水市は，海王丸のデザインだ」と，一つ一つを確かめていく。また，下水の色やにおいなどを五感をはたらかせて観察した。センターの仕組みに対する子どもの感じ方・考え方は次の通りである。

- T₁　浄化センターの工夫はどんなことですか。
- C₁　一つ目は，冬，処理水を利用して雪を溶かすのに使っていることだ。
- C₂　二つ目は，下水の汚れを取り出し，それを溶かして水で冷やしてできたスラグをコンクリートの砂のかわりやブロックに混ぜて使うこと。
- C₃　これはスラグにして再利用しているから，すごいエコだと思う。
- C₄　三つ目は，初めの沈殿地の水は，茶色く濁ってとっても臭かったけど，最終沈殿地では，においもなくなり，澄んできれいなことだ。
- T₂　浄化センターのすごい工夫を3つも発見しましたね。
- C₅　エアレーションタンクでは，微生物のはたらきで汚れを沈ませていた。空気の泡が洗剤みたいだった。
- C₆　川を汚さないようにきれいな水にして返すため，いろいろな設備で工夫している。
- C₇　使った油を洗剤で流して，川を汚しているからよくなかった。
- C₈　この問題は，ゴミ問題や下水のことにもつながっていくのだ。

この学習から，子どもたちは，環境とのかかわりを意識した行動様式を考え始めた。そして，「これからは水を汚さないように努力したい」とか「家でも汚れた水を出さないように心がけたい」や「魚が住めるきれいな川にしていかなければね」と話し合った。下水道が完備されてきたとはいえ，家庭から出さ

1　川に沿って見つめる

れる生活排水などが河川や海洋の水質を汚濁する原因だからである。

(3) 300年にわたる水との闘い

子どもたちは，校区の川の歴史を知らない。そこで，本校編集の『はくきゅう―白鳩―』(5)や副読本『わたしたちの高岡』を参考にし，小矢部川の水害に関する部分を共通学習とした。それには，昭和38年の大水で，長江の橋が崩れ落ちたという記述がある。そこで，長江地区（旧長江村）の子どもたちは，地域の有識者の大野さんに，洪水との闘いについて聞き取りをした。

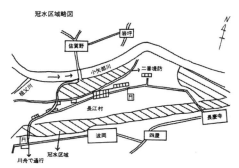

図1　長江地区冠水区域図

川沿いに住む地区は，宿命的に水害と闘いながら，村の建設に当たった。まず，記録に残る小矢部川の洪水の歴史を表に書き出してみた(6)。

- C₁　こんなに洪水が多かったんだ。
- C₂　特に，大正7年の水害は，大規模なものだったんだなあ。
- C₃　小規模なものは毎年あったんだ。
- C₄　年中行事みたいに繰り返し起こったんだ。
- C₅　こんなに水害の多い川をどのようにしてかえていったのだろう。

C₅の疑問は，みんなの課題となった。長江地区が流域の中では最も低地にあり，洪水対策が村の宿命であった。そこで，『長江誌』(7)を参照させて，改修工事の概要を知った。

> 長江開村以来300年に及ぶ悲願であった小矢部川の改修工事が，昭和9年度から15年計画で下流地区から実施された。……＜途中略＞。以後，年次計画に基づき施行され，昭和20年で概ね完了し，永年の水害から解放されることになった。また付帯工事の長江排水ひ門工事も昭和28年度に竣工し，築堤工事は完了した。この工事には，長江地区では祖父川改修を含めて水田29000坪を提供しなければならなかったのである。

実際に堤防を歩いて当時を想像してみた。大野氏は，地区の墓地あたりには，

堤防が第一，第二と田の土手と化しながらも名残を留めていると話された。M男は，「魚釣りを楽しんでたけど，実は，水害防止のために村人の体をかけた大変な工事があったんだ」と認識を新たにした。

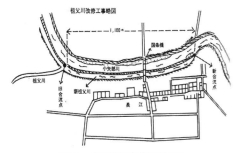

図2　祖父川改修工事図

　小矢部川河川敷近くに水位観測所があり，折しも，係員2人がボートで水位を測定していた。また，小矢部川流域全てに堤防が築かれている。所々には水防倉庫も設置している。実際に確認したのはN男だ。この倉庫の中には何が入っているのか子どもたちの疑問であった。それは，消防署勤務のSさんの「大水になった時の応急道具（蛇篭，つるはし，川船）を保管してある」という情報から非常時に備えていることをとらえていった。

　市では，県や国と協力して災害対策を講じてきたので，近年，大水に見舞われにくくなっている。しかし，昨今は異常気象のためか，全国的にも集中豪雨やゲリラ豪雨の被害に見舞われたことを頻繁に報じており，油断は許せない。緊急に備え，ハード・ソフトの両面から計画的な対策を講じられている。

(4)　エネルギー源としての水

①　小牧（こまき）ダムの見学

　校外学習で小牧ダムを見学した。庄川の上流にあるダムでせきとめた水の勢いを利用して大きな発電機を動かしている。担任3人で事前調査した時は，ダムの水を放流し，そのすさまじい勢いと轟音は息をのむような迫力であった。この力を利用して水力発電を起こしているのである。見学当日，ダム管理の関西電力小牧制御所の担当者3人に説明してもらった。

　　小牧ダムは，高さ約72m，長さ約300m　ダムに入ってくる水の量一日に約82億6000万リットル。長さ50m，幅25m，深さ2mのプールでは，3300杯分に相当。最大出力は，7200キロワットもあり，この水で電気を起こしてから合口ダムを通り，工業用水や農業用水としてみなさんの所へ流れていく

んですよ。電気がなくなると私たちの生活は，昔に戻ってしまう。だから毎日休みなく電気を起こし送ることが仕事です。ダムは電気をつくりながら，洪水の時は水の流れを調節し，人や町を守ります。晴れた日が続けば，畑の野菜や田の稲が枯れないように水を流して，私たちの生活に役に立っています。電気をつくる水を大事に使いましょう。電気も大事に使ってくださいね。

その後，パンフレットや副読本『わたしたちの高岡』を利用しながら，水の活用を学んだ。すると，さらに新しい疑問が生じてきたのである。子どもたちは，右記のお礼の手紙に質問を添えて送ると，早速，ダムのおじさんから返答（左部分）が届いた。

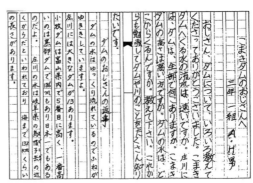

図3　お礼の手紙と返答

② 川の源流を探る

「秋見つけ」で庄川のさらに上流区域まで探検に出かける家族がいた。Y子，S男，H子らは，五箇山から岐阜県御母衣ダムに至った。ダムの水の源流を探ると，さらに県の名水指定されている分水嶺にたどり着いた。

［資料　　Y子の観察メモ］

御母衣ダムは今まで見たダムと少しちがっていた。
・水の流れる所が一か所しかない。
・ダムはロックフィル式といって岩を積み重ねてできている。
・高さは131m。ダム湖の深さは，一番深い所で760m。
・ダム建設で，村や田畑が湖底に沈んだ。

写真5　分水嶺に立つ

ダム工事で村を離れた人たちがいると知って，水を大切に使わなくてはいけ

ないと思った。長良川の源流の「夫婦滝」や庄川の源流「分水嶺」もあった。流れてきた水が，日本海と太平洋に分かれる所だ。ここは，水も木もたくさんで自然が豊かだ。

千保川の橋調べをしたS男も，上流に興味をもって御母衣ダムに出かけた。

・ダムの水は，山の水が地下水となり集まり，川となって集まってくる。
・でも，一体どこの山から流れ落ちてくるのだろうか。
・小牧ダムのおじさんに，手紙で聞いてみよう。

小牧制御所の担当者から資料をいただき，共通の学習の場で生かした。子どもたちは，具体的な地図に庄川の支流や渓谷を青線で塗ってみた。ずいぶん，多くの川が山から注いでいることが分かる。そのトップが，烏帽子岳であることを知った。そして，次ページ図5のように，庄川の上流域がいかに広いか（小牧ダム集水域―1100km）に驚き，「豊かな水は山でつくられる。それを支える山の緑は大切だ」ということを強く認識した。

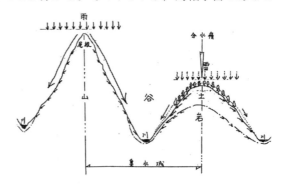

図4　庄川上流流水域の尾根～分水嶺の集水域

4　水と緑の一体化

S男は，分水嶺や自然に対する関心を国土報告で紹介した。これを機に，どの子も自分たちのくらしを支えてくれる水の大切さを再認識するのであった。さらに，教科書の次の文言について考えはじめた。それは，「川につくられた

写真6　森林の分布図を読み取る

1　川に沿って見つめる　　99

人工のダムは水色のダム,山に積もった雪は白いダム,森林は緑のダム」である。森林の保水力について説明すると次のような意見が交わされた。

図5　庄川上流小牧ダム集水域図

C₁　森林は,水を蓄えてくれるからだ。
C₂　だから森林は,緑のダムなんだ。
C₃　雪解けの水は,ダムに入り用水として使われる。
C₄　特に,田植えの時期は大切だ。
C₅　だから,「雪は白いダム」っていうんだね。
C₆　降り積もった雪も重要な水源なんだね。

こうした意見や既習の国土学習をもとに,M子は,日本が水の豊かな国であるのは,森林が豊富であることが大きな理由だと考えた。

なぜ日本は，水がこれほど豊かなのだろうか。それは，森林の保水力が抜群にいいからだと思う。単位面積あたりの降水量が多いため木がよく育つ。降った雨は森林に蓄えられ，豊かな地下水や清流となり，一年中絶えることがない。
　水は，豊かな自然から生まれるのだ。　　　　　　　　　　　　　　　（M子）

　T子は，自分の貴重な自然体験を思い起こし，感想を書いた。

　キャンプの時，森の土を踏むと，足元は湿っぽくてふかふかだ。岩の隙間から水がチョロチョロと流れ出ている。これが，教室で学習した「水は，次第に地下にしみこんで，ゆっくりゆっくりと地下を流れてやがて土の外にわき出てくる」という意味だと気が付いた。
　森林があるから洪水を防ぎ，人々の生活を守っていることが分かって，これ以上，地球上の森林を無くしてはいけないと思う。　　　　　　　　（T子）

　子どもたちは，自分たちの住む富山県の水の恩恵を見直すことになり，「富山は，水も森林も豊かなのだ」と話し合った。これらの自然が破壊されるとどうなるか話し合いし，自然を守ることの大切さを実感していった。

5　水と人間とのかかわり

　川が自分の生活にもたらしている機能や潤い，逆に自分の生活が川に及ぼす負荷，さらに，よりよい川と人間とのかかわりを願って，自分の立場から行えることなどは，実体験を通しながら改めて認識し，学んでいくことができた。
・川に沿って観察することの効果＝これまでそれぞれ個々の分かれた社会的事象であったこと（例えば，ダム，浄化センター，浄水場）を，川という一本の線に沿って下流から上流に向かってとらえさせたことは，水循環という観点から点を線に関連付けることができ，効を奏したといえる。
・教育資源として身近な小矢部川，庄川について，水と人間とのかかわりという視点から体験的・多面的な活動を行うことにより，川に対する理解を深めることができる。そして，それは，自然を愛護する心やふるさとに対する愛着心をも育む。
　こうした川とのふれ合いや観察，調査を中学年で十分行うことは，さらに，

1　川に沿って見つめる　　101

高学年で環境を見つめる目や河川浄化への子どもたちの意欲を高め，ふるさとの環境に積極的にはたらきかけていこうとする実践的な態度を養うことにつながるであろう。

＜付記＞

○本稿は，次の研究をもとに構成，まとめたものである。

・拙著　高岡市内地留学教員研修報告書『地域に根ざした環境教育』1993.3．PP97-140

＜註＞

(1) 富山県『とやま環境計画』県環境整美課，P36，1992

(2) 富山県『環境白書平成4年版―』県環境整備課，p 36，1992

(3) 佐島群巳『学校の中での環境教育』国土社，1992，P.68

(4) 沼田真『都市の生態学』岩波新書，P140，1987

(5) 西条小学校『はくきゅう―白鳩』P.76，1990※この書は，西条小学校の地域学習の取組実践を報告している。「地域の先輩に学ぶ」の章（PP.65-90）では，地域の有識者20名を学校に招いて，お話を聴く会をもった時の内容が紹介されている。

(6) わが町高岡編纂委員会『わが町高岡』高岡市教育委員会，P.35，1978

(7) 大野孫一郎編『長江誌』長江自治会，P.68，1992

２
がんばれ　高岡の町おこし

（定塚小学校）

第３学年　社会科，発展的な学習の時間

1　今，私たちの町は

(1)　子どもにうつるお店

本校区には，ＪＲ高岡駅前の末広町商店街をはじめとする（御旅屋商店街，高の宮商店街，末広坂商店街，大福院商店街）５つの複合型商店街があり，商業地区として古くから高岡市内外の人々に親しまれ栄えてきた。また，えんじゅ通り，桜馬場通り，県道富山高岡線（城東１・２丁目）に沿っても様々な商店が集まっている。本学習では，これらの地域の商店に的を当てて進めた。

子どもたちは，日頃，文房具や菓子などを買ったり，買い物の手伝いをしたりして，店の人とかかわっている。また，生活科の町探検では，グループ別に商店街や高岡大和デパートなどへお店探検に出かけ，見学やインタビューを行い，「お店のすてきを見つけたよ」と発表し合った。しかし，そこに秘められた販売者側，消費者側のそれぞれの工夫や意図に気付くことはない。

核家族化が進む中，共働きの家庭の急増や車社会による移動手段の変化は，買い物にも影響を及ぼした。消費者は，安い，種類や品数が多い，駐車場が広いなど様々な要因により，自分の要求に合った店を選んでいる。実際に，食料品は近くのスーパーマーケットで，衣類や雑貨，電化製品などは大型ショッピングセンターや郊外型専門店を利用していることが多い。

また，様々な経営のコンビニエンスストア，ファーストフード店，生協販売，通信（ネット）販売なども見られる。このように，人々の生活様式の変化にともない，店の形態や立地にも変化が見られてきた。

(2)　新しい視点の「地域の商店街・町づくり」の学習

全国的な動きとして，従来の地域に密着してきた商店街が衰退し，活性化が望まれている。高岡中心商店街においても空洞化が危惧され，共同駐車場の設

営や商店街振興組合・市を中心とした催し物など，客を引き寄せ販売の促進に力を入れてきた。このように変動の激しい競争社会の中で，子どもたちは見学・調査を通して，商店街では消費者の心をつかむ販売の工夫や協力など売り手として創意工夫を図っていることをとらえていくのである。

今，商店街そのものが新しい視点からつくられることが望まれている。そこで，次の三つのアプローチで学習を主体的に取り組める授業づくりをする。

ア　多様な体験的活動の組み入れ

子どもたちの発想と実践を大切にしながら，体験的な活動を効果的に組み入れ展開するようにする。

イ　福祉や環境に着目した授業づくり

21世紀に入り，何でも売れればよいという思考スタイルは崩壊しつつある。今，地域の人に喜ばれる店づくりが求められている。お年寄りや障害のある人にも優しい店や健康・環境に配慮した店，町づくりを構想する。

ウ　一人の消費者としての意識改革

効率さや便利さより信頼を得る時代である。一人の生産者として，一人の消費者のあり方を問う授業づくりを考えたい。

(3) 本教材の目標

本学習では，次の子ども像を目指して，授業づくりを行う。

|具体的目標|

○　私たちの生活と商店のかかわりに関心をもち，商店の様子や買い物の工夫を意欲的に調べていくことができる。(社会的事象への関心・意欲・態度)

○　売る側と買う側の立場に立って消費生活をとらえ，商店と自分たちの生活が密接に結びついていることについての考えをまとめることができる。(社会的な思考・判断・表現)

○　商店に関して的確に観察・調査したり，各種の資料を効果的に活用したりして，必要な情報をまとめることができる。(観察・資料活用の技能)

○　商店や商店街では，販売について工夫していることを理解するとともに，自分たちの地域は消費生活を通して，広く国内外の他地域とかかわりがあることや，地域の人々は，品質や価格，量などを考えて購入していることを指摘することができる。(社会的事象についての知識・理解)

上記の目標で内容面や学び方等の基礎・基本を学び，さらに地域に対する感性と認識を育むための子ども像を考えた。

○品質や価格，環境のことなどを考えて，計画を立てて買い物をする子ども（日常化）

○商店の学習を通して地域の活性化を考えて，地域へ参画・行動できる子ども（社会化）

上記の願いを達成すべく構想した展開図が次ページの図1の通りである。

ⅠⅡ…は学習の順序，○内数字は時数，⑫，発展⑦，他⑤計19＋5時間）

2 実践の経過と子どもの変容

(1) 商店や商店街授業づくりの視点

① 買い物調査に着目して追究を深める

ア 1週間の買い物調べ（1クラス38名）から「アルビススーパー」が69回と最も利用されていることを知る。アルビススーパーが人気の理由と販売の工夫の観点から予想を立てて，調査する。

イ 店内の売り場コーナーの様子やバックヤードで働く人々の動きを観察し，販売の工夫を発表し合う。

○商品の品質……新鮮な食料品，種類の多さ，冷房完備の貯蔵室での品質管理

○宣伝，接客態度など……サービスカウンター，試食コーナー

○駐車場……屋上に500台

○環境リサイクルボックス設置

○福祉……点字ブロック

② 上手な買い物啓発のポスターづくり

家の人が買い物をする時の願いを話し合う中で，「家族の健康によいものを買う」「新鮮な野菜を買う」「安くてよいものを買う」などが大切であるととらえていく。そこで，上手な買い物の仕方の話合いを生かして，学習を発展させていくことができる。図工科と関連付けて，ポスターを描き，家庭に呼びかけることにした。

N男は，母親が「買った納豆を開けてみると古くなっていた」という失敗を

図1　高岡の町おこしの学習構成

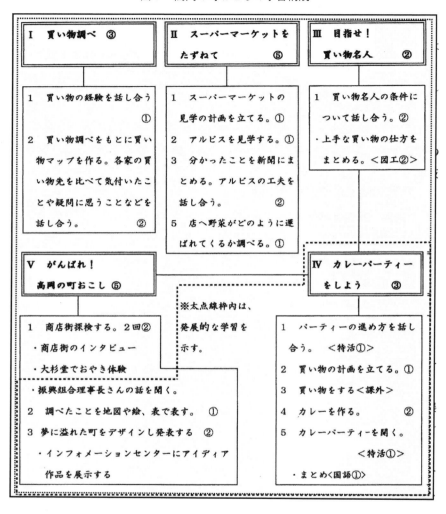

聞いて,「賞味期限を確かめよう」という表題で取り組んだ。家族がそのポスターを見て,「そうだね,気をつけなければね」と共感することにより,「自分の呼びかけが家族に伝わった」という満足感を得ることができるのである。

　このように家庭や地域の人のねぎらいや励ましによって満足感をもち,地域社会への参加の一つの契機ともなるのである。また,品質や値段,家庭環境にも目を向け,様々な観点から問題意識をもちながら,生活に生かしていく。

(2) 買い物にチャレンジしてカレーパーティーをしよう

　子どもたちは，商店学習を追究する中で，お世話になった方々を招いて，カレーパーティーをしようという願いに到達した。招待者は，学習に協力してくださった5人の方（花いっぱい運動で大仏寺の尼僧さん，古城公園活動で管理事務所の内山さん，古城公園の自然についてナチュラリストの山下さん，キーホルダーづくりや御旅屋通りの高岡が見える店「道しるべ」で鍋をごちそうしてくれた定塚さん，商店街について話してくれた末広町振興組合理事長さん）と校長先生の6人である。そして，「買い物の仕方やその工夫を生かして，買い物をしよう」という目当てを立てた。

手づくり招待状を作成

　6月から理科で栽培してきたケナフは，黄色いきれいな花を咲かせてみんなを楽しませてくれた。また，ジュースにしたり葉を天ぷらにしたりして食べた。
　11月，茎の皮を剥ぎパルプ化してもらった。ハガキを漉くと，国語科の「招待状をつくろう」の学習と関連させて，思い思いの形や図案で制作した。点検後，完成した招待状を各グループごとに届けた。

パーティーの進め方や運営について話合い

　パーティーの進め方について企画係で話合いし，「カレーの隠し味を紹介し合ったら楽しい」とか，S男の「買い物で工夫したことを紹介し合えばよい」といった学習と関連させた意見が出され，取り入れることにした。また，実際の運営や会場を想定してどんなものが必要かなどを話合い，準備を進めた。

○ 「買い物名人」を目指そう

　カレーの材料をグループで買いに行く場を設定した。写真1のように，実際に商店で量や値段を調べたり，どこの店で何に気をつけて買えばよいのかを考えたりするなど，よりよい買い物について話し合った。このように，上手な買い物について課題意識をもつことにより，積極的に社会的事象にかかわっていくことができる。
　カレーパーティーでは，自分たち

写真1　よい品物を選ぼう

2　がんばれ　高岡の町おこし　　107

の買い物やカレーづくりの工夫を紹介し合いながら和やかに会食した。会食することにより，見学のお礼や学習から生まれたかかわりをさらに深めることができた。招待者の感想は，カレー味に関してや活動をねぎらうものであり，子どもたちの顔は，思わずほころんだ。

```
各グループのカレーの隠し味
・コンソメスープ   ・蜂蜜味
・ニンニクを2個    ・ニンニクと月桂樹
・すりおろしりんご  ・チョコレート
・すりおろしのニンニクと唐辛子
```

　また，お客さんの感想は，自らの学習の成果を確かめる場であるとともに，これからの生活に生かそうという意欲を高める（自分化・日常化）ことになった。会食後，「家族に食べさせてあげたい」「シーフードカレーに挑戦したい」「学校でした工夫を家でもやってみたい」と意欲的である。

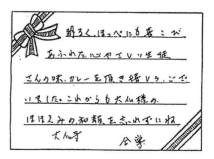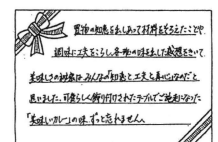

図2　お客さんの感想

　このように，買い物→カレーづくり→パーティーと願いを膨らませながら，発展的な学習を展開させていく中で，学習したことを消費生活に生かし日常化していくことが見てとれる。この意味付けがきちんとされない商店や商店街の学習は，ごっこ活動に終始してしまう。買い物や調理体験を踏むことによって，消費者の意識を生かした商店や町づくりの発想が生み出されるのである。

(3)　町の人と店に学ぼう

|K男の学びの変容|

・K男は，1週間の買い物調べで，自分の家では，アルビススーパーを最も利用していることを知った。
・リサイクルコーナーに注目……多くの人が回収ボックスにパックやトレーを

入れてリサイクルに協力している姿を見て，驚きと喜びを感じた。
- <u>着眼点の変容</u>……他の商店にも目を向け，家の人と「ヒラキストア野村中央店」に買い物に出かけると，身体の不自由な人が安心して買い物ができるような施設があることに気付く。車椅子専用の駐車場やトイレ，段差のない出入り口，点字ブロックなどを父親とデジタルカメラで写して商店新聞をつくった。この写真入り新聞は級友の関心を集め，以来，自信をもったK男は，福祉の観点から関連付けていく。
- <u>商店街の施設の見学調査</u>……設備の観点からとらえ，歩道の点字ブロック，信号待ちのカッコウ音などの聴覚障害者に対する配慮を見つける。
- <u>商店街の工夫</u>……「元気で夢いっぱいの商店街」の計画では，歩道に着目し，身体の不自由な人が歩きやすいスロープの歩道を提言する。K男に，「どうしてそのアイディアを考えたの？」と尋ねると，沖縄へ行った時，スロープの道を見たという。また，車椅子や車椅子用買い物かごのサービスを考え，さらに歩道に，高岡銅器の模様を入れて高岡らしさを出すことにより観光客にも喜んでもらえる町づくりを考えている。K男は，商店の工夫や「工場」などの学習と関連付けて学んでいった。福祉の観点は他の子どもたちの工夫にも参考（15人）にされていった。

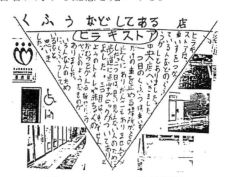

図3　スーパーの取材新聞

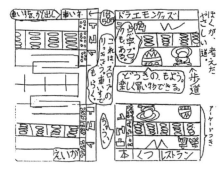

図4　商店街計画図

環境に着目して取り組むF子

- 買い物調査……F子は，自分の家がよく利用している大型ショッピングセンター「サティ」の見学・調査をグループの班長になってインタビューなどを行った。

- サティにたくさんの人が買い物に来るのはどうしてだろう」という問題に対して，スーパーマーケットで学んだ5つの観点＜品物＞＜宣伝＞＜駐車場＞＜サービス＞＜施設＞から追究していく。
- F子の思考過程……サービスの観点から「マイカルカード」の特典制度「マイカル地球人クラブ」の資料を通して調べる。→環境に優しい商品を開発，ビーチクリーン作戦，書き損じはがき収集キャンペーンによる子どもの森計画，リサイクルゴミ減量化への取組みなど様々な活動を行っていることを知る。→サティはショッピングセンター的機能の商法ばかりでなく，環境や福祉の面にも力を注いでいる事実をとらえる。
- 実践行動へのはたらきかけ……カレーパーティーに向けての買い物では，「マイバッグキャンペーンに協力しよう」を目当てにバッグ持参で買い物をし，もらったシールを店内の掲示版に貼るなど賢い消費者として活動した。

写真2　マイバッグ特典シールを貼る

(4)　見つめ直そう私たちの町

末広町に住むY子が，自由研究で末広町商店街について調べたことをまとめた。各商店の工夫と商店振興組合の企画などを詳しく調べており，子どもたちも大いに刺激を受け，商店街の店に関心を向けていった。3年生全体で商店振興組合理事長さんに商店街の取組みについて聞くと，「大型ショッピングセンターが進出してきてから商店街に買い物客が少なくなって困っている」という悩みを話された。それを解決しようとアーケード修理や無電柱化に莫大な費用をかけ，様々な企画を試みていることを知る。

C₁　理事長さんの話を聞いて本当かな？と思って，図書館で昭和58年の商店街と今と比べたら，やっぱり空き店舗が増えていることが分かった。

C₂　本当だ。空き店舗がずいぶん増えているね。

C₃　「商店街で困ったことはありますか？」とインタビューすると，「景気が悪

い」とどの店もいっていた。○○宝石店も○○菓子店もいっていた。B君の家のお店は，大丈夫なのかな」
C₄　大型店に押されて，商店街にお客さんがあんまり来なくなった。いろんな催しをしてお金をかけているのに，お客さんが来ないのはかわいそう。
C₅　アーケードにはたくさんお金をかけてがんばっているのに，大型店にばかりお客さんが行ってしまって残念。何で商店街に来ないのだろう。
T　中心商店街の人口推移のグラフ，御旅屋通り・末広町を提示する。
C₆　高岡の人口は増えているのに，中心の方は人口が減っている。
C₇　1日の通行量も減ってきた。今と25年前の昭和55年と比べると末広通りは3300人，御旅屋通りは8000人も減った。すごく買い物客が減った。
C₈　大型ショッピングセンターができてから商店街は繁盛しなくなった。昔は，繁盛していたのにかわいそうだ。商店街にがんばってほしい！

　生活科の町探検で，「すてきなお店，見つけたよ」と意欲的に発表していた子どもたちだが，改めて見つめ直してみると，意外にも困っているという事実に突き当たったのである。再度，商店街や地域の人にインタビューやアンケートを実施したりする中で，「いつもお客さんがたくさんいて賑やかだったらよい」と考え，「元気で夢いっぱいの商店街」の計画を膨らませていった。

3　私たちの町をデザインしよう

(1)　町づくりへの願い

　社会科学習の内容知としての基礎・基本を生かし，さらに発展的に町づくりを構想する授業実践を行った。

【ねらい】
・商店街にお客さんがたくさん来てもらうために，どんな工夫をすればよいか考えることができる。
・商店の販売の工夫や買い物体験の学びを21世紀型商店街にも生かしていく。
・自分の先行経験をふり返り，そこから

写真3　全体学習での話合い

2　がんばれ　高岡の町おこし　　111

図5　3学年全体学習の指導計画（25/26時）

```
┌─────────────────────────────────────┬─────────────────────────────────────┐
│ ┌───────────────────────────────┐   │ ・学年Ｔ・Ｔで協業体制で取り組む。   │
│ │ 元気で、夢いっぱいの21世紀型商店街にしよう │ 　 Ｔ１―授業を進行              │
│ └───────────────────────────────┘   │ 　 Ｔ２―板書、机間指導            │
```

元気で、夢いっぱいの21世紀型商店街にしよう

・学年Ｔ・Ｔで協業体制で取り組む。
　Ｔ１―授業を進行
　Ｔ２―板書、机間指導

① 中心商店街で行っている工夫を想起する。

・七夕祭を催している。

・アーケードを作って、お客さんが雨に濡れないようにしている。

・すえひロード逸品フェアなどのチラシを作っている。

> 商店街の人々がお客さんを呼ぶために取り組んでいることに気付くことができたか。（発言）

② 中心商店街にお客さんがもっと来るように、自分たちにできる工夫がないか発表する。

○店長になったらこんなお店を開きたい。
・手作りクッキー屋さん
・高岡のお土産屋

○商店街に大きな駐車場を作り、買い物に来やすいようにしよう。

品物を買う人に分かりやすいように並べる。

立体駐車場にして、無料だといいな。

○楽しいイベントをしよう

○宣伝のチラシを作ろう

・秋の実オリエンテーリング
・子どもが喜ぶイベント
　かき氷大会、おばけ大会
・遊園地

お店のセールスポイントを書いたらもっとよい
・特売品を置こう　・ＣＭを流す　・全店共通カード

③ 商店街振興組合理事長さんのお話を聞き、もっと取り組んでみたいことをカードに書く。

・店のよい点をガイドブックにまとめて、いろいろな人に知ってもらおう。

・ポスターを作って商店街に貼ってもらおう。

・これまで学習してきた商店の工夫を思い出し、それを生かすようにする。また、消費者の願いに応える工夫を考えるようにする。

・地域の商店街の問題を切実なものにするために、商店街に住んでいる子どもたちに自分の家の店の工夫や困っていることなどを聞き取りするようにする。

・絵や図、写真、工作など半具体物を使い、効果的に発表するようにする。

・自分のアイディアとつなげて聞いたり、質問やアドバイスをしたりする。

・商店街のチラシと比べて工夫できる点はないか考えるようにする。

> 商店街にもっとお客さんが来るように、自分たちができることを考えることができたか。（発言・作品・カード）

　消費者の願いを発展させ表現しようとする充実感を味わわせる。

　そこには，友だちどうしのかかわりからより高次なものを生み出していく作用もある。

(2)　子どもがかかわる町おこし

　子どもたちの商店街，町づくりの企画を分類してみると，古いものと新しいものが調和した共存型町づくりを構想しているのが分かる。つまり，伝統，昔ながらのお店と環境や福祉を重視した21世紀型といったハード面とそれぞれ

112　Ⅱ部　地域に生きる人の働き，営み，願いを探る

の年齢層が満足できるソフト面の充実という2つの様相が見られる。

> A　空き店舗をこんな店にしたい
> ・環境に着目……おもしろリサイクルショップ，体に優しいどんぐりクッキー店，ケナフ入りパウンドケーキ屋
> ・体験型の店……科学館ワンダーラボ館，高岡の土産物屋
> B　こんな場所にする……レジャー型遊園地，お店博物館，末広大学（若者志向の町），海外交流センター，子ども向けイベント
> C　商店街全体としての対策……おしゃべりドラえもん像の設置，ドラえもん型ごみ箱，立体駐車場，チラシ，コマーシャル，体の不自由な人に優しい（バリアフリー）歩道，車椅子レンタル
> D　多様な表現方法（図工との関連）……飛び出すカード式のコマーシャルをつくる，空き箱やダンボール箱で制作する，クッキーやケーキなど実際につくる，挑戦するなど多様に表現していく。

①　飛び出すカード式チラシ＝Dタイプ

　家の人の買い物の工夫について話し合った際，M子は，「毎朝，新聞の折りこみチラシを見て，特売品や安売りをしているものを買うようにしています」と発表した。チラシへの視点をもったM子は，「夢いっぱいの商店街にしよう」では，商店街のチラシづくりを考えた。そして，開いたら立体的になる目立つチラシをつくればいいと飛び出すカード式にした。チラシには，特売品や特売日が分かりやすく記してあり，商店街全体で使える割引券もつけるという想定のものであった。

　このように，家庭での買い物の工夫を参考にし，消費者にもっと買い物意欲をもたせるためのチラシを工夫していくことができた。

②　人との出会いコミュニティの場＝Bタイプ

　子どもたちは，「子どもが楽しめるイベントがあれば，子どもに付き添って親子で出かけることになり，商店街に人が集まるだろう」と考えた。末広町に住むY男は，ドラえもん広場でよく遊ぶことから，この広場で季節に合わせたイベントを行えばよい。例えば，春：従来の獅子舞競演会，夏：七夕祭でのかき氷早喰い競争，秋：餅つき大会，冬：鍋祭などのアイディアを考えた。

2　がんばれ　高岡の町おこし　　113

③ 木の葉・木の実オリエンテーリング＝Ｂタイプ

　同じように子どもたちが商店街で楽しむイベントがあればよいと考えたＩ子は，「木の葉・木の実オリエンテーリング」を考案した。

C₁ 「その店へ入ったら何か買うんですか」
C₂ 「5つとも押したら，ゴールで何かサービスがあるのですか」
C₃ 「秋だけやるのですか」
C₄ 「四季を通して一年中やれば，子どもも楽しめるし，お客さんもたくさん買いに来るのではないだろうか」
C₅ 「春だったら，桜の花びらシールがいいんじゃない？」
C₆ 「冬は雪の結晶マークがいいよ」
C₇ 「雪だるまマークもどうかな」
C₈ 「四季を通してやればいいんじゃないの」
C₉ 「じゃ，夏は何にしようか」
C₁₀ 「4回とも参加してがんばった人に特典があれば楽しいと思う」

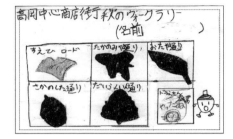

図6　ウォークラリー用紙

　これは，5つの商店街をまわり，カードに木の葉や木の実のデザインのスタンプを押してゴールするというものである。Ｉ子の考えについて，学年みんなで熱心に話合いを行い，さらによいアイディアを出し合った。そして，子どもらしいアイディアとして，実際のイベントに生かされていった。

④ 環境とのふれ合い：Ｃタイプ

　Ｔ男は，商店街にドラえもん像を設置し，手で触れると話す仕組みにしたら楽しいと考えた。これは，校外学習で氷見の潮風通りで見た魚紳士録のモニュメント像（藤子不二雄Ａさん・我孫子不二雄）や，やなせたかしさん出身の高知県大宮小学校との交流でアンパンマンミュージアムのモニュメント像などを想起したりする中でデザインを考えるといった，これまでの学びを生かしていこうというものである。

　Ａ子は，さらにアルビススーパーが環境に優しい活動を行っていたという学

びをも生かして，＜ドラえもん型のモニュメント像が話すゴミ分別機＞を考え
た。ごみを入れると，ドラえもんが，「みんな町をきれいにしてくれてありが
とう。これからも協力してね」と話す仕組みである。子どもたちが好きなドラ
えもんの像を街角に設置するというモニュメントデザインを生かすものである。

⑤　健康志向の手づくりクッキー店：Aタイプ

　M子は，商店街全体でいろんなイベントを行い工夫していることを知り，
「ショッピングセンターに負けないでがんばって！」と応援するようになった。
M子は，クッキーが好物で，公園で拾ったスダジイの実でどんぐりクッキーを
作ったり，転校していく友だちに手づくりクッキーをプレゼントしたりしてき
た。その経験からいろんな味を楽しめるオリジナルクッキーを売り出すことを
考え，A子といっしょに作ることにした。マテバシイの粉と小麦粉の分量を加
減しながら2日間試してみて，体に優しいドングリ味と胡麻味のクッキーがで
きあがった。看板も作り，試食コーナーでは，味も上々で理事長さんにも好評
であった。

⑥　いろいろな層の人が集まる場に着目：Bタイプ

　N子は，休暇の時に，高岡に観光客がもっと来て楽しんでもらうために，観
光客が高岡らしいお土産を買う「道しるべ」のようなお店があればよいと考え
た。そして，その夢のお土産店を「大仏堂」と名づけてみた。また，いろんな
年代のお客さんが来てくれればいいんだと思い，子どもからお年寄りまで楽し
める茶店があってお団子を売ればよいと提案した。

　さらに，「大和デパート」に国際交流センターがあることを知っており，商
店街にも外国人が来て，自分たちと気軽に交流したり，外国のことをインター
ネット体験したりできる場があればよいと提案した。

　同じBタイプとして，T男は，若者が増えたら町が賑やかになるのではない
か，そのためには，大学があったらよいと考えた。級友は，「店じゃないけど
大学があることによって人が増えて買い物客も多くなるだろうから，とてもい
いね」と賛成した。

⑦　21世紀マンション型商店街の構想：Cタイプ

　子どもたちの関心が高まっているカラフルな建物「エル・パセオ」マンショ
ンのゾーンを見学した。広場は子どもたちの気付きを発表する場となり，これ

2　がんばれ　高岡の町おこし　　115

> 「14階建てだ，2階以上がマンションになっている」
> 「壁に絵が描いてあってしゃれている」
> 「階段だ，登ろーっと！（現実には絵なので登れない）」
> 「窓に花を飾ってきれいだな」
> 「隣に駐車場がある（355台も収容する市営）」
> 「レストランで誕生パーティをしたよ」
> 「地下1階が広場になっている」
> 「〇君が住んでいるよ，ぼくも住んでみたいな」

までと異なった雰囲気の空間のおもしろさを語った。市の都市計画課や東京のデザイナーの意向によると，「商店街をも含めた未来創生型マンション」としての構想をもって建設され，南フランスをイメージし地中海色とアースカラーを基調とした建物である。子どもたちは，マンション型の楽しいお店ととらえ，O子は，これをヒントに子どもが遊べる公園を中央に設置したドーナツ型の商店街を構想した。子どもたちに，「形がしゃれている」「公園があって楽しい」などと支持されて（19名），O子は，「にこにこタウン」と名づけた。

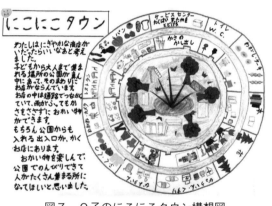

図7　O子のにこにこタウン構想図

　学習を参観された理事長さんは，このタイプの商店街を福岡県で視察したことがあると話されると，子どもたちは驚きながら，実際にこんなタイプの商店街ができたらいいなと夢みた。

4　商店街，町づくりへのはたらきかけ

(1)　町づくりへの参画行動のアプローチ

　自分たちの取組みをピーアールする方法を考えた。

- 新聞，チラシに載せる。
- 空き店舗に製品（子どもの作品）やアイディアを展示する。
- 商店街の花壇に花を植える，清掃など美化活動を行う。
- 商店街の道沿いの除雪する。

　夢ある町づくりのテーマで，振興組合理事長さんを招いて，自分たちの考えを聞いてもらった。すると，すぐに実行できるものは取り入れていきたいと子どもたちの考えをねぎらった。また，自分たちの学習の様子が新聞に載り，

C_1　全校のみんなに見に来てもらおう。
C_2　いつ来てもらうか放送で呼びかけよう。
C_3　みんな真剣に見てくれたよ。入場券を作って渡そうよ（実行する）。
C_4　町のみんなにも知らせたい。
C_5　べっぴんサロンでべっぴん倶楽部のおかみさんの写真展示や逸品フェアをしていた。
　　ぼくらの考えも展示させてもらおうよ。

「中心商店街の活性化について，小学生も真剣に対策を考えている」という事実を知ってもらえ充実感をもった。
　また，みんなの願いを凝縮したものを商店街インフォメーションセンターに掲示していただき，商店街活性化の子どもの願いとして一石を投じることができた。下の文は，子どもたちの学びに対する保護者の力強いエールである。

　「商業」という窓口から，高岡市の様子の一部を知ることができたようである。この学習をきっかけに，もっと自分たちのふるさと高岡に興味をもち，自分たちで調べていってほしいと思う。そのために一保護者として応援していきたい。

　将来，子どもたちが大きくなって，自分たちの理想の町づくりをしていく。大人，老人，子どもとみんなが生活していくのにとてもいい町づくりを考えていく。子どもたちの発想は，私たちが考える以上にすごいものがあります。社会人になった時，この学習を思い出して町づくりに役立ててほしいです。

(2)　賢い消費者を目指して＜保護者への日常化アンケート結果より＞

　本学習後，保護者に学習後の子どもの様子などについて事後調査を実施した。

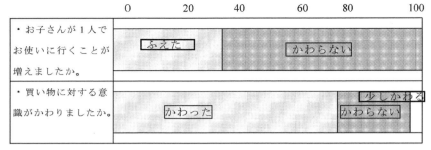

図8　子どもの買い物に関する保護者の評価

　一単元の学習で目覚ましい効果があるとはいえないが，学習したことを生活に生かそうとする子どもが増えていることが分かる。

買い物の工夫　　事後調査38　　　　　　　　　　　※数字は人数
・マイバッグ持参32　・買いすぎない31　・チラシを見る29
・ごみを分別して始末する26　・新鮮な野菜を買う23
・製造年月日や賞味期限を確かめる17　・値段に注目する16
・新鮮さや品質，添加物などに気を配る15　・品物の産地に配慮する13
・本当に必要か考えて買う9　・商店街での買い物をすすめる8
・進んで買い物に行く8　・お小遣いを計画的に使う7

　子どもは，消費生活に対する実践行動力を高め，保護者も具体的な体験や地域学習の大切さを理解するに至ったことがとらえられる。

5　ふるさとの町の活性化を目指した学習の意義

　本実践のように，商店，スーパーマーケットと商店街を複線的に学び，最終段階で商店街や町のビジョンを描くという単元構成によって，活気ある明るい町づくりを願い，子どもながらに社会参加の第一歩を進めた。社会科の基礎・基本で学んだ知的な理解を生活主体者として日常生活の場面に生かしたり（生活化），社会的に参加したりする（社会化）ことによって公民的資質の基礎を育むことができた。

　校区の商店の現状や子どもや家族の消費実態から，大型スーパーと商店街の2つの教材を組み合わせたり，販売の工夫と消費者の工夫を随時，関連付けて

とらえさせたりすることによって，次の成果を得ることができた。①疑問や課題をつかみやすくなる　②意見の交流が活発になる　③子どもの作品が焦点化し，多様化する　④比較や関係付ける見方，考え方ができる　などである。

　「商店」を軸教材として，社会科を中核に国語，図工，特別活動，創意の時間などの他教科・領域と関連付けて発展的な学習を展開することにより，子どもは認識を深め，実践・行動へと発展していった。教科で学んだ基礎・基本や体験的活動を基盤として，さらに発展的な学習で深めていくことは，社会科学習充実のアプローチの一つの方法であると考える。その場合，単元の時数配分の軽重に配慮しなければならない。

　また，消費者教育との関連から，家庭や地域社会とのかかわり合いを重視する場を設定することにより行動意欲を高めることができ，相乗効果が得られる。

＜付記＞

〇本稿は，次の論文を加除修正したものである。

・拙稿，富山県教育会『富山教育』研究実践「中学年社会科の基礎・基本から発展的な学習のあり方―商店街を軸とした町づくりの教材開発を通して―」2003，5，P16-PP19，861，

・定塚小学校『研究紀要』中島，加藤，「がんばれ高岡中心商店街」1999，PP34－50

＜参考文献＞

・東京書籍，教育出版，大阪書籍，大日本図書，日本文教出版　各教科書（3・4年）

・宮本光雄『生活科と社会科の接続・発展―その理論と実際―』東洋館出版社，1996，132-155

３　エコタウン「高岡」を目指そう

（定塚小学校）

第４学年　社会科，総合的な学習の時間

1　ごみって

(1)　ごみに対する子どもの意識

　子どもたちの「ごみ」に対する意識調査を行い，①から⑦の質問項目について数値化し分析を行い，地域環境の認識や態度化を育むためのアプローチや視点をとらえた。（４年１・２組計77人，質問紙記述―2000年４月上旬実施）

表１　ごみに対する子どもの意識　　　（☆は考察）

①「ごみ」という言葉から思い浮かべる物は何ですか。

　食べ物のくず・かす（45人18％），紙くず（51人21％），空き缶（57人23％），

　空きびん（45人18％），ビニル系（21人９％），ガラス類，たばこの吸い殻，

　空き箱（26人11％）

　☆自分たちの身近な生活に直接かかわわるものが多い。

②「ごみ」というイメージはどんな感じがしますか。

　汚い（54人33％），臭い（40人20％），役に立たない（27人16％），捨てる（37

　人22％）

　☆リサイクルは５人の３％で，使えるという認識があまりない。

③ごみは，町内の集積場に集められた後，どこへ運ばれるでしょう。

　行方に着目：清掃工場（大多数75％），埋め立て地（19％），ごみの種類によっ

　て処理方法が違う（数名６％）　☆断片的な知識である。

④あなたの町内のごみ収集日は何曜日ですか。

　家庭ごみ：月・木曜日の週２回＝正しい記述（15％），不正確（85％）

　プラスチック類，缶・びん・ペットボトル類：第２・４週水曜日＝正しい記述

　（12％），分からない（88％）

120　　Ⅱ部　地域に生きる人の働き，営み，願いを探る

⑤あなたは，家でごみを分別して捨てていますか。

自分で分別している（38％），時々分別する（25％），家の人がする（23％），
分からない（14％）

☆30％強の児童が分別に関心をもって実践している。

⑥あなたは，ごみを少なくするために，どんなことをしますか？

☆ごみ減量の認識については，ごみが多いという事実を知り，その減量方法
を実践して考えている。

ものを大切に使う（20人29％），分別をしてごみを少なくする（14人21％）

使えなくなった物をつくり直すリサイクルの視点（7人10％）

道や公園の環境美化（13人19％）

・分からない（8人12％）

☆「みんなで協力する」など協力体制をあげた子どもは数人（9％）にすぎ
ない。

⑦「ごみ問題」でどんなことを知っていますか？

・分からない（33人42％）

ごみが大量で埋め立て地が困る（17人22％）

テレビでごみが海や山，川に無断で捨てられているのを見た（10人13％）

☆ごみ処理能力の問題＜埋め立て地＞や不法投棄に関する問題が30％強であ
る。

カラスが生ごみを荒らして困る（7人9％）

☆カラスの害は，当校区でも問題である。

有料ごみ袋（5人6％），燃やすと害がある（3人4％），食糧難の子ども
たち（3人4％）

☆ごみ処理にともなう諸問題（ダイオキシン）が増え，地球に悪いが10％で
ある。

　表1から考えられることは，家庭のごみ収集や分別を協力的に手伝っている
子が半数と多かった。しかし，ごみ問題がよく報じられているものの，子ども
にとっては，何がどうなっているか理解できない点が多い。

　環境問題は，「地球的規模で考え，足元から行動する」（"Think Grobally,

3 エコタウン「高岡」を目指そう　　121

Act Locally"）ことが求められている。しかし，4年生には，地球的規模の環境問題を知識としてはとらえれるが，実践行動に結びつけることは難しい。

　そこで，家庭や地域がごみ問題に取り組む様子を見学・調査したり，空き缶や使わなくなった不用品の処理や活用方法を調べたり，工夫して制作したりするなど体験的な活動を通して，断片的な知識を総合的に結びつけられるようにする。そして，身近な生活環境をよりよくしようとする意欲や態度が育ち，資源の有限性やものの命に目を向け環境を思いやったり，地球的規模の視点から考えたりすることができるようになると考える。

(2) 環境問題への地域の取組み

　高岡市全体では，1年間に70230トン（平成9年度），1日当たり192トン，一人当たり1100gのごみを排出している。生活が豊かになり，ごみの量が増えるにともなって種類も増えてきたために埋め立て地の問題や環境破壊の問題が生じているのは，全国共通の課題である。市は，ごみの回収にあたっては平成10年から市指定の専用の有料袋を使用している。また，ごみの種類によって収集日が決まっており，収集日の当番を決めて分別を徹底するなど地域（班）ぐるみのごみ処理システムが確立している。環境リサイクルプラザの企画，資源登録団体への助成，消費者グループや子どもエコクラブ活動の推進など，市民意識の高揚も図っている。1995年以降のリサイクル法制定により，ほとんどのスーパーマーケットやショッピングセンターは，トレーや牛乳パック，ペットボトルなどの回収を行っている。

　子どもたちは，家庭や地域の人々のごみ減量の工夫や努力，リサイクル活動の取組みを調べたり，直接活動に参加したりすることにより，地域の取組みのよさにも気付いていくであろう。そして，環境問題を自分の問題として見直し，行動に移していくと考える。

2 ごみの授業づくり

(1) 『エコタウン「高岡」を目指そう』のプログラム

　上記の実態に基づき，都市生活型公害，ごみ環境問題をテーマとする「エコタウン「高岡」を目指そう（第4学年）」を教材開発し，実践した。これは，自分と地球全体とのかかわりを空間的，時系列的にグローバルな視点で，身の

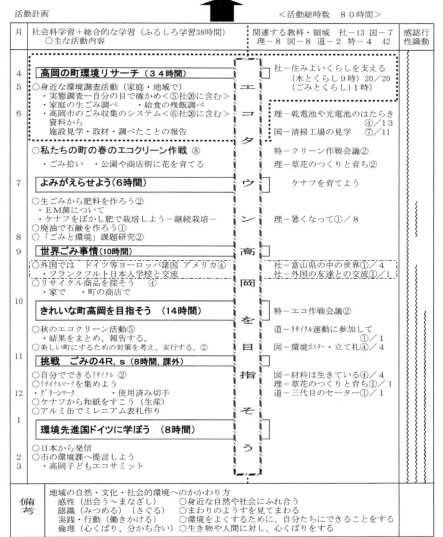

図1 身近なごみ・環境問題の教材構造

3 エコタウン「高岡」を目指そう

まわりの問題から地球的規模の問題へと授業展開を構成していくものである。それをもとに，子どもが地域に対する「感性」と「認識」を育み，さらに「実践・行動」へと展開していくプログラムを目指した。図1は，それを示す。活動のプログラムは，全体で80時間授業時数とし，社会科（13時間）を中核に，国語や理科，図工などの他教科，道徳（主題価値―環境美化），特別活動領域（29時間）とも関連付けながら，横断的・総合的な学習を展開するようにした。特に，子どもたちの課題解決学習の実践以後は，「総合的な学習の時間」に発展，展開することにした。そして，子どもの学びの過程を感性，認識，行動の三つのパターンの中でどの段階に位置付いているか波線〜で示した。

本プログラムの特色

A　地球的視野からグローバルな視点で教材構成を行ったこと
- リサイクル先進国といわれているヨーロッパのごみ環境政策を調べる。
- 特に，環境先進国であるドイツの日本人学校とのメール交換をする。

B　家庭や地域，機関の人との出会いを大切にして連携を密にすることにより，子どもが実践への意欲を高め，共生の心を育むようにしたこと
- 鋳物産業に携わる方の協力を得て，アルミ鋳物製作体験を行う。
- 廃油から石鹸づくりなど価値ある体験的活動を試みる。

C　子どもたちの課題意識に応じて，多様な体験的活動，表現活動，話合い活動，評価活動を一連のサイクルとしてとらえ，学習過程に効果的に組み入れることによって，認識が確かなものになるようにする。

(2)　育てたい子どもの姿

社会科学習で内容面や学び方等で基礎・基本を学び，さらに知的市民育成のため「身近な環境問題に関心をもち，よりよい生活を目指す子ども」を育成したい。そこで，具体的な姿を次のように考えた。
- 自分の行動が環境に及ぼしている影響を五感を通して気付く。（感性）
- 資源の有限性やものの命に目を向け，環境を思いやる心をもつ。（思いやり）
- 便利さや効率性だけを求めたり，大量消費の生活を見直したりして，循環型の生活への移行の必要性を説明できる。（認識する）
- 家庭や地域，学校で進んでごみの減量化や省資源化を意識した生活をすることができる。（実践・行動する）

124　Ⅱ部　地域に生きる人の働き，営み，願いを探る

(3) 価値ある体験的活動の組込み

　子どもは，自分の身近な地域に目を向け，いろいろな調査活動やクリーン，リサイクル活動などを通して，環境に対する関心を高め，環境問題を解決していこうとする土台をつくっていく。そこで，子どもたちの課題意識に応じて，指導計画の中に**価値ある体験的活動**(筆者傍点：環境に目を向ける５つのアクティブティ）を効果的に位置付け，感性から認識，行動への学びの歩みをとらえた。

アクティビティⒶ　身のまわりの環境調査探検

　・ごみの調査と地域のエコクリーン作戦

アクティビティⒷ　よみがえらせよう

　・ＥＭ菌（ボカシあえ）によるケナフ栽培　　・トレーの行方調査

　・アルミ再生体験

アクティビティⒸ　環境先進国から学ぼう

　・世界のごみ事情調査　　・環境先進国ドイツの日本人学校との交流

アクティビティⒹ　挑戦！　ごみの４R's

　・具体的な実践とチェックカードでの自己評価

アクティビティⒺ　知らせよう，伝えよう

　・ドイツへのメール発信　　・高岡市役所への提言　　・環境リサイクルフェアで展示

---

(4) 社会科から総合的な学習の時間への接続・発展

　この学習は，社会科を中心に実践したものである。環境問題の導入は，自分の身のまわりが出発点であり，実際にごみの多さや質を見聞して危機感をもつ＜感性＞ことが大切である。学校近くの不燃物収集場所にたくさんの収集袋やまだ使えそうな不燃物が出ているのを見て，次のような声があがった。

　C_1　たくさんの量だ。

　C_2　あっ？これ，まだ使えそうだよ。

　C_3　もったいなーい。どうして捨てるんだろう。

　C_4　ぼく，これ持って行っていい？

　C_5　この花びん，まだ使えるんじゃない？教室で使えるよ。

それを機に，各家庭のごみの様子を「ごみ日記」に記録した。1週間，調査すると，学級39人の家の総計が，ごみ袋大92個，中52個，不燃物の大袋34個，中52個にも及んだ。他学級のごみ調べにおいても同様な数値であった。社会科学習としての導入で，家庭のごみの排出量調査から，ごみが予想以上に排出される実態が明らかになった。「39世帯でこんなにいろんな種類のごみがたくさん集まった。高岡市全体で，どれくらいのごみになるのだろう」「このごみは一体どうなるのだろう」と課題が生じてきた。そこで，①ごみの量　②ごみの始末の仕方　③ごみの種類　④ごみと人とのかかわり　⑤リサイクルなどの課題別に調査活動　を行い，調べたことを情報交換した。高岡市のごみ収集量のグラフを見て気付いたことを話し合う中で，「ごみの行方」に強い関心をもった。そこで，高岡市環境クリーンセンターやリサイクルプラザを見学して，ごみの増大化や多様化の様子をとらえたり，働く人の苦労や工夫，行政の役割などを学んだりした。

　社会科学習の単元終末段階では，高岡市の40年間のごみ排出量をもとに，「1日一人当たりごみを出す量」の変動を計算してグラフに表してみた。そして，「どうして，こんなにごみの量が増えたのだろうか」という点について各自が学んできたことと関連付けて話し合った。

　T男のグループは，「環境クリーンセンターの消却炉から出た灰や不燃物は，その後どうなるのだろうか？」と疑問に思った。そこで，放課後，市の山間部の不燃物最終処理場を見学してきた。担当者の説明から，「最終処分場の埋立地は，あと10年でいっぱいになるそうだ。その後はどうするんだろう。みんながごみについて考えなくてはいけない」と案じた。高岡市のごみ排出量は（有料袋の使用により横ばい状態とはいうものの）年々増加しており，ごみピットは，燃焼容量に余裕があるといって安心してはいられない。

　新たな疑問が生じたY男は，再度，環境クリーンセンターへ出かけた。担当者の話から，「一人50g減らすだけで，日本全体ではずいぶん減量につながる」ということが分かり，「今後，日本はごみが減るだろうか」という課題は，少しずつ地域から日本全体へ向けられていく。環境調査から一人ひとりがいろいろな受けとめ方をして，自分なりの課題をもって（課題把握）いくのである。一人ひとりの課題は，次のように分類される。

126　　Ⅱ部　地域に生きる人の働き，営み，願いを探る

> ・県内の特徴あるクリーン工場　・リサイクル店調査　・継続ごみ日記
> ・市のごみ対策　・江戸時代のごみ処理　・海外のリサイクル事情
> ・環境問題

　夏休みは，各自の課題に関する資料を集めたり（情報収集），見学インタビューをするなどフィールドワークを開始した。以後の学習は，一人ひとりが調べてまとめたことを教師が位置付け，生かしながら展開するようにした。

3　よみがえらせよう

(1)　生ごみを生かしてケナフを育てよう

　子どもたちは，1年生の時から4年間，ケナフを育て，茎をパルプ化し手づくりはがきに挑む中で，自然の恵みを享受している。図2で分かるように，給食の野菜くずや残飯は処理機で堆肥にかえられる。EM菌による有機肥料をつくり，それでケナフを栽培する。黄色の花が咲いた時の感動！ケナフジュースやケナフクッキー，ケナフはがきなどを作り，手づくりのよさに満足した。

写真1　ケナフが咲いたよ

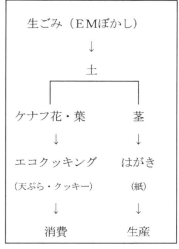

図2　体験によるよみがえり

　自然とふれ合い，自然の恵みのよさを知るとともに，体験活動を通して自然界の環境循環の姿を認識していくのである。この仕組みは，図3のようになる。

3　エコタウン「高岡」を目指そう　127

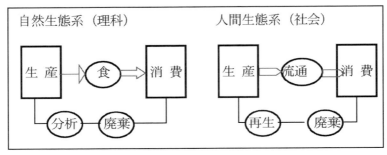

図3 生態系の流通図

(2) 食品トレーの行方を追う

　社会経済は循環することがベストである。それが，途中で断ち切れストップするとシステムがうまく機能しないのである。

　この項では，①食品トレーの行方を追う　②高岡の地域性を生かしたアルミ缶再生実験　③廃油を使った石鹸づくり　の3実践について取り上げる。

　店のリサイクル探検グループは，大型スーパー6店舗がトレーや牛乳パックなどの回収を行ってごみ減量に配慮していることを調査した。特に，N男とT男は，トレーの行方に関心をもち，綿密にインタビューした。そして，「サンコースーパーマーケット」→「スパック」トレーリサイクル業者（1週間に2回回収，県内のリサイクル店全てをまわる→県内に処理工場がないため，広島県の「エフピコ」へ運ぶことを追及した。資料を取り寄せ，トレー回収の現状をまとめてみると，「トレーをどうして回収するのだろう」「軽いから環境センターで燃やしても影響がないのではないか」といった疑問が出た。

　C_1　ちぢれながら燃えている。
　C_2　黒い煙がいっぱい出てきた。
　C_3　なんだか嫌な臭いがするよ。
　C_4　黒いすすが舞い上がってきた。
　C_5　全部燃えきらないでくっついている。
　C_6　黒いガラス玉みたいな塊だ。
　C_7　プラスチックに似ている。
　C全　こんなトレーが，「燃えるごみ」といっしょに燃やされたら，環境クリー

ン工場煙突から悪い煙が出てしまう。
C₈　有毒な煙が出ないような装置にして,ほとんど水蒸気を出しているよ。
C₉　燃焼炉はすすやかたまりがこびりついて大変なことになる。
C₁₀　トレーをもっとリサイクルしなければならない。

　Ｉ子ら数人が,ダイオキシンの害について図書館で調べてきた。そこで,トレーやパックなどを演示実験で実際に燃やしてみた。
　ダイオキシンは害がある,という知識だけでは実践につながりにくい。しかし,演示実験を行うことによって,子どもたちは,トレーを燃やすと異臭・色・変化など五感をもって害が生じることを体感し,リサイクルの必要性を認識し,実践の大切さを理解していく。この実験の後,トレーのリサイクルを実行した子どもが37名中32名にも増えた。

(3)　アルミ缶が表札に変身

　Ｎ男は,「アルミ缶回収をしているけど,この後,どのように処理再生されているのだろうか」と疑問に思った。一般には,環境クリーンセンターで分別されたアルミ缶を業者が引き取り,インゴットの塊にしているが,この工場での過程は,私たちの目にはふれることのない場面である。
　銅器工業団地で鋳物業に携わる北辰工業の定塚さんの話では,アルミ溶解は,700～800℃でアルミ缶を利用して溶かして製作可能ということである。高岡は,銅器やアルミ産業で全国

写真２　ルツボでアルミ缶を溶解

シェアー90％の生産量を誇り,地域性の高い産業である。そこで,定塚さんの協力で,リサイクルアルミ缶が再生されていく様子を実際に見学することにした。
　子どもたちは,溶解炉に入れたアルミ缶に火がつき,ルツボの中でオレンジ色に溶ける様子をとらえながら,表札の原型になる鋳型づくりを行った。これは,アルミが再資源化される様子を体全体で理解する感動体験であった。また,アルミ缶の数,重さに応じて,他の金属をどれくらいの割合で混ぜるか1個ず

つチェック，計算しながら，溶解炉に溶かしていった。そして，アルミは貴重な金属であり，アルミ缶の回収の大切さを認識していくのである。

(4) 廃油から石鹸づくり

家の人がリサイクルや環境に優しい行動をしているかどうかを質問すると，Y子は，「母の参加する女性部活動でいっしょに廃油から石鹸づくりをした」ことを話し，手づくり石鹸を紹介した。みな，この石鹸を使って見て，「自分たちも作ろう」と意見が一致した。

写真３　廃油から石鹸ができたよ

夏休み中，市のリサイクルプラザで行った。各自，使い古しの天ぷら油を持ち寄った。この実践は，家で捨てる廃油を生かして再生するという子どもの目にもしっかりとらえられる活動である。再生した物を家庭で洗濯に使える（特に，運動ぐつは真っ白になる）という点では，子どもたちの満足度も高く，学習価値の高いものと考えた。

4　身のまわりの環境リサーチ

(1) 身近なごみ問題を調査

子どもたちは，３年生時から社会科単元「花のある町」や道徳の学習の発展として，総合的な学習の時間に花を植え，美化活動を継続的に行ってきた。そして，高岡の町の環境リサーチから次のような意見が出た。

> 春のクリーン活動の意識：フラワーポットの花は美しいけれど，所々にごみが落ちている。公園のお堀近くの釣り糸も気になるなあ……。そうだ！クリーン作戦を実行しよう。

そこで校区を８グループで分担し，ごみ調査をしながらクリーン活動を実施した。空き缶や空きびん，燃えるごみなどを拾いながらの調査は，分別方法の学習になり，自分たちの地域の環境について見直しすることになった。調査活動は，春・秋の２回実施した。実施後は，調査結果をグループごとにまとめて，報告し合う時間をとった。

どのグループもごみの種類や量を表やグラフ，マップに表したりして発表し，表現力の向上が見られる。算数の学びを総合的な学習の時間に生かし，知の総合化の表出である。

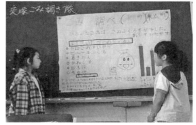
写真4　環境調査報告

(2)　エコクリーン作戦開始

秋の活動の意識の変容：ごみを拾ってもまた落ちてなかなかきれいにならない。もっと町をきれいにするには，町の人に呼びかければよいかもしれない。

その対策として，次の三つのアイディアを出した。

・チラシを配布する。
・立て札を設置してごみを捨てないように呼びかける。
・手づくりの灰皿やごみ箱を利用してもらい美化に心がけてもらう。

このエコクリーン活動では，教師（担任2名，T.T 1名）が各グループの活動状況を順に見てまわってアドバイスした。各グループには，保護者（1～2名）も付き添って安全面の配慮や支援を依頼し連携し合いありがたかった。資料として，スペインの公園に設置してあったシンプルなデザインの看板の写真を紹介した。子どもたちは，図工との関連で，町のデザインを考える場合は，次の条件に合うように学んできた。

・色使いがシンプルでおしゃれになるようにする。
・文字数はできるだけ少なく2色程度で目立つようにする。

写真5　おしゃれな看板設置

写真5は，商店街に美化を訴える看板を考えたものである。木片の切れ端数枚を釘を打ってつなぎ合わせたかわいい看板に仕上げるなどアイディアがあふれている。設置に関して，商店街振興組合の理事長さんも大いに賛同された。

3　エコタウン「高岡」を目指そう　　131

桜馬場通りグループについては，市役所に相談し，公園緑地課の担当者が設置場所をいっしょに考えてもらえ心強かった。事前に担当者と設置に関しての情報や許可をいただくことによって子どもたちは，現地で地域の人，市の担当者とスムーズに相談し合うことができた。このように<u>家庭・地域社会との連携によって，子どもは活動の充実感を味わい，社会参加のあり方を学ぶことができる</u>のである。

① 観光客に喜ばれる大仏広場に

　高岡大仏は，高岡銅器の粋を集めて製造され高岡の誇りで，観光名所でもある。そんな校区に住む子どもたちは，大仏を大切にしなければという気持ちで，3年生の時から，大仏広場にフラワーポットで花を育てて環境美化に心がけてきた。

　M子は，アルミ缶のまわりに切りこみを入れたイソギンチャク型の灰皿を考えた。大仏の古代色に似合う緑系のポスターペンキを塗り，乾かした。大仏寺の晏如さんや付き添いの保護者といっしょにオリジナル灰皿の設置場所を話し合った。世界一長い木のベンチ（ギネスブック紹介）がある柵に固定しようと決めると，晏如さんが，ペンチを持って来られて灰皿の一角に穴を開けて針金を通して設置した。全面的な協力にありがたかった。

② 御旅屋商店街に手づくり灰皿を

【クリーン活動2に向けての作業】

```
C1　吸い殻が多いと，商店街が汚く見えてしまう。
C2　どうしよう，吸い殻を拾うの？
C3　灰皿を置こうよ。どこに置くの。
C4　亀屋万年堂の前あたりに，休憩できる
　　ようにテーブルセットが出してあるよ。
C5　本も読めるように置いてあるよ。
T　　すてきだね，カフェテラスみたいだよ。
C6　手づくりの灰皿にしようよ。
C7　私，前にアルミ缶で○○を作ったことがあるよ，今度はイソギンチャク型
　　にしてみる。
```

写真7　商店街に灰皿設置

上述のように，御旅屋通りのアーケードには，木製のしゃれたテーブルセットを２か所設置し，雑誌を置いてお客へのサービスに心がけている。子どもたちは，ここでくつろぐ人のために手づくり灰皿を置くことにした。この商店街には，町探検や商店の学習でお世話になった子どもグッズ専門店があり，店主Ｋさんは，振興組合理事長をしておられる。手づくり灰皿を置くと，Ｋさんは，「これは，定塚小学校の４年生が製作した灰皿です。使ってください」と書いたカードを置いてくださった。地域の方が共に協力してくれることは子どもたちにとって何よりもうれしいことで，100％の充実感である。このグループは，図工との関連でアイディア灰皿を生み出すという点で，「知の総合化」を発揮したのである。

③　エコクリーン作戦の究極の手は？

　ごみをもっと少なくしたい。そのためには，やはりリサイクルが大切なのかな。

　子どもたちは，体験活動を通して自ずとリサイクルに目を向け，ごみ問題に危機感を抱きながら課題を追究していった。

　春・秋のエコクリーン作戦では，町の環境調査を行いながらクリーン活動を実施した。大半が新聞形式にまとめたが，さらに，８グループ中，ごみマップに表示したグループが２，グラフが２，表が４というようにどのグループも結果を分かりやすく報告するために算数で学んだことを生かしている。これは，自校が目指す育てたい力７つのスキルズの中の「総合的な表現力」が育ってきているといえる。さらに，「エコタウン高岡」を目指して制作したものは，８グループで，灰皿設置６，立て札設置２，ポスター掲示６，チラシ配布１グループであり，どのグループも子どもらしい工夫が見られた。これは図工や国語，社会科学習との関連で「知の総合化」を目指したものであり，育てたいスキルの「総合的な表現力」育成になった。

　また，活動の途中で，協力者を得たグループは，達成感が100％と高い。大仏御旅屋グループや末広商店街グループは，振興会理事長さんとよい協力体制がとれた。特に，クリーン活動の結果をまとめ，チラシとして配ることを考えたことである。チラシ配布の時，通行人や店の人に，「ご苦労様」といわれ

3　エコタウン「高岡」を目指そう　　133

たことは，何よりもの励ましとなった。越中中川駅周辺グループでは，駅を利用する高校生たちが，「小学生なのにすごい頑張っているね」と励ましてくれてうれしかったという。駅長さんが，ポスターを貼る場所を協力的にアドバイスしてくれて成就感は100％であった。

　市立美術館前・ドラえもん広場や城東，高陵町グループもなじみの場所のごみの実態を現地で調査したり，ごみの少ない町づくりを目指して看板や灰皿，ポスターを製作してはたらきかけたりするなど意欲的にかかわった。学校周辺グループは，学校近くという利点を生かしてよく点検を行えた。

　しかし，相変わらずごみが落ちるので，きりがないという矛盾の気持ちを抱くようになった。もっと，根源的にごみを落とさなくする方法はないものかと考えはじめた。

5　挑戦！ごみの4R's

(1)　ようこそリサイクル王国へ

　子どもたちは，こうした課題調べや体験的活動，海外のリサイクルのよさを学ぶ中で，社会科学習でふれた，「高岡市では，ごみを燃やすピット＜燃焼炉＞の燃焼容量に余裕があるから，ごみを排出しても安心だというのんびりした考え方ではいけない」と思うようになった。Y男は，課題調べで，「一人50gのごみを減量しなければならない。そのために，ぼくはお菓子を買い控え，包み紙や菓子袋をごみに出さないようにする」ということを決意した。Y男の取組みに賛同した子どもたちは，「環境を考える上で，まず自分たちができることは何かを考えて，一人ひとりが挑戦しよう」と，考えを切り替え，実践行動を始めた。そこで，次の四つの観点（ごみの4R's）からとらえるようにした。

Reduce　リデュース（減量）	Reuse　リユース（再資源化）
Recycle　リサイクル（再利用）	Refuse　リフューズ（断わる・止める）

　4R'sの中で生活者にとって最も大切なことは，リデュースである。リデュースは，無駄な「ごみをつくらない」「ごみを売らない」「ごみを買わない」というごみ減量の基本原則を重視すべきである。そこで，一人ひとりがこれまでの取組みから自分ができそうな具体的な実践を考え，チェックカードで自己評価

しながら取り組んだ。そして、まず、学習において2つのステップでとらえた。
　・方策1—教科、領域との関連によって実践の意義を高める。
　・方策2—教科の枠を越えて、実践・行動化を図る。
(2)　スイスを追い越せ、乾電池リサイクル
　理科の「乾電池と光電池のはたらき」の学習で、T男は電池をより持続させながら「魚釣りゲーム機」のおもちゃを制作して楽しんだ。さらに、インターネットによる海外のリサイクル事情の「乾電池リサイクルシステムの技術発信は、もともと、日本企業が考案したのだが、肝心の日本の回収率は5％

写真8　乾電池はリサイクルBOXへ

で、スイスは60％のリサイクル率でスイスの方が高い。スイスでは、回収率が低いと考え、電池のデポジット制度の導入を考えている」という事実に着目し、自分が使った乾電池や家庭で集めておいたものを大型ショッピングセンター内の電器店のリサイクルボックスへ出すことを目標とした。この方策1のように、理科の電池の学習と総合的な学習を関連付けることによって、認識は、確かなものとなり日常生活に生きてはたらくものになり、知の総合化といえる。
(3)　エコライフへのいざない
　子どもたちは、学んだことをもとにして、「自分たちの生活をふり返ってエコライフしよう」を目当てに、家庭での実践を考えはじめた。毎日、集中的に行うもの、生ごみがたまる状況から2、3日に1回実行する方法、トレーを20枚単位に回収ボックスへ入れることから1週間に1回ぐらいのペースのものなど一人ひとりのペースに合わせて、自分の生活をチェックカードで評価する。
　図4は、R子のエコライフチェックカードである。R子は、祖母が台所で出たくず野菜をコンポストで肥料化しているのをとてもよい方法と考え、自分もその手伝いを行っ

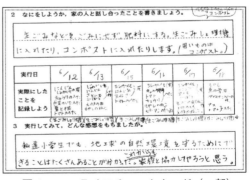

図4　エコライフチェックカード（一部）

3　エコタウン「高岡」を目指そう　　135

た。子どもたちは、これまでに学習してきたことの中から、自分が取り組めそうなことを家族と話し合い、実行することにしたのである。

　Ｙ男は、おやつをできるだけ少なくしようと考えた。そうすれば、包み紙のごみが出ないようになるのである。Ｓ子は、牛乳パックやトレーを洗って乾かし、それらを、サティのリサイクルボックスに入れる手伝いをすることにした。Ｔ子は、買い物の手伝いの時、買い物かごを使い、スーパーのレジ袋をもらわないようにしている。Ｋ子は、シャンプーの詰め替えを容器に入れる手伝いをして空き容器を捨てないように配慮する家族に協力した。

　「ごみの4R's作戦」を実行するたびに、チェックカードに評価を記入して実践を積み重ねていくようにした。この実践を通して、「ごみを買わない」、「出さない」、「つくらない」というくらしの原則を今後も実践していく必要性を認識していった。

6　知らせよう、伝えよう

　「知らせよう、伝えよう」の最終段階は、表現力を育成する場である。まず、「ドイツのリサイクルについて情報を提供してくれた日本人学校へのお礼に、自分たちの活動の成果を伝えよう」という声があがった。そこで、エコクリーン作戦や地球に優しい実践など日本式リサイクル法をインターネットＥメールで送信した。

　社会科学習の終末段階で、「高岡市は、将来、10年後もごみ排出量が減るだろうか？」という課題が生じ、総合的な学習が発展してきた。そこで、クラスで「高岡子どもエコサミット」を開き、「ごみの少ない美しい町を目指して」をテーマに高岡のごみ減量化の可能性や環境について話し合うことになった。子どもたちは、「ぼくたちが20歳になった時だ」と、自分に引き寄せて考えはじめ、海外のリサイクルや自分の取組みの結果を生かしながら、住みよい町づくりへの対策を考えた。そして、これまでの学習でお世話になった感謝をこめて、ごみ対策の中心的役割を担っている高岡市に伝えようということになった。どの子も自分が関心をもって取り組んだ観点から、町のごみ減量化の方法やリサイクルについて提言している。例えば、商店街に住むＹ子は、「中心商店街が活性することを願い、様々なアイディアを考えてきた。リサイクルの学習においても、

リターナブル瓶制度を導入してポイント化し得点がたまったら商品券を出すといった商店街が環境に配慮していることを特色にしたらよいと提案している。

これらの提言は，市の生活環境課環境サービス主催の「くらしとリサイクルフェア」で主催者の善意で展示していただいた。市の生活環境課や市民に伝えていき，それぞれの立場から斬新な子どもたちのアイディアを参考にしてもらうことは地域社会参加の一つの手立てであると考える。

7　子どもの意識・行動の変容

本学習後，子どもの実践・行動の変容について保護者へのアンケートを実施した。以下，第2次調査（12月実施，4年生1・2組計78人）の結果である。
設問1：子どもさんは，ごみの学習をしてから意識や行動に変容がありますか。
①子どもの意識・考え方

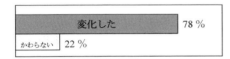

＜考察＞子どもの78％が，ごみや環境に関する意識や考え方に変化が生じたことから学習の効果が見える。

②子どもの実践・行動

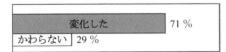

＜考察＞71％の子どもが実践。行動にも変化が及んだことから，行動に至る深い認識に支えられていると考える。

設問2：家庭でクリーン活動やリサイクル活動などを一緒に取り組んでいますか。お子さんの取組みを励ましていますか。
①保護者の家庭での取組み

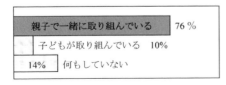

＜考察＞本学習をきっかけに親子で活動に取り組む家庭が76％に及び，家庭での協力が大切であることを示す。

②保護者の家庭での支援

＜考察＞子どもの取組み支援する保護者が78％に達し，関心の高さと家庭の協力の大切さを表す。

さらに，本実践による家庭での子どもたちの意識や行動の変化について，保護者が自由記述したものである。

☆行動・意識の変化（12月段階）：

・食品トレーや牛乳パックをスーパーへ持って行く。（52人）

・可燃ごみと不燃物を分別して出す。（49人）

・プラスチック容器は，燃やすと有害であるとアドバイスする。（14人）

・テレビや雑誌のごみやリサイクル問題に情報に関心をもち，話題に出す。（48人）

・いらなくなったものを見ると，何かに利用できないかなと考える。（47人）

・家にある石鹸やシャンプー，紙等が環境に優しい製品かチェックしたり，詰め替えしたりする。（25人）

・家族や親類の古い洋服を嫌がらず着る。（20人）

・自主的にごみを減らすようにしている。（28人）例えば，調理ゴミが出ないように手伝う。（6人）食べ残しをしない。（16人）

・公共の場所での美化に気を配る。（34人）

・廃品で手芸品や工作を作る。（16人）

・廃油石鹸の活用（15人）

・ごみ出しの手伝い。（9人）

・町内の廃品回収に協力する（8人）

【意識行動の変化を通した考察】

　家族とごみ問題やリサイクルなどについて情報交換を行うようになり，「お母さん，捨てたらもったいないよ。私が，工作に使うよ」と再利用への会話が交わされるようになった。「これは，燃えないごみ？　燃やすと体に悪いから，ピンク色のごみ袋に入れるよ」とごみの分別や発展学習で学んだダイオキシンといった有害物質の課題にもふれる。さらに，ごみ減量に心がけたり，リサイクル回収を手伝ったりするなど具体的な実践行動にも変化が見えてきた。

　一人ひとりの子どもの変容をとらえ，学びの成果を認めるとともに，保護者にも伝え，共にねぎらい合う。ごみ問題は，生産―消費システムで展開する社会が生み出したもので，家庭での問題意識や実践行動においては，家庭や地

域社会の人々の理解や協力の支えがあってこそ定着するのである。常に学校と協力しながら，子どものよさを伝え，保護者が温かく見守る体制が望まれる。

8　まとめ

　1992年にリオデジャネイロで世界183国の代表者が集まって地球サミットが開催された。そこでは，地球環境に関する条約や声明が提出され，リオ宣言の20，21項では，家庭や地球社会における女性の行動や自由闊達な若者の創造的行動力に期待している[1]。大人の責任と限定せず，21世紀を見通して，今，確固とした実践行動できる子どもを育成しなければならない。

　本実践から，子どもたちが環境に意欲的にかかわる中で，環境全体の仕組みと問題点を的確にとらえる「鋭い感性」，学習で得た知的な理解を日常生活の中で生かして使う「豊かな認識」，環境を守るために進んで活動する「確かな行動力」を育み，21世紀に生きて働く力を一歩，築くことができた。それが，やがて宇宙船地球号の乗組員として諸外国の人々と共に考え，実践していく地球市民の育成の第一歩であると考える。

＜付記＞

○本稿執筆においては，下記論文等を再構成した。

・拙稿「身近なごみ・環境問題に対する子供の意識と行動」『教材学研究』，日本教材学会，第12巻，2001，PP186-196

・拙稿放送大学大学院修士論文『教育資源を生かした特色ある学校づくりとカリキュラム構成―環境教育実践を通して―』

・第54回日本連合教育会研究大会桐生大会，2002，第13部会総合的な学習―学ぶ力をはぐくむ総合的な学習―で富山県教育会を代表して提案発表

＜註・参考文献＞

(1)　地球サミット環境と開発に関する国連会議「環境と開発に関するリオ宣言」より

・教育課程審議会「教育課程の基準の改善の基本方向の概要」1997

・文科省「小学校学習指導要領―総則編―，―社会科―」1999

・国立教育研究所『時代を拓く子供たちの環境学習』2000

・佐島群巳編『環境教育入門』国土社，1997

・環境庁企画調整局『環境学習』2000年号

4 ふるさとの緑と水と土に学ぶ

（西広谷小学校）

第3・4・5・6学年　総合的な学習の時間，道徳，特別活動，学校行事

1　豊かな山ふところで豊かに表現する子ども

　本校区は，森林や田畑，谷，川と自然環境が豊かな中山間地に位置する。道路の両脇には，ヤマザクラ，ヤマボウシ，フジ，キリ，ウツギ，アカシア，ネムノキ等々，季節に応じて花の香りが立ちこめる。樹木は花や実をつけ，草花には昆虫が生息し，動植物の成長や四季の変化など季節感を味わえ，自然生態系の循環がごく自然に営まれている。当校の教育資源は，豊かな自然環境とそのふるさとに生きる人情溢れる人的環境である。

　当校は，昭和52年に「花とみどりの少年団」（高岡市内小学校で唯一）を結成し，以後30数年間，農地林務事務所や森林組合との連携で地道に活動してきた。長年の継続実践が評価されて，近年では平成14～16年度は富山県花とみどりの少年団最優秀賞，平成17年度の全国大会で「みどりの奨励賞」を受賞している。

　このように，「花とみどりの少年団活動」を花とみどりの学習として環境教育に位置付け，総合的な学習の時間を軸に各教科や道徳，特別活動，学校行事と関連付けて実践，推進している。指導目標は，次の通りである。

○身近な環境に意欲的にかかわり，よりよい環境づくりや環境の保全に配慮した行動がとれる児童を育てる。

　・身近な植物に関心をもち，緑を守り増やそうとする意欲を育てる。

　・緑を守り，緑化推進に向けて，よりよい環境づくりや保全に配慮して活動する態度を育てる。

　二つ目は，豊かに表現する子どもの育成である。特に，「話す」領域は，昭和62年から，「ショウ＆テル」（アメリカの初等教育でカリキュラムに位置付けている科目）を取り入れ，平成14年度以降は「ワクワク発表会」と名称を

140　Ⅱ部　地域に生きる人の働き，営み，願いを探る

かえながら長い歩みを辿ってきた。少人数や複式学級の特徴を生かし，学年の枠を越えて協力し合って取り組み，その学びの成果を全校児童や地域の人に発表する場を設けて，互いに聴き合いコミュニケーション力を身につけるようにした。

総合的な学習の時間『ぼく・私のふるさと西広谷のすてきを伝えよう』
計70時間

1 西広谷の自然や文化となかよしになろう（30時間）
 ・花とみどりの少年団活動（15）……春山探検，雪起こし＜枝打ち＞，苗植え，下草刈り，植樹祭
 ・人にも動物にも優しい山を目指して（5）……どんぐりを植樹，シイタケ菌，炭焼き体験
 ・とっておきの野菜づくり（10）……さつまいも，里芋，そば

2 西広谷の名人さん，お年寄りの知恵に学ぶ（20時間）
 ・お年寄りのすてきを発見！（10）
 ・すてきな名人さんを発見！（10）

3 ふるさとのすてきを発信しよう（20時間）
 ・ワクワク発表会で伝えよう（10）
 ・ふるさと西広谷すてき事典完成（10）

上記のように自然的・人的環境のよさを教育課程に生かした単元構成を工夫し，子どもたちが地域の人とふれ合い，ふるさとのよさをたくさん発見し，ふるさとに愛着をもち，感性豊かな子どもに成長してほしいと願った。

2 森林の恵みや仕組みに学ぶ

(1) 森林教室

○ 植樹，枝打ち体験

花とみどりの少年団活動では，4月に入団式や結団式を行った後，春の森へ分け入る。春山探検では，山の様相に詳しい地域在住の森さんが30年近く案内役で，真っ先に春山の状況をとらえ，「今年は牧場方面で山菜をたくさん収穫できるだろう」などと推測してくださって入る。木々の間から，ウグイスや

ツグミがさえずり，子どもたちを歓迎している。山菜の取り方を教わると，早速，ワラビやゼンマイ，ウドなどの山の幸を摘んでいく。全校で山菜採りをして自然に親しみ，山の恵みに感謝するのである。

5月になると，植樹や下刈り，間伐等の体験学習を行い，緑の大切さを学習し，地域の緑を守る方法を教わる。

平成16年度は，森林の青葉若葉が茂りはじめると，森林組合長の山田三俊さんや森林組合，農地林務課の方と勝木原地区の山林に案内してもらい，森林教室を行った。

写真1　枝打ちを教わる

北日本新聞社や富山新聞社の記者さんが取材に同行し，記事を掲載された。山林への道中には，杉の木の幹が雪害のために無惨に折れてあちこちに倒れている。子どもたちは，口々に「かわいそう……」とつぶやく。地域の個人所有の山林で（事前に許可をもらっている），まず，のこぎりを使っての枝打ち作業について説明された。山田さんは，枝の打ち方を一人ひとりに手取り足取り教えられた。子どもたちは，初めての枝打ちをのこぎりを使って真剣に取り組んだ。

- 枝打ちとは，枝を切ることだと知った。やってみると難しかった。少しずつ慣れていったが，続けてやっているとけっこう疲れる。木は太いのや細いのがあって意外とおもしろい。（K男）
- 枝打ちをしているうちにだんだん慣れていって，一人で3本くらい切った。指導者の方に，「初めてなのに上手だね」といわれてうれしかった。全部で10本も枝打ちできた。森の中が明るくなった。（M男）
- 山田さんは，枝打ちの時，幹から1cmほど枝に近い方を切るといいよと教えられた。私は，枝打ちを毎日するとしたら大変だろうなと思った。木の切り方で木の中の丸い輪が細かくなるのを初めて知った。（T子）

真夏には，繁茂した下草を刈り，子どもたちの腰丈くらいに成長した杉に支柱を立てた。汗だくになった。山田さんに鎌の使い方や研ぎ方も教わり，道具

を大切に扱うことを学んだ。

　また，県主催の植樹祭などの事業にも参加した。16年は，県植樹祭が利賀村（とがむら）（現南砺市（なんとし））で実施され，花と緑の少年団団員も県内から参加する。本校も３年生以上の団員が参加した。スキー場横の山の斜面が切り広げられており，そこにブナやシイ・カシ類の苗木を一人につき２～３本植樹した。

写真２　利賀での県植樹祭に参加

(2)　**土砂災害の怖さを学ぶ**

　県高岡土木センター主催の「子ども砂防教室」では，６月の「土砂災害防止月間」に合わせ，３～６年生が自然災害の恐ろしさや地滑りを未然に防ぐ工事の大切さを学んだ。センター職員が，土砂災害が実際に起こった様子を映像で提示しながら説明し，近隣にも危険箇所があることを教わった。

写真３　雨量計で測定実習

そして，実際に簡易雨量計を用いて水を20mℓ（リットル）ずつ測り，ペットボトルに少しずつ移して累計雨量の測定に挑戦した。

　また，勝木原地区に出向き，前年に地滑りが起こり土地が約２メートル滑落した現場を見学した。実際の場所を目の当たりにして，「村の中で起こったらもっと大変だ」という気持ちを強くした。その対策として，地下にたまった水を集める「集水井（しゅうすいせい）」や，地滑り防止の工事現場などを見学した。これは，自然災害の実態を深く理解することにつながった。

T　砂防の見学で発見がいっぱいありましたね。
C₁　工事をしている人は大変そうだった。
C₂　ぼくの近くにこんな深い井戸を掘って地滑りが起きないように守ってくれ

４　ふるさとの緑と水と土に学ぶ　　143

ているのだな。

C₃　水が落ちる音がすごく大きかった。

C₄　地下で，ずいぶんたくさんの水が貯められているのだね。

T　集水井の仕組みをよく観察しましたね。花と緑の少年団で何かできること
　はないですか。

C₅　水が地面に貯まりすぎないように，もっと樹木を増やした方がいいと思った。

C₆　花と緑の少年団の活動をがんばろう！

　帰校後，見学のまとめなど話合いを行った。実際に，土木センターの専門家
に教わりながらの雨量測定科学実験や地域の砂防工事の現場見学などは，五感
を通して砂防工事の大切さをとらえることができ，ふるさとの現状や未来を考
える契機となった。

(3)　森の恵みの喜び

①　原木にシイタケ菌を打ちこむ活動

　校区では，豊かな山林を利用して，数軒の家でシイタケやナメコ栽培を行い，
市場に出荷している。例年，みどりの少年団活動として栽培しているシイタケ
は，6年生が調理したり，調理員の方が給食室で献立に加えてくださったりし
ておいしく食べている。

　16年度は，先述の県植樹祭で，シイタケ菌を打ちこむ活動に参加した。新
団員は，上級生に教わりながら打ちこむ。この体験が好評であったため，翌年
度は，一保護者が提供してくださった「ナラ」の原木に菌を打ちこんだ。1本
に約20個の穴をあけ，シイタケ菌を詰めて木槌で埋めこんだ。50本の原木を風
通しのよい場所に立てかけ，時々水をかけながら発芽を待った。

　K男は，提供してくれた原木にシイタケ菌を夢中で打ちこんだ。また，家族
にシイタケ栽培の方法について教わり，「ワクワク発表会」で順序立てて話した。
①「ぼくの家では，シイタケやナメコ，ヒラタケなどを300～400本栽培して
いるよ」②「雪が降る前に，山のナラの木を切り出しねかせておく」③「春に
なると，ナラの原木をチェンソーでちょうどの長さに切り，シイタケ菌を埋め
こむ作業をする」④「時々，家族で木が乾いていないか点検して水をかけたり，
丁寧に世話をするんだよ」　他の子どもたちは，「菌を打ちこむだけだと思って

いた」「霧吹きで水をかけてやるんだね」と，世話の大切さを知ることになった。

② 炭焼き

　校区では，明治時代から炭焼きがまを有し，農家の副業として木炭を産していた。西広谷自治会では，13年度より国の中山間地域等農業活性化支援事業交付金をもとに，集落協定で年長老者を中心に炭焼きを計画し，約40年前に途絶えていた炭焼き小屋を再建し自治会の手で炭焼きを行った。郷土の伝統産業を理解してもらおうと，子どもたちも火入れや炭出しなどの作業を体験させていただいた。炭焼きは，始終，火の燃え方を見守り，温度管理が難しいことを肌で感じた。また，エネルギーや資源利用の観点から人と自然のあり方を考えることにつながった。

炭焼きがまの見学

　A子は，山川の炭焼き小屋や三千坊周辺の地の利について紹介し，炭焼きに関する情報を伝えてきた。子どもたちは，とても関心をもち，炭焼きがまの見学に出かけた。かまは，三千坊山へ上る道中にあり，はるか遠くに高岡市街地一帯が見おろせる。前の日に炭を全部出してあったため，中に入れさせてもらった。かまの中は温かく，だんだん暑く感じるくらいだ。要藤さんが炭焼きの方法を話された。

> ・要藤さんの作る炭は長い。しかも折れないからすごい。前日に炭を出したばかりなので，炭焼きがまがまだ温かった。かまの中は真っ暗なので，電球で明るくした。電球を支柱に吊して立ててあった。取り出せるように考えてあるなぁと思った。
> ・炭はどうしてできるのか知らなかった。炭を作るかまどの中に入って写真を写した。1回のかまどで火を入れると，炭が20～30俵もできるというからすごい。

　A子は，祖父が地域の自然の樹木を使って炭焼きをしていることを知り，「わくわく発表会」では，実物の樹木「ホウサ」と「クヌギ」の大きな枝を見せながら具体的に説明した。子どもたちは，地域の自然を今も残そうと自治会や家で一生懸命に活動する伝統文化のよさを感じ取るのであった。

4　ふるさとの緑と水と土に学ぶ　　145

③　クマと樹木のかかわり

> A子「どうしてクマが里に下りてきたのだろう」
>
> T子「夏が暑くて食料不足で里へ下りてきたらしいよ」
>
> 　4年の子どもたちの会話から，3年生のT男とH男は，「クマのえさは何なのか」を問題にし，図鑑や百科事典で食べ物を調べはじめた。
>
> T男「動物園の飼育係の人にも聞いてみよう」
>
> 　そして，食べ物は，リス，シカ，魚類，果物，木の実や種，草であることが分かった。

　平成16年秋から，校区にも「クマが出没」と騒がれ，登下校の安全や活動の自粛が行われた。

　3年生のT男とH男は，クマの生態や食べ物について絵図でまとめ，提示しながら発表した。

　ワクワク発表の時，2年生のY男が，「クマの食べ物がよくわかったよ」と感想を述べてくれ，自分たちの学び方に自信をもつことになった。

　さらに，北日本新聞の特集記事「沈黙の森」を読み合わせ，森が危機的状況であることを学んだ。S子は，毎日読むとスクラップし，どんぐりが大切であることを知った。A子は，『森の贈り物』という本の「主人公のはるかが，どんぐりを工作に使った後，残りを森の土に埋める」という行動に感心した。

　この学習から，「森では，クマだけでなくいろいろな動物も木の実をえさにしているのだ」「木の実がなくならないように，どんぐりの木を植えよう」と話し合った。黒部の環境福祉研究所の佐々学先生を通して，アラカシ，シラカシなどの苗木を購入し，親子で植樹した。そして，どんぐりについて図鑑で調べたり，草取りや水やりなどの世話をしたりして森の大切さをとらえていった。また，農地林務事務所の担当者に樹木の役割を教わった。こうした学びの中で，子どもたちは，人と森林との望ましいあり方を考えるようになった。

④　ホタル飛び交う里に

　梅雨時になると，校区には，ホタルが美しい光を放ち，子どもたちがホタルを見た感動を知らせてくれる。S子はホタルの飛び交う様子を観察してカードに表した。これは，ふるさと自慢に取り上げられるものである。そこで，道徳

資料「ホタルの引っ越し」を取り上げて、表現力の育成を図った。

○目標：子ども自らがよりよく生きるために、相互交流しながら道徳的な実践力を養うようにする。

写真4 「ホタルの引っ越し」板書

学習活動の概要（発問と児童の反応）	考察（指導の効果を高めるために）
「ホタルの引っ越し」を読んで話し合う ①川に悪い水が流れてきて、魚たちはどんな気持ちになったでしょう。 ・いやな臭いだ、息苦しい。なあ、カメ君。 ・仲間が減ってしまったよ。 ・これでは、子どもも育たない。困った。 ・洗濯の水や田んぼの虫退治の農薬がいけないんだ。 ・このままでは死んでしまう。引っ越しだ。 ②ホタルや魚たちが、川上へ引っ越して行く時、どんな気持ちでしょう。 ・心配だなあ。何とかみんなで行こう。 ・川上の方が、水がきれいならいいなあ。 ・きれいな所で、幸せに暮らしたいなあ。	○各役のお面を被って役割演技をすることによって感情移入した表現ができた。 ・H男は、カメを飼育していることがかわれて、カメ役になって張り切る。 ○演技につながりが出るように地の文の扱いを支援する。 ○ドジョウ役のAさんの「あああー、ひげが痛い」という静かな話し方が雰囲気を出していると好意的にとらえた。

○道徳の学びからワクワク発表会へ向けての練り上げ

　S子は、家族と見たホタルの美しさを絵で表して、ふるさとの自然のよさを発表した。それを聞き、Y子も「勝木原の川沿いにもすごいたくさん飛んでいるよ」と紹介した。そこで、みんなで調べ、ホタルを見つけた場所をチェックしてホタルマップに

写真5 ホタル発見場所マップ

4 ふるさとの緑と水と土に学ぶ　　147

表してみると，川沿いに多く生息している。さらに，「ほかにもホタルが住む場所があるかどうか，公民館祭の発表で地域の人に尋ねよう」と，次の発表に期待をもった。

　子どもたちの発表に対して，地域の人は下記のようにねぎらった。さらに，マップを見ながら，「石堤地区へ続く道あたりの田んぼにいるよ」と，快く教えてくださった。

地域の人のアドバイス

P₁　ホタル調査大変ですね。ゲンジボタルいたかな？

P₂　地区の歴史や産業，自慢できる所を探して発表されて，西広谷地区はすばらしい所だと思いました。

P₃　ホタルを増やす活動についても考えてはどうですか？

P₄　三千坊山のイメージが膨らむよい発表でしたよ。

P₅　来年も楽しみにしています。

P₆　西広谷のすばらしいことを他の地域の人にPRしてください。

　道徳，ワクワク発表などの取組みを通して，「空気がきれい」「草や木の匂いを感じる」「虫や生き物がいっぱい。西広谷は，自然のビオトープだ」などと，身近な地域の自然のよさを再認識することになった。さらに，上枠内のP_3やP_6といった地域の方のアドバイスは貴重で，自分たちの発表を真剣に受けとめて考えてくれた証であり，次へ向けての自信につながった。

○アドバイス後の子どもたちの話合い

T　　西広谷の豊かな自然をこれからも大切に守るために，どんなことを心がければよいでしょう。

C₁　山火事を出さないように気をつけることだ。

C₂　ごみを捨てないで，リサイクルしよう。

C₃　石鹸や洗剤，油のような汚れたものを出しすぎないようにすることだ。

C₄　ごみを流しちゃいけない。ホタルが住むためには，カワニナがいなければならない。カワニナの幼虫が住む美しい水や土手が大切だ。

C₅　花とみどりの少年団の活動で木を守ろう。

上記C₁～C₅のような意見が出され，ボランティア活動で地域のクリーン作戦を実践していった。

3 エコ村の秘密発見

(1) 自然農法の魅力に学ぶ

学校の畑では，イチゴ，サツマイモ，ジャガイモ，ソバ，カボチャ，ダイコン，サトイモなどを栽培し，勤労の尊さや責任・協力する心を育んでいる。

例えば，サツマイモは，学校園や勝木原地区の提供された畑の２か所で育てている。地区のお年寄り10人ぐらいといっしょに，サツマイモの苗を横に寝かせるように植えるのを教わって一人20本くらい植える。どの人も大切な畑の先生である。学校のイチゴ畑では，近くの谷口さんに教わり，黒ビニールシートを使って雑草を防いだり，

写真６　苗植えを教わる

地温を高くして成長をよくしたりするなど工夫した。谷口さんは，「イチゴが実ってきたよ，夜のうちにハクビシンが食べてしまうから，今日あたり収穫した方がいいよ」などと，随時，助言してくださる。

収穫したサツマイモは，給食に使ったり，おやつづくりをして，学習参観日にお年寄りの方に試食して喜んでもらった。

平成17年は，PTAの企画で，みんなでつくったサツマイモや地域の人たちが提供してくれた野菜などを町の朝市で売ることにした。高岡大仏近くの坂下商店街の通りでは，４月から11月まで毎月２回，日曜日に朝市を実施し，多くの買い物客で賑わっているのである。

写真７　朝市に出店したよ

A子は，朝市でサトイモを袋詰めした。お客さんが「がんばっているね，すごいね」と声をかけてくれるとうれしくて，「ありがとうございました」といって学級で廃油でつくった手づくり石鹸も渡した。Y子も，お客さんが買って

くれるように一生懸命宣伝した。前日から朝市の準備をしていたので，完売したことはとてもうれしかったようだ。

(2)　環境資源の「土」を生かしたミミズの飼育

　環境調査活動を展開する中で，新たな発見が見られた。それは，家の人が生ごみを随時，畑や木の根元に埋めて堆肥にしていることである。まさに，日常的に自然な有機農法を行っているのである。日々豊かな自然の中で暮らしていると，意外にも自然のありがたさに気付かないこともある。

　学習前は，昆虫はうるさくて邪魔ととらえる子がいた。その頃，竹内茂弥先生（富山大学名誉教授）のご支援でドイツのメルディンガー小学校の環境学習のビデオの存在を知った。視聴後，「自分たちもミミズを育てよう」という提案に，「気持ち悪いんじゃないの？」といった声も聞かれた。それでも，K男とY男がサトイモ畑からミミズを探してきて飼育開始となった。かなり長い巨大ミミズに，「なが君」「デカちゃん」「チビタロウ」と名づける。飼っているうちに，少しずつ情が湧きはじめ，「何を食べるのだろう」と疑問が起こってきた。「サトイモ畑にいっぱいいたから，サトイモが好物なのかな」それとも，ごはん，イモ，ミカン，腐葉土，トレー，……思いつく物を飼育ケースの土の中に入れてみた。

　4年生は，理科の学習で昆虫や生き物を教材としているため，自分に引き寄せて考えはじめた。「発泡スチロールなんか食べたらチビタロウおなかこわすよ」と，E子が優しい言葉を発した。「どこに口があるのかなあ」「細かくしないといけないんじゃないの？」「体から液を出して溶かすのでないかな？」等々，ミミズのえさにまつわっていろいろな会話が弾む。そんな時，ミミズが道をつくり，腐葉土の中に集まっているのを発見した。子どもたちは，自分たちの飼育体験やメルディンガー小学校の本やビデオを通して，生き物にとって腐葉土や堆肥（有機肥料）はとてもよいえさになることを知った。同時に，プラスチック類は，害にこそなれ虫には困った産物であると体感した。

(3)　里山の収穫まつり

　秋の収穫が終わると，地域では，公民館で里山まつりを行い，田畑の収穫物や山で産した食べ物などの出品会，芸能発表などを行う。ジャンボハクサイ，ジャンボサツマイモ，変わりカボチャ，キノコ等々いろいろな幸が並ぶ。

地域の学校として，子どもたちも発表の場があり，ふるさとについて調べたことを発表した。その時，自分たちの学びをもっと深めようと，地域の人の意見を伺うことにした。例えば，H男は，魚に強い関心をもち，広谷川でアブラハヤを釣ったことや父が子どもの頃にいた魚について調べたことを紹介した。

すると，地域の人のアドバイスカードに，「西広谷川には，今，サワガニのほかにモズクガニもいますよ」というのがあった。また，「どうして広谷川に魚がいなくなったのか調べてみてください」というアドバイスもあった。H男は，地域の人のアドバイスに喜び，もっと調べてみようと意欲を新たにした。このように地域の人の発表への温かいねぎらいや次へのアドバイスが何よりの励みなのである。

(4) 稲わらを生かしたぞうりやヅラづくり

かつて農家では，冬場の農作業として，稲刈りの後に出た稲わらを使って，むしろ・かます・わらじなどの加工品をつくっていた。教材室には，地域から提供された雪靴，寸胴などわら加工品を展示し，先人の知恵に学んでいる。

学習参観やクラブ活動時には，わら工芸が得意な地域のお年寄りが数人，講師としてわらぞうりづくりを指導してくださる。

その中の国奥久治さんは，家で専門的につくっておられる。国奥さんは雪靴を作り，高岡市内27小学校に提供された。各学校では，社会科学習や国語の「わらぐつの神様」などの教材に使い，教材室に保管し，事あるごとに活用しているのである。農繁期を過ぎた頃になると，市内の射水神社や護国神社，勝木原の神社などのしめ縄やしめ飾りの予約が60も依頼され大忙しである。

地域学習の一環として，Y子がインタビューを行った。「ワクワク発表会」では，雪靴を見せながら国奥さんの仕事の様子を紹介した。「国奥さんは，あぐら座りで足を組み，上手な手さばきでみるみるうちに仕上げていったよ」そこで，雪靴をはく体験を行った。子どもたちは口々に，「わら靴をはいてみると何か温かい感じがした」「これが手づくりのよさなんだね」「昔の人は，今のような便利なブーツがなかったから苦労して編んだのだな」などと，感想を出し合った。

また，冬のクラブ活動時（平成18年2月）は，雪の上を伝い歩く「ヅラ」のつくり方を教わった。地域の先生は，国奥さんと社内さんである。

4　ふるさとの緑と水と土に学ぶ　　151

- 自分で作ってみるとなかなか難しい。ヅラをつけると3分の1しか沈まないそうだ。グラウンドで長靴にヅラをつけて雪の上に乗ってみるとあまり沈まない。いつもより，身体が軽くなったような気がした。
- 国奥さんと社内さんは，ヅラをすごく速く作る大名人だ！　昔の人は，今のブーツのような便利な靴がなかったから，足が冷たくならないようにわらで寒さを防いだのだ。昔の人は，大変だったなぁと思う。

　雪一面に覆われたグラウンドで長靴にヅラのつけ方を教わった。そして雪の上を一歩進み出てみると，柔らかい雪の上なのに何と沈まないのである。子どもたちは驚きと喜びであちこち試し歩きをした。「昔は，今と比べると不便な生活をしていたけど，工夫してよりよいものを作っていたのだな。昔の人はすごいなあ」と，当時の人々の立場になって受けとめるのであった。

(5)　エコ村の秘密発見

　学校の近くに養鶏場があり，鶏を一万羽も育てている。ここの「やまびこ卵」や「さくら卵」は，とてもおいしいと市内でも評判である。おいしい卵の秘密を知ろうとインタビューに出かけた。その工夫を質問すると，「海藻や貝殻など12種類もの材料を混ぜて自然の大地から生み出された鶏にも人間にも優しいえさづくりを行っている」というのである。卵は，環境に優しいピンク色の紙パックに詰めて販売し，贈り物にも喜ばれている。さらに，おいしい卵を使ったプリンもつくり出している。みんな環境に優しい生活をしているのである。

　今年度は，さらに，環境省北越地区調査官事務所主催による「ごみゼロ推進北越大会」で発表の機会をもった。環境フェアーに来場した関心の強い市民に聞いてもらえたことは自信につながった。また，出場した他校の取組みも聴くことができ，よい刺激になった。

5　農村の未来に夢を託して

　山青く水清きふるさとの豊かな自然や文化のよさを生かし，保護者や地域の人々，さらに関係機関と連携を図りながら，特色ある学校を目指してきた。特に，花とみどりの少年団の活動は，当校の職員が，長い年月，指導過程を工夫

しながら実践を積み重ね，伝統として定着してきた。

　地区で産する木炭は自然を生かした大切な燃料である。わらの加工品やきのこ栽培も同様である。校区には，日本人が大切にしてきた自然観を今も，たくさん残しながら工夫している点からも貴重である（伝統ある炭焼き作業は，地域住民の交流と子どもたちのふるさと文化の伝承を学ぶよい取組みである）。

　交通網の発達で便利になり，農山村地域といえ車で他地域へ短時間で移動が可能になった。その一方で，過疎の波が及び，山の緑への手入れが行き届きにくくなりがちである。近年は，全国的にクマやイノシシ，シカの出没で農作物が被害を受けたり，人が傷つけられたりと危惧されることが起こり，共通の課題であり，対策が講じられている。

　私が当校に勤務していた折，地区での用事から帰る時，腰を曲げたお婆ちゃんが，「あんたさん，畑から取ってきた野菜あげますちゃ」とニラとスズナをくださった。採れたての濃い緑の菜っ葉に感激して，「どちらのお婆ちゃん？」とうかがうと，「そんないうほどのこともない。食べてくだされればありがたいですちゃ」といわれるだけ。車の中はニラの香りが充満し，ありがたさでいっぱいだった。豊かな自然の中で自家製の野菜を育て，体も心も健やかに暮している住民は，何にもかえがたい豊かな人的環境といえる。

　今，国際化の時代であっても，ふるさと意識をしっかりもった日本人が求められている。子どもたちが，どんな地においても幼き日に育まれ培ったふるさと観をもって歩んでほしいと願う。

＜付記＞

○本稿は，下記実践発表をもとに本書用に書き下ろしたものである。

・環境省北越地区調査官事務所主催「ごみゼロ推進北越大会」西広谷小学校優秀賞
　事例発表「私たち環境調査隊―ごみの４R'S作戦開始―」2004，P17-18

・富山大学生協主催　第２回「再発見！わたしたちの街」シンポジウム・パネルディ
　スカッション「キャンパス情報」P10-11

＜参考文献＞

・『百年のあゆみ』西広谷小学校記念誌

・今泉みね子著『みみずのカーロ』白水社

5 明るい町を目指して
～ 一人暮らしのお年寄りに学ぶ～

(定塚小学校)

第5学年　総合的な学習の時間

1　福祉教育の大切さ

　少子高齢化に伴い，小さい頃からの福祉教育や実践活動の重要性が叫ばれている。核家族化に伴い，兄弟姉妹の数も少なくなっている現在，友だちや地域の人々とのふれ合いが求められているのである。ところで，市街地にある定塚校区には，65歳以上の高齢者が2689名（全市人口170289人，平成16年9月末段階），中でも一人暮らしのお年寄りが210名と，市内でも高齢者がが多い地域である。そして今後さらに増加が予想される。

　本校では，福祉教育を学校の教育課程の全教科，全領域に位置付け，全校体制で取り組んでいる。高齢者との出会いは，子どもにとって大きな成長の糧となる。生きることと老いること人の喜びや悲しみを知る。高齢者にとって，年少者との対話や交流は，自己が習得した豊かな知識や経験を次の世代に伝えることであり，大きな喜びと生きがいとなるであろう。

2　福祉への実践アプローチ

(1)　本校の福祉ボランティアの歩み

○高齢者とのふれ合い：運動会や学習発表会にお年寄りを招いていっしょに活動（本校では昭和50年来，継続，大半の学校が行っている）

○クラブ活動：ゲートボールクラブにお年寄りが指導者として参加
　委員会活動：平成11年ボランティア委員会を発足（筆者が担当）。
　その時，校区の社会福祉協議会の世話役の方と相談して，委員の子どもたちが，お年寄りのサロンを訪れていっしょに活動。（例：紙芝居，音楽，お手玉，あやとり，戦争時代の話，歯磨き，里芋おはぎづくり）

154　　Ⅱ部　地域に生きる人の働き，営み，願いを探る

- 委員会で全校に呼びかけて，お年寄りに寒中見舞いの手紙を書いて出す。雪降る日，お年寄りがお礼のお便りを持って学校の2階玄関まで届けてくださった時は，感無量であった。

上記の活動を基盤にして，平成14，15年度，研究主任の立場で取り組んだ。

学校の福祉推進計画に位置付けた教育活動

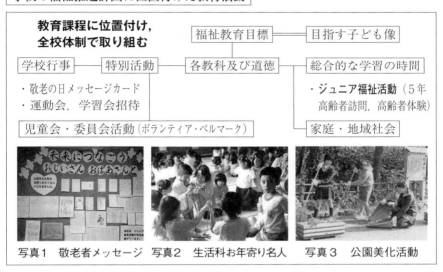

写真1　敬老者メッセージ　写真2　生活科お年寄り名人　写真3　公園美化活動

(2)　家庭や地域社会との連携，融合の魅力

　学習活動を進めるに当たり，計画段階から校区の社会福祉協議会の担当者や民生委員と綿密に連絡を取り合った。訪問活動に際しては，地域の方や市のふれ合い福祉センターにも協力いただき，子どもが追究活動をスムーズに行い深められるように配慮した。

社会福祉協議会との連携

　市社会福祉協議会連絡会（市社協）で，市内小学校でジュニア福祉ボランティア推進事業を順次，実施していく主旨を聞き，校区の社会福祉協議会会長や事務局担当者と今後の見通しについて話し合った。

　公民館での役員者会議では，学校がジュニア福祉推進を行うことを伝え，区社協として協力していこうという前向きな共通理解を行った。課題は，任命式や一人暮らし高齢者訪問をどのように展開していくかであるが，事務局の白方

さんとの心強い支援を得ながらのスタートである。

学校での企画と社協のかかわり

ジュニア福祉事業の位置付けについては，市社協の関さんや校長の助言で，従来の活動に本校らしさを加えていこうと方向性を見出した。そして，①全校での取組み，学年として実践，委員会活動の取組みという３本立てで歩むこと②高齢者訪問を主としながらも地域の環境ボランティアにも目を向けることなど大筋の方向性をもつ　③児童数や地域の状況，子どもの発達段階から総合的な学習として展開していく場合，学年相互のテーマからふさわしい学年として５学年に位置付けるなど共通理解を図った。

3　実践過程と子どもの変容

第５学年では，総合的な学習の時間「明るい定塚を目指して」を教材開発し，実践した。学校の重点目標の「人とのかかわりを大切にしながら確かな学力を身につけるにはどうすればよいか」という課題を受けて，共生の心を育成するため次の子ども像を目指した。さらに，学校の総合的な学習で育てたい「生きる力」を＜内容知＞＜方法知＞＜自分知＞の３つの観点から具体化した。

> **目指す子ども像**
>
> ５学年　人とのかかわりを大切にしながら，自分にできることを実践し，共に生きようとする子ども
>
> 総合的な学習の時間
>
> 　大単元名　明るい定塚を目指して―自分にできるボランティアをしよう―

○育てたい生きる力

①構想力・問題解決能力	・心が通じ合う訪問にするために，お年寄りを知るための課題をもつことができる。 ・訪問に向けての具体的な活動計画を立てることができる。
②表現力・コミュニケーション能力	・友だちと協力しながら，一人暮らしのお年寄りと楽しく会話をすることができる。また，必要な情報を得るために，地域の人に連絡をしたり，インタビューしたりすることができる。

③自分を高めよう とする力	・お年寄りとの交流を通して，お年寄りの考え方や生き方に学ぶことができる。 ・今後のボランティア活動の見通しをもつことができる。

(1) 見方を広げる多様な体験的活動の位置付け

町内のお年寄りの数と子どもの数を調査したところ，定塚校区全体で，65歳以上の方が，2689人もおられるのである。

子どものお年寄りに対する見方は，「元気で優しい」など，自分の祖父母のイメージから発した言葉が強い。そして，自分たちが何かできることはないのだろうか？という意見が出た。そこで，はじめに，お年寄りに対する見方が広がる活動を位置付けることにした。

お年寄りに対する印象
・優しい　13人
・元気　　11人
・体が弱い　6人
・うるさい　2人
・こわい　　3人

① 高齢者への意識付けを図る―民生委員の話

高齢者のお世話をしている町の民生委員の話を聞く場を設けた。『校区には一人暮らしのお年寄りが210人もおられること，一人暮らしは相手がいなくて寂しい思いをしている』という現状を知った。さらに，「みんなの元気を分けてほしい」と頼りにしていただいたことで，子どもたちは，「自分にできることはないだろうか」と引き寄せて考え始めた。そして，「話し相手になってあげたい」「元気が出るようにプレゼントしたい」「いっしょに楽しく遊びたい」と一人暮らしのお年寄り訪問の計画を立てていった。このように，学習の導入で校区の民生委員の方の話を聞くことは，活動への意欲をもたせるものとなった。

② ジュニアボランティア任命式

初めて任命式という儀式の実施に際して，「子どものボランティアへの意識を高めていく式にしよう」と話し合った。そして，市社協の関さん，校長，5年担任，校区事務局白方さんと，期日や具体的内容について相談し，子どもたちと社協関係者が心を一つにしてスタートしようと共通理解した。さらに，子どもや地

話し相手になってあげたい。

いっしょに楽しく遊びたい

元気が出るようにプレゼントをしたい

5 明るい町を目指して　～一人暮らしのお年寄りに学ぶ～　157

写真4　任命式でバッジをつけてもらう

域の方への福祉実践への啓発の気持ちもこめて，ボランティアバッジを作成することにした。そのデザインについては，関さんと相談しながらつくり上げていった。生き生きとした子どもや定塚らしさをこめたオリジナリティなバッジの誕生である。

　市や地区の社会福祉協議会や民生委員の方が出席し，ジュニア福祉活動員バッチをつけていただいた。子どもたちは使命感や活動意欲を高めることができた。

③　一人暮らしのお年寄り訪問活動（1回目・7月）

　民生委員の会合で，事務局が，「学校が〇月△日に高齢者訪問を予定している」という旨を伝達すると，各町の民生委員が，「お年寄りAさんは，民生委員のBさんが担当だから，BさんがC子さんとD男君をAさんのお宅へ案内しますよ」というように，構成メンバーの動きをスムーズに決める。福祉活動において，区社協の組織が系統立っており，構成メンバーと連絡を密にして，よりよい情報を得て，望ましい活動や交流を生み出していけそうという見通しがついた。

写真5　高齢者訪（いっしょにあやとりを楽しむ）

　第1回目のお年寄り訪問に向けて，子どもたちは，二人1組グループで，自己紹介カードやメッセージカード，折り紙のプレゼントなどをもって訪問した。訪問前の子どもたちは，お年寄りに対して自分の祖父母を想起して，優しくて元気というイメージをもっていた。

　1回目の訪問で，一人暮らしのお年寄りにじかに接し，趣味の話や小学校時代の様子，戦争体験などを聞いた。子どもたちは，「物知りだなあ」「思っていたよりずっと優しかった」と実感をもって語り，お年寄りの知恵や優しさを

・優しい	16人
・元気	15人
・知恵がある物知り	9人
・得意なことがある	3人
・体の弱い人もいる	3人
・楽しい	5人

感じ取った。しかし，緊張しすぎて会話を続ける難しさを感じた子どもたちは，心が通じ合う訪問にしたいと，2回目の訪問に意欲をもった。「もっと心が通じ合う訪問にするためには，お年寄りを知ることが必要」と気付いた子どもたちは，「お年寄りを知ろう」を課題にお年寄りを知る活動に取り組んでいった。

(2) お年寄り観を深める

① お年寄りを知ろうⅠ：お年寄りの疑似体験

子どもたちは，学校でお年寄りの疑似体験をクラス全員が体験した。緑内障めがねやおもりの入ったベスト，サポーターをつけ，目が見えにくい不自由さや足腰の動きづらさを体感するのである。大半の子どもは，元気だと思っていたお年寄りが，実は体が思うように動かせず不便な思いをしていることを強く実感した。「一人暮らしでは，なお大変だろうな」と想像し，お年寄りに対して「支えてあげたい」「大切にしたい」などという気持ちをもつようになった。ふり返りカードには，自分の知らない所でお年寄りが苦労しておられることに気付き，自分のあり方を見直しよりよく生きようとする感想が表れた。

写真6　お年寄りは大変だなあ

・支えてあげたい
・お年寄り優先
・助けたい
・大切にしたい

T子は，自分の想像以上にお年寄りが苦労していることに気付き，祖母に対しても感謝するとともに，自分のあり方を見直すことになった。

② お年寄りを知ろうⅡ：課題別調査グループ活動

お年寄りについてもっと知ろうと，課題別グループで調べ活動を行った。

①お年寄りの思い	②お世話している人について
③お年寄りのための市の施設	④お年寄りのための町の工夫
⑤施設の工夫	⑥お年寄りを助ける道具

調査活動後の話し合いで，お年寄りはささいなことが大変であること，物や施設・設備，たくさんの人に支えられていること，趣味や特技をもっておられることなどに気付いた。そして，お年寄りに対して，「手助けしたい」「優しく

したい」とこれからの自分の接し方を考えることができた。また，お年寄りのために「もっと町の段差を無くして住みよい町にしてほしい」と，町づくりに視点を向けていく子どもも現れた。

・ささいなことが大変
・物や施設・設備，人に支えられている
・いろいろな人がいる
・趣味をもっている

・手助けしたい
・優しくしたい
・段差なくして住みよい町にしてほしい

写真7　駅前で段差の調査

写真8　福祉用具について教わる

写真9　福祉センターで体験

③　2回目のお年寄り訪問活動の変容

　10月上旬に，2回目の訪問活動を実施した。1回目の反省を生かし，自分たちで訪問について，事前に連絡をしてから訪ねた。心のふれ合いを願った子どもたちは，お年寄りにプレゼントするよりも，話を聞いたり，いっしょに活動したりすることを考えていった。

　相手の方の趣味を話題に選んだり，得意なことを教わったり，お手伝いをさせてもらったりと，相手の願いに合った活動を考え，お年寄りが心から喜んでくださる訪問をすることができた。

　訪問を重ねる中で，相手の気持ちに寄り添って考えるようになったといえる。活動後の感想には，「つらくてもがんばっておられてすごい」「私も心は元気なお年寄りになりたい」とあり，お年寄りの生き方にも目を向けていったことが分かる。

おばあちゃんは、草花を育てるのが上手ですね。

この植物はね……。

・優しい	11人
・元気	12人
・いろいろ教えてくれる	2人
・物知り	7人
・人それぞれ	7人
・えらい	5人
・がんばっていてすごい	1人
・体は弱くても心は元気	1人
・弱い	6人
・趣味多い	3人

写真10　2回目の訪問

④　願いを膨らませた「ありがとう集会」の企画（12月）

　お年寄りと心を通わせるようになると、子どもたちは、もっとお年寄りを楽しませてあげたいという願いをもつようになり、K子の提案で「ありがとう集会」を開いた。年間計画では2回の訪問を予定していたが、K子の提案にほとんどの子どもが賛成し、実施することにした。

　企画段階では、「激しい動きの少ないゲームにしよう」とか、「分かりやすいように案内図を用意し、拡大図も貼ろう」など、お年寄りのことを考えた思いやりのあふれるアイディアが出された。そこからは、一人ひとりのお年寄りの姿を思い浮かべ、自分たちもお年寄りも楽しめるようにと配慮しながら準備する子どもたちの温かい思いが伝わってくる。

　集会当日、雪が降る

終わりの言葉に涙ぐんでおられて、感動した

写真11　ありがとう集会

・やさしい
・心が通じ合う
・あたたかい
・笑顔がうれしい
・思いやりがある
・尊敬

写真12　調査結果を報告

5　明るい町を目指して　〜一人暮らしのお年寄りに学ぶ〜

中を来てくださった17名のお年寄りを，子どもたちは，校門や玄関まで温かく出迎えた。自然とお年寄りの手を引いて案内する姿が見られた。各コーナーでも，お年寄りのペースに合わせて活動している様子がうかがえた。集会を提案したK子は，リコーダ演奏をしているときにいっしょに口ずさんだり，終わりの言葉に涙しておられたりとお年寄りの姿に感動し，お年寄りと心が通い合う活動ができたことにとても満足した。

　お年寄りと多様な場面でふれ合う体験をしたことによって，相手の気持ちを理解し，場に応じた会話や行動をしようとする気持ちが育ったといえる。また，お年寄りに人生の先輩として尊敬する思いも出てきた。

⑤　地域福祉関係者との懇談会「定塚っ子ボランティア地域と語る会」

　この懇談会は，学校と社会福祉協議会との連携で初めて企画した。定塚公民館で，市や地区の社会福祉協議会会長さんはじめ，福祉関係の民生委員や児童委員，一人暮らしのお年寄りの代表，学校（校長・5学年担任・研究主任担当教師），児童代表12名が参加し，訪問活動についての感想や意見を交換し合った。

　お年寄りは，「町内で出会うと挨拶がはずむようになり，大変気持ちよく過ごしている」という感想を話された。子どもたちは，「訪問を喜んでもらえうれしい」「お年寄りに対する見方や考え方が変わった」「手紙を書いたり草むしりを手伝ったりして交流を始めた」などを伝えた。こうしたことから，地域の日常で心の交流が始まったことが感じられ，地域の中で学び合い，地域全体で子どもを育てていく大切さを改めて感じている。

写真13　お年寄り代表の温かい言葉

写真14　訪問の感想を述べる

　学校と家庭，地域社会との連携によって，お年寄りについて互いの情報交換を行い，よりよい福祉ボランティアのあり方を考える契機となった。地域にど

んな人がいて，どんな役割があり，どういう仕組みで支え合っているか，子どもたちの手で調べ，学び，地域社会の一員としての自覚を高め，より地域に根ざした活動を行っていくことが今後の課題である。また，お年寄りとの交流に向けて親子活動による体験活動を取り入れたり，保護者からの活動に対する手紙をもらったりするなど，家庭にもさらにはたらきかけていくことが連携を深めるだろう。

(3)　心の成長に気付いた子どもたち

　単元の終わりに，学習をふり返り，お年寄りに対する見方や考え方，活動の取り組み方などについて気付いたことをまとめた。その際，活動の経過を記録した掲示物で活動をふり返ったり，ポートフォリオを見直したりして書いた。

　自分の活動をふり返りまとめることで，自分を見つめ，これからのあり方を考えることができた。お年寄りとのかかわりを通して，お年寄りの温かさや生き方に感動し，自分の見方や考え方の変容を自覚したり，心の成長に気付いたりしていったと思われる。

　計画した訪問活動以外に，2学期末になると，自ら進んで訪問を行う子ども10人，訪問活動以外に自分ができることを考えて実践し始める子どもは14人である。3学期になると，雪かきの手伝い，寒中見舞いのはがきを送るなどが36人と大半の子どもが，自分で考えたことを実践することができた。中には，手話を覚えて障害のあるお年寄りと交流したいと考え，手話を覚え始めた子どももいる。

> ・訪問したお年寄りと手紙交換をしたい。
> ・近所のお年寄りの雪かきの手伝いをしよう。
> ・困っているお年寄りの荷物を持ってあげよう。
> ・町で会ったら、あいさつしたり進んで声をかけたりしよう。
> ・手話を覚えたいな。　　　　　　など

地域のお年寄りに自ら進んで手をさしのべたり，障害者の方との交流を願っていったりする姿に，共に生きようとする心が育ってきていると感じた。

　次年度は，前年度からの一人暮らし高齢者訪問を継続している。校区の高齢者は2000人を超え，市内で最も多い地区となった。高学年は少年消防隊の一員として防災調査活動を行った。そして，お年寄りの方を招いて，「笑顔いっ

5　明るい町を目指して　～一人暮らしのお年寄りに学ぶ～　　163

ぱい安心集会」を実施し，避難の心構えを話したり手づくりの防災頭巾をプレゼントしたりして喜んでもらった。

今，身のまわりや地域環境をも見つめてボランティア活動を広げている。

4 まとめ

ボランティアとは，人と人とが出会って，お互いに何かを与え合うこと。そんなことを考える数年であった。子どもたちは，お年寄り訪問へ緊張の面持ちで出発した。それが帰り道には，頬を紅潮させて，お年寄りとの交流の感動をいっぱい語らい合っている。これは，活動の何よりもの成果だと感じた。

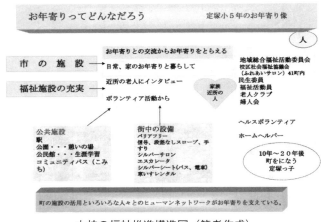

本校の福祉推進構造図（筆者作成）

(1) 福祉教育を学校の教育課程，全教科・領域に位置付け，年間カリキュラムをデザインし，全校体制で取り組むことが大切である。また，カリキュラム作成段階から，社会福祉協議会の関係者と計画的に話し合いをしながら企画していくことが重要である。その場合にも，まず教師が，子どものお年寄り観をとらえて指導計画を展開していくことである。

(2) 県・市・校区社会福祉協議会や民生委員，児童福祉委員など地域社会・家庭と連携し，システムが体系化されていることが望ましい。

カリキュラム作成時及び指導過程においては，地域社会や学校，子どもの実態などを広い視野からとらえ，全体を見通していくことが大切である。また，福祉ボランティア担当教師が学校と地域の窓口となって推進することで，より

効を奏する。教師は，多様な体験的活動を位置付けることにより，お年寄りに対する心情を深め，共に生きようとする心を育んでいくことができた。

(3) 学習活動の取組み状況や成果を学校・学年だより，ホームページ，PTA広報紙，授業公開などで発信したり，お祝いやお礼の手紙などを送ったりすることで，学校の教育活動について理解や支援を得ることができる。また，学びを実践する真摯な子どもの姿が，家庭や地域の人の共感を得ることになる。

　子どもたちが，福祉活動の回を重ねるうちに，お年寄り観が変容し，「挨拶が上手になった」「落ち着きのある優しい表情が出てきた」という感想を聞くと，人生の先輩お年寄りとのかかわりのすばらしさに尽きると思う。この校区のヒューマンネットワークに拍手をおくりたいと思う。

　ボランティア活動は，推進期間だけでなく，永遠に定着させていく営みであろう。定塚っ子も明るい福祉社会への1ページを開いていくことを願う。真の体験から得がたい心を体得していく子どもたちを願ってやまない。かつて文科省短期海外派遣で訪れたスペインでは，老人が実に多く，外に出かけて自由に明るくふる舞っていてとても驚いた。スペインは，日本と同様に超高齢国という。最近，富山のお年寄りも元気に余暇を楽しんでいる姿にふれ，喜ばしいことと思う。あれから，さらにお年寄りが増加した表れでもあろう。

＜付記＞

○本稿は，下記研究発表をもとに作成したものである。実践においては，堀田学級の児童の活動を主に進め，共同研究したものである。謝意を表す。

・中島美恵子，堀田洋子，廣瀬聡「人とのかかわりを大切にしながら，確かな学力を身につける子どもの育成—高齢者との交流を通じた福祉教育推進を通して—」『教材学研究』日本教材学会，第15巻，2004，PP185-188

・長年の活動の評価や区・市社協の推薦等で，中日新聞「中日あおば賞」を受賞する。

＜参考文献＞

・『幼・小・中学校教育指導の重点』富山県教育委員会

・平成14年度『教育計画』『総合カリキュラム』高岡市立定塚小学校

・『初等教育資料』2002．12　No．762　東洋館出版

III部

地域の文化・伝統を招いた人に学ぶ

■①

高岡御車山祭の伝統・文化の継承

（平米小学校_{ひらまいしょうがっこう}）

第3・4・6学年　社会科及び音楽，図工，特別活動

1　伝統・文化を尊重する教育の充実

　改正教育基本法や学校教育法の趣旨をふまえて，学校では，「伝統・文化を尊重する教育の充実」[1] の実践活動を展開している。わが国や郷土の伝統や文化を受けとめ，そのよさを継承・発展させる教育の充実に向けて，各教科等では積極的に取り組んでいかなければならない[2]。さらに今，道徳の学習指導要領改定案が示され「道徳科」では，伝統・文化を尊重する子どもの育成が求められている。

　高岡市は，2011年に「歴史まちづくり法」に基づいて，歴史都市に認定された。平米校区は，御車山祭（国指定有形無形重要民俗文化財）や前田利長の築城による高岡城跡（古城公園），土蔵造りの町並みなど風情ある町である。

　そんな中で，日本五大祭の1つに位置付けられる御車山祭を教育課程に位置付け，教材化を図り実践を行った。全校児童の学び，特に4年生，6年生児童の学習を通して伝統・文化に親しみ郷土愛が培われることを願った。[3][4]

　高岡は2009年に開町400年を迎え，戦災にも遭わず，高岡商人（町人）の伝統・文化が垣間見られる地域である。特に，5月1日の御車山祭の山車は，豊臣秀吉からの拝領のものであり，今も古式ゆかしく土蔵造りの山町筋を曳く行事で全国からも多くの人々が観光に訪れる。七基のうち五基を校区に有し，その10町内に住む男の子は，幼い頃から袴姿で山車の上に乗る貴重な経験（花警護）を行う。他の町の男の子も自分も乗りたいという気持ちのようである。当日は，学校行事に位置付けて，七基の集合地点へ全校で見学に出かける。毎年の見学から，どの子どもも，御車山祭の重要さをとらえている。

168　Ⅲ部　地域の文化・伝統を招いた人に学ぶ

2 学校での「伝統・文化」の位置付け

(1) 子どものイメージ

○「伝統というと何をイメージしますか」の問いに対して表1のような反応が
　見られた。

表1　伝統の言葉のイメージ（のべ人数）

イメージの項目	4年・23名	6年・23名
続いているもの	13	21
古い	13	18
守るもの	10	17
破るもの	2	14
礼儀正しいもの	5	8
すごい技をもつこと	4	6
ていねいなこと	4	5
難しいもの	3	4
温かいこと	3	3
暗い・静か	4	2

　表1からは，本校の児童（4年生，6年生）は，伝統を古くから連綿と続くもの，すごい技をもったもの，さらに今後も守るものととらえている。その反面，それにとらわれず破るものと考えている。特に，6年生にその気持ちが強い。それは，代々，5年生の子どもたちが，町から譲り受けた獅子舞を引き継ぎ，4年生に継承している身近な事象があることに起因する。

○文化という言葉のイメージは，表2のような反応が見られた。

表2　文化の言葉のイメージ（のべ人数）

イメージの項目	4年	6年
立派なもの	7	16
長く続いているもの	7	14
こだわりのあるもの	9	12
守っていくもの	11	12
価値あるもの	3	10
古いもの	11	10
だれかがつくったもの	7	9
地味なもの	6	0
暗い・静か	11	3

　伝統と同じように文化に関しても，全般に価値をもってとらえている。それを，校区や高岡の伝統と重ね合わせて考えているのであろう。しかし，4年生の中には，伝統や文化を静かで暗いものとマイナス思考でとらえているのが気になる。こうした子どもたちにも，伝統や文化のすばらしさを具体的に体験的に学ばせたい。

○「私たちの町や高岡の町には，どんな伝統や文化があると思いますか」の設
　問に対する反応は表3の通りである。

表3　高岡の伝統・文化の理解度（4月）

項　　目	4年	6年
御車山祭	13	23
山町土蔵造り（町）	2	10
瑞龍寺	0	0
高岡大仏	0	5
高岡万葉まつり	0	8
高岡銅器・銅像	0	2
高岡漆器	1	2
金屋町	0	2
獅子舞	0	1
市内の祭	0	2
市外の祭	0	8

表4　県内の祭の知識や理解度
＜当時の6年生が5年生の時＞

「実際に見たことのある祭は何ですか？」の問いの回答	
高岡市	御車山祭 23人 高岡七夕まつり 23人 日本海高岡なべ祭り 15人 伏木けんか山祭 13人 福岡つくりもんまつり 8人 御印祭 5人　獅子舞 2人
その他	砺波の夜高祭 2人 小杉の獅子舞 1人 小矢部市の祭 1人
県外	ねぶた祭 6人

　御車山祭は，全児童になじみがある。市内には，「伏木けんか山祭」のように提灯山車をぶつけ合う漁師町らしい祭を見物に出かける子どももいる。また，「高岡七夕まつり」は，仙台と同じく日本七夕三大祭に位置付けられる大規模なもので，本校も，全員一人当たり3枚短冊に願いごとを書き吊している。1月は，「日本海高岡なべ祭り」で冬の海の食材を高岡銅器製の大鍋で煮こみ，熱い鍋汁をふる舞う冬の風物詩がある。校区近くの会場で催され，子どもも多く参加している。福岡町に300年も続く「つくりもんまつり」は，収穫した野菜をダイナミックに造形する行事で，迫力と独創性に多くの子どもが感嘆する。

　県内には長く続いている大祭が多く，両親のふるさとの場合は機会もあるが，あえて出向く家庭は少ない。全国的に有名な「ねぶた祭」をあげている子どももいるが名前を知る程度である。

　こうした中で，身近の「御車山祭」を通して，伝統や文化に学び今を考え明日を生きる子どもを育成したいと考える。

(2)　「伝統・文化」の学び方

　こうした実態から，御車山祭の価値を認識し，伝統文化に誇りをもち継承していく子どもの育成を願って次の指導計画を作成した。

表5　伝統・文化を大切にしたプログラム

体験しよう（学年共通）御車山を	①「御車山の歌」を歌い，祭に親しみ期待感をもつ。（音楽科1時間） ②七基の山車が集合する場所へ見学に行き，ダイナミックな様相や人の賑わいから，祭のよさを共通体験する。（特活1時間） ③御車山ペーパークラフトを製作体験する。（図工科2時間） ・前夜祭でライトアップした山車を見学する。（課外）
伝えたいもの（5時間）四学年　残したいもの・	・御車山巡行コース地点のスタンプラリーをする。（課外） ①御車山祭の前日，山車巡行コースの準備の様子を見学する。（社会科1時間） ②祭の中核である関野神社で，祭に関する紙芝居を読んでもらう。お囃子体験をする。（社会科2時間，音楽1時間） ③土蔵造り資料館を見学し御車山祭の歩みを知る。（社会科1時間） ④御車山新聞を作成する。発表会をする。（社会科1時間，課外）
の伝統御車山祭（4時間）六学年　武士の統一と高岡	①御車山祭の成り立ちをパンフレットや本で学び，豊臣秀吉やその時代時とのかかわりがあることを学ぶ。（社会科1時間） ②DVDの視聴や保存会の人の話から，御車山祭の準備をする町内の人々の様子や保存会の継承へ向けた熱い思いをビデオなどで視聴する。（社会科1時間） ③御車山ふれ合い新聞を作成する。発表会を行い，今後の展望を話し合う。（社会科2時間，課外）

3　御車山祭の魅力にひたる子どもたち

(1)　歌声響く「御車山の歌」

　御車山祭が近づくと，学校では「御車山の歌」を歌う。古くからわらべ歌として，御馬出町の曳山の歌1つだけが伝えられてきた。これは各町の山車にも歌が必要ということで，佐野健三氏が作詞し，昭和24年市制60周年記念に，七基の山車を揃えて，平米小学校の児童によって発表された。

> 『御車山の歌』
> 一　通町の山の上に　布袋さまと唐子
> 　　ソラ見てみやれ　でっかい笑顔
> 　　大よろこびの　姿じゃないか
> 　※ドンドン　チキチン　ドンチキチン
> 　　ドンドン　チキチン　ドン
> 二　御馬出町の山の上に　佐野の源左衛門
> 　　ソラ見てみやれ　梅, 松, 桜
> 　　まこと溢れる姿じゃないか
> 　　※（以下くり返し）
> 三　守山町の　山の上に　お恵比須さんは
> 　　ソラ見てみやれ　大鯛つって
> 　　大目出度いの姿じゃないか　※
> 四　木船町の山の上に　大黒さまと唐子
> 　　ソラ見てみやれ　太鼓に笑顔
> 　　蝶もでて舞う姿じゃないか　※

写真1　御車山祭

　「御車山の歌」を好きだと答える児童は，6年生ではクラスの3分の2もいる。そのわけは，次のような魅力を感じるからである。

> ・自分の町内の歌が入っている　　　・歌でいろんなことがわかる
> ・各町の山車の特徴が歌でわかる　　・元気になれる
> ・御車山祭のそれぞれのいいところが生かされている
> ・一つひとつの歌に個性が出ている　・昔からあるので名残がある
> ・御車山に乗っている神様の名前が歌に入っているので全て歌える

　このように，御車山の歴史や校区にかかわる言葉を歌詞にした「御車山の歌」は，入学以来，歌ってきた6年生には，味わいがあり元気が出てくる歌に映るのである。

(2)　御車山のペーパークラフトづくり

　高岡名物を販売している「利長屋」さんから，本校の創立100周年に向けて，

御車山のペーパークラフト七基セット（児童数分）を贈呈された。早速，子どもたちは，自分の町内の山車を作成した。その感動は次の通りである。

- 紙製の山車を作るのはとても難しかった。細かくて５時間もかかった。二番町（にばんまち）の山車がきれいに仕上がった。やったー！って気持ちだった。
- １枚１枚の小さな紙をボンドで貼り，つなぎとめていった。ミニチュアな山車が完成した。小さくてもとても細かく山車はとても凝っているのだなと思った。

このクラフト作成は，ミニチュアとはいうものも，山車の外形だけでなく，中のつくりや仕組みが作成中途に身近に感じながらとらえられ，よい追体験であった。

(3) ４年生の学び方

① 関野神社と御車山祭のかかわり

本校では，中学年の社会科学習の一環として行う町探検で，関野神社を見学している。３年生では，神社の東西南北での位置付けと神社の名物「願掛けなで牛」や「キティちゃんのお守り」などの特色や前田利長公を祀っており，御車山祭は関野神社のお祭であることなどを学ぶ。

このように，子どもたちに馴染みの場所で，神社の白壁の蔵には，御車山が収納されている。K男は，「休日に関野神社の山車がしまってある倉庫の前を通ったよ」と話すと，９人の児童が在処を知っていると反応した。

４年生では，社会科単元「地域の伝統・行事を守り，伝える」の学習と関連し，関野神社を見学し，担当者から，改めて関野神社と御車山祭が深い関係があることについて教わった。

写真２　幔幕の模様

② 御車山祭雅楽を教わる

御車山祭は，町中を曳いている時に幔幕の中で，大人の人が雅楽を演奏する。今回は，囃子方の方がこの音楽を教えてくださった。横笛のふき方，太鼓の叩き方，鉦の鳴らし方を教わり，子どもたちは，興味深く何回も音を確かめて楽

しんだ。そして，今まで，沿道で見学する人に聞こえる音楽はCD演奏でなく，生演奏であったことに驚いた。

雅楽が楽しかったと答えた子どもは，100％全員で，もっとやってみたいと意欲的であった。やがて，自分たちが担い手になることに期待をもった。

③ 祭の分析視点

4年生，6年生とも学びを通して分かったことから印象的なことを中心に新聞づくりを行った。その作成物より，各町の山車の特徴，大きさ，模様，幔幕，鉾先，漆器の施し，歴史的価値，祭に向けた工夫や努力，巡行ルート，音楽などの視点から伝統・文化への認識の変容を分析した。

山車で子どもたちが最も関心をもつのは，車はどんな構造になっているかということである。特に，目立つてっぺんの「鉾留」である。次に，七基の御車山は，それぞれどんな特徴があるかということである。また，七つの山車の曳き順を紹介する子は17人中16人である。多くの子が，山車のつくりや鉾留について下記のようにまとめている。

表7　山車のつくり

①鉾留‥‥山車のてっぺんについている。神様が降臨するための目印
②花笠‥‥祭壇に飾られた花々
③人形・心柱‥‥人形は心柱を伝って降りる，神の形を象ったもの
　古代の日本人は，臨時の祭壇（築山）に神を迎えて，1年の豊作を祈願した。山車は，毎回，組み立てて作り，終わったら解体する。

I子は，坂下町在住である。父は先導役の「源太夫獅子」を務めた。坂下町は山車を持たないが，獅子舞が先導するしきたりを特徴ととらえた。I子の「関野神社に祀られている神様たちが，5月1日に高岡を幸せにしてくれると思う」の言葉に，改めて学んだ祭への斬新な感想が見てとれる。

O男は，御車山の歴史や山車が通る場所を調べた。そして，前田利長公を関野神社に祀ってあることから，「御車山祭は歴史的にも価値がある立派な祭なんだ」ということを再認識したと記述した。そして，「ぼくは，この学習で高岡の自慢をたくさんいいたい」と自信をもった。

P男は，各町の山車の特徴を，パンフレットやインターネットなどを見てま

とめるのではなく，間近でしっかりと観察することにより「とても迫力があってすごかった」と感じた。それは，子どもらしい言葉に表出している。例えば，「通町：毎年，先頭にたって，前の人形が回転します」「御馬出町：２番目に通り，弓矢の鉾留になっています」「守山町：３番目に走り，恵比寿さんが魚をいっぱいとったのを表現します」「木舟町：４番目に通って，上には蝶が乗っています」「一番街通り：６番目に通過し，上等馬がいて長生きする

表8　各町の山車の鉾留と曳き順

坂下町＝つゆ払いとして「源太夫獅子」が先導する
町の曳き順と鉾留

1	通町＝鳥兜（とりかぶと）
2	御馬出町＝胡簶に弓矢（やなぐい）
3	守山町＝五鈷鈴（ごこれい）
4	木舟町＝胡蝶（こちょう）
5	小馬出町＝太鼓に鳥
6	一番街通り＝釣り鐘
7	二番町＝桐

ようにといわれています」等ガイドのように解説する。「高岡にこんなすてきな宝物があり，とてもすごいと思います」との記述から祭への誇りが読み取れる。子どもにとっては重要文化財という言葉より，宝物という言葉がぴったりくるようである。

　L子は，「私の楽しみは，山車が自分の目の前をヒラリと過ぎていく瞬間を見ることです。山車が通ると道路に車輪の跡が残ります」と述べる。山車が静かに厳粛に曳かれる様を感じ取っており，高岡独特の山車の特徴をつかんでいる。また，曳いた跡の道路の車輪の跡にまで目がいく子どもたちの観察力にも驚く。そして，ギーギー軋ませながら移動する山車の音に重さをも感じている。道路の跡に気付いている子どもは２名である。

表9　R子のまとめた山車の特色

町名	鉾留	本座	幔幕
木舟町	胡蝶	大黒天	つづれ織り宝珠模様刺繍
通町	鳥兜	布袋和尚	白羅紗地剣梅鉢紋，本金刺繍
御馬出町	胡簶に弓矢	佐野の源左衛門	仙郷図

　R男は，幼い時から山車に乗り，見物客で賑わう様相を眺めていたが，各山車の特徴に意識がいかなかった。今回は，特に，幔幕の細かい模様のことがわかり満足感をもつに至った。N子は，御車山について調べた後，どこの町の山

1　高岡御車山祭の伝統・文化の継承　　175

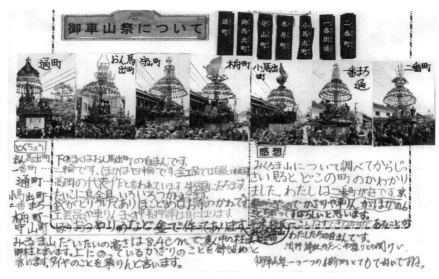

図1　山車紹介記事の一部（N子）

車の車輪か分かるようになった。特に二番町の山車は京都からきたので飾りや御所車式ですてきだと思った。自分の町にこんなすてきな祭があることが誇らしく感じていた。一方，K子は，御車山が坂の下に着く順序は，昔は，「二番町」が最初だったが，車輪が二つのためスピードが速くて，当時，人が轢かれ亡くなったことから，最後尾に曳くことになったという経緯を聴き紹介した。

また，祭当日の朝，雨だったが途中から晴れはじめた。雨の日は，シートを被せて山車が濡れないよう配慮している。雨がひどい時は，思い切って中止にしなければならない。

この事実を4年生では，ありのまま受け入れている。しかし，6年生になると，漆塗りは水を嫌い装飾が傷むのを憂慮し，国重要有形民俗文化財の保存を重視していることを理解し町衆の行動に感動するようになる。

(4)　6年生の学び方

◎御車山は，1588年，豊臣秀吉が後陽成天皇を聚楽第に迎え奉る時に使用したものである。それを，加賀藩祖前田利家が秀吉公より拝領し，二代藩主利長公が慶長14年（1609年）に，高岡城築城の際に，これを町民

に与えて関野神社の御輿にともなって巡行させたことにはじまるといわれている。この時に，城下の大町七ケ町に賜った山車を尊称して「御車山」と呼ぶようになった。

　京都祇園の祭礼にならって鉾山に改造され，高岡関野神社の祭礼日に御輿とともに曳きまわされて以来，今日に至るまで継承されている。「御車山」は，御所車形式に鉾を立てた古代信仰の形式を今に伝える点が高く評価されている。

　６年生は，戦国時代の織田信長，豊臣秀吉が天下統一を目指す群雄割拠の様子を学習した。秀吉は，聚楽第完成の折，後陽成天皇を迎えた記念の山車を家臣の加賀藩前田利家に賜った。この秀吉と利家とのかかわりを学ばせることは，政治の中心地の歴史に地方史を位置付けることになり，子どもは近世の歴史事象がよりとらえやすくなる。この歴史事象に着目して具体的に述べる児童は13人だった。

　地方史の一環であるが，前田利長は，その御所車を二番町に与えた。二番町の車輪が２つなのはそこに由来がある。さらに，利長は他の町内にも与えた。この後，各町ではそれぞれオリジナルな装身具や漆器の技を取り入れて高岡らしい豪奢な山車を形成していく。

　こうした京都の政治の動きが高岡とも関連があることは，単なる高岡の祭ではないことを感じるようになった。日本の５つの大きな祭の１つであること，さらに，国の重要有形無形民俗文化財であることをとらえている。

　Ｓ男は，自分の木舟町の山車の幔幕が古くなったため，平成22年に，京都の西陣織業者に委託して新調したことを紹介した。他の町の６人の子どもたちも取り上げている。2000万円もかけて新調することは町の人々にとって相当な負担であるが，それを誇りとして感じている。

　また，守山町では，装身具の木彫りの鯛を新調した。高岡彫り独特の浮き彫りでダイナミックなつくりである。Ａ子は女の子で，山車には乗らないが，祖父や父が町の世話役で祭の話題に関心をもっている。今年のできごととして，Ｓ男の取り上げた木舟町の幔幕や御馬出町の山宿の提灯台を取り上げた。また，自分の守山町は，恵比寿様（本座）が抱えている鯛や独鈷が新しくなり，自治

1　高岡御車山祭の伝統・文化の継承　　177

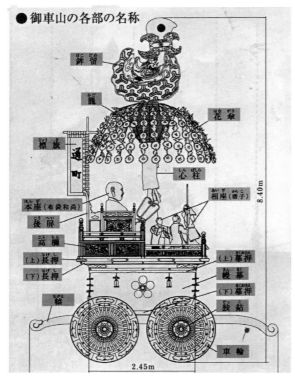

図2　御車山のつくり（通町）

会長さん宅で写したインタビュー写真を使い紹介した。

K男は寺院の津幡屋与四兵衛の碑に関心をもった。父の話では,与四兵衛は,他地域で御車山を模したため抗議し,地元の高岡の御車山を命がけで守ったのである。この経緯を,他の児童より詳しく紹介した。その生き方を考えると,すごい勇気がある人だ,感謝したい。だからお参りする時はしっかりしたい,と力強く述べている。

T男は,幼い時から山車に乗っている。御車山の写真も撮り,祭に対する実感の強いレポートを書く。山車に乗っている時,途中,御車山を守った与四兵衛さんを祀ってある寺に一礼をしている。もし,与四兵衛さんがいなければ,今,御車山はなかったかもしれないと考えると勇気あるすごい人だと思う,とK男と同様なことを述べる。

U男は,朝,実際に山車が曳かれる道中を観察した。七基集合した後,坂下町の坂の中間まで進み,前田利長公のお墓の方向に礼をしてから市内を曳きまわすことを発見した。また,山車がスムーズに曳かれるように路面電車の電線を邪魔にならないように電力会社が一時的に外し,電車が一時不通になるよう配慮しているのにも気付いた。

4 伝統・文化に対する見方の成長

(1) 文化財への開眼

- ・国の重要有形無形民俗文化財に選ばれすばらしい。御車山は山車の細工が絢爛豪華で微に至る工夫が施されている。また，資料館に展示された鉾留の１m半もあるダイナミックな蝶を見学し感嘆したが，実物を目の当たりで見る大切さを認識する。
- ・山車は形が似ているが，上に載っている鉾留や模様が違っていて独創的である。坂下町では，「源太夫獅子」が先頭をきり，山車と異なった特徴がありおもしろい文化だ。
- ・実際に祭に行って写真を撮ってきた。御車山を近くで見ると，きれいにしてあった。町の人たちは，昔からきれいに扱って伝統を大切にしているんだなと思った。

　この山車づくりの技は，伝統的に受け継がれている。春になると，各町ではみんなが集まり花笠づくりの準備を行っている。また，お囃子の体験を通して，囃子方の練習も早くからはじまることに意識が及んだ。各山車の特徴は，それぞれの町の技術が用いられている。

(2) 保存に尽くした人への感謝

- ・御車山はとても大切にされている。昔，津幡屋与四兵衛さんが御車山を命がけで守ったおかげだ。私たちも大切にしたい。
- ・毎年５月１日に曳かれる御車山にこんな深い歴史があったことを初めて知った。そして，今も御車山を見れるのは町の人が大切にし，代々受け継いできたからなのだと分かった。
- ・御車山祭の原動力になっているのは，保存会の人々の協力と実行力にある。土蔵造りの町の人たちの高齢化で，重い山車の曳き手や囃子方，台座に乗る子どもが減少し，他の町にも依頼しているという。

　曳き手や獅子方，台座に乗る子どもたちの減少を案じる子どももいる。一方，新幹線開通2015年を目指して御車山会館も建設中である。朗報に新しい町づくりの気運がみなぎっている。（2018年現在，新幹線が開通して４年が経ち，

1　高岡御車山祭の伝統・文化の継承　　179

県内外や海外からも観光客が訪れ，御車山会館を見学したり土蔵造りの町並み
を散策したりしている）

(3) 学びを通した生き方へのふり返り

> ぼくは，いつも当たり前としてに見過ごしていることを，もう一度よく見る
> といろんな発見が生まれてとても楽しくなった。新たな発見をすることは，自
> 分の考えが広まることだと思うのでこれからもいろいろなことを見つめていき
> たい。

この実践を通して，祭という伝統文化への気付きから，保存・継承へと認識
などに大きな変容が見出された。

5 まとめ

自分たちのふるさとの文化遺産に着目して，その伝統・文化の教育資源を教
育課程に位置付けることが大切である。特に，地域学習が中核になる中学年の
社会科学習でかかわらせることである。その場合，作業的活動や視覚に訴える
教材（DVD，紙芝居等）の提示の工夫など，学習過程に組みこむことにより，
イメージ豊かにとらえたり思考の筋道を具体化したりして追究意欲を高めるこ
とができる。また，現場での体験活動や見学調査などをこまめに行うことによ
り，御車山祭のイメージがより鮮明になり，伝統・文化遺産の大切さを感得し
ていくのである。

特に，6年生では，政治の中心地の動きとかかわらせて，地域の歴史的な経
緯を学ばせると，身近に引き寄せて学ぶことができる。さらに，保存会の人や
そこで実際に運営，活動する人々の様子を見聞きすることによって，保存への
意気ごみを感じ，自らも継承していこうという気持ちを高めていくことにつな
がる。

ユネスコ文化遺産に認定されて以来，御車山祭の観光に全国からたくさんの
人が訪れて活気を帯びている。また，2017年度から，5月1日御車祭の日を
「歴史文化に親しむ日」として，小・中学校，特別支援学校が休校になった。
子どもたちも市民みんなで祭を楽しむと同時に誇りに思い，課題をとらえ継承
に向けて努めていきたいものである。

＜付記＞

○本稿は，下記論文をもとにして，執筆したものである。

・拙稿『教材学研究』「地域の伝統・文化を大切にした教材化と実践―高岡御車山祭を通して―」日本教材学会，第23巻，289P-298P（2012）

＜註・参考資料＞

(1) 初等中等教育局教育課程課『初等教育資料』「伝統文化に関する教育の充実」文部科学省，2009，1，P2-3

(2) 安野功『初等教育資料』「伝統文化に関する教育の充実と展開」文部科学省，2010，10，P2-7

(3) 佐島群巳，次山信男編『伝統を掘り起こす学習と方法』教育出版，1986，P3-5

(4) 佐島群巳編著『伝統と文化に学ぶ社会科学習』東洋館出版社，P11，1990

　　金丸明義『高岡御車山祭』1994

・『おおとり』平米小学校八十周年記念事業協賛会，1992

❷

高岡銅器の炎　いつまでも燃え続け

（西条 小学校）

第4・5・6学年　総合的な学習の時間，ものづくり・デザイン科第5・6学年

1　伝統産業「高岡銅器」を生かした授業づくり

（1）　高岡鋳物の魅力

　高岡銅器は，加賀藩主前田利長が城下町高岡の繁栄の産業を興そうと，戸出西部金屋から7人の鋳物師（河内国丹南の由緒ある勅許鋳物師集団の流れ）を招き，金屋町に住まわせ鋳物工場を開いたのがはじまりである。以来，銅器産業に携わる人々の努力で発展してきた。古くからの技術を伝承し，かつ改善を加え，鋳物，研磨，着色，彫金，仕上げ等の専門職によって，全国シェアー90％の生産を誇っている。

　また，幾多の行程を市内の専門業者に依頼しており，鋳物の仕上げ，着色，彫金といった専門職による効率のよい分業化が進んでおり，かつての問屋制家内工業の方法がとられているのが特徴である。地域全体が工房のような仕組みで成り立っているのは，世界で唯一高岡に見られる生産の特色である。そこで，高岡市全体の町ぐるみで行っている様子を調査活動などを通してとらえていくような教材化を考えた。

　高岡銅器を守り育ててきた伝統工芸士や人間国宝の方々の生き方を通して，人々の営みという側面から伝統や文化をとらえていく。伝統工芸は，地域の住民が過去から引き継いだものであり，将来にわたって残していく必要のあるものである。そのためには，行政や機関の取組みなど市ぐるみの対策にもふれ，伝統の継承にともなって多くの課題が生じることや不断の努力が求められることなどの認識が必要である。

　こうした一連の学習活動を通して，自分たちの高岡のよさに気付き，ふるさとに愛着をもち，文化や伝統を大切にしていく子どもの育成を図りたいと考える。

182　Ⅲ部　地域の文化・伝統を招いた人に学ぶ

(2) 地域に根ざした学び

　かつて，5学年社会科で学習されてきた「伝統的な技術を生かした工業」は，現在は，4学年の「県の様子」の単元に位置付けて展開し[1]，特色ある地域の生活や産業等を調べて地域社会に対する誇りと愛情を育てるとなった。そこで，高岡銅器について教科で基礎・基本を学び，それを基盤に高学年で，子どもが主体的に興味・関心を広げて授業をつくっていくように工夫する。その場合，次の学習形態が考えられる。

---

　a．社会科学習をもとに，地域との関連で，総合的な学習の時間に展開する。
　b．高岡市は文部科学省関係の構造改革教育特区により，平成18年度から「ものづくり・デザイン科」が必須教科として，小学校では5・6学年で年間35時間実施している。この時間に，伝統工芸士や職人さん方に高岡銅器（鋳物）や高岡漆器の技を教えてもらい，作品を作る場合。（5・6学年）
　c．単元の発展として，身近な高岡銅器に興味・関心をもち，休日を利用して体験する場合。（4学年）
　d．長期休業を利用して自由研究等で体験する場合。（4～6学年）

　本実践では，伝統的な工業が盛んな地域の特色や全国的な価値などから見て，社会科から発展的に学ぶ，aの総合的な学習の時間に子どもとともにつくるカリキュラムを構想した。

①地域との連携のデザインとして

　高岡銅器では，学校を核として，鋳物専門家，行政，保護者，地域住民，他の学校，環境専門家などと連携，融合で一体となって取り組む構想をデザインした。

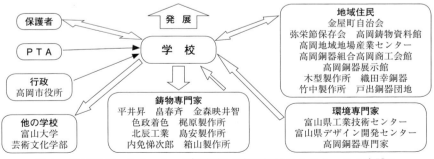

図1　地域のパートナーシップの概況＜高岡銅器のカリキュラム実践＞

表1　「高岡銅器の炎　いつまでも燃え続け」指導計画　＜活動総時数　50時間＞

	ものづくり・デザイン科＜社会科・図工科＞(25時間) ＋総合的な学習の時間(計25時間) ・主な活動内容		関連する教科・領域 図、体、特ほか－⑮
出 会 う	**時代を超えて生きる高岡銅器をリサーチ** 　　　　　　　(10時間ものデザ＜社＞) ○高岡銅器を持ち寄ろう 　・美術品　・工芸品　・古城公園芸術の森 ○高岡銅器のルーツを調べよう(課題別グループ調査) 　・高岡銅器の生産の現状 　・銅器製品について 　・高岡の開町とその後の歩み 　・御印祭のいわれ	高 岡 銅 器 の 炎 い つ ま で も 燃 え 続 け	4年社－わたしたちの県（山地のくらしと伝統工業）10／30 図－金屋町の絵を描く 体－弥栄節
か か わ り 合 う	○御印祭に参加しよう **地域で育てる高岡銅器**(15時間ものデザ＜図＞) ○高岡銅器の製造工程を調べよう 　・鋳物工場の見学、取材 　・彫金－仕上げ－着色－象嵌 ○銅製キーホルダーづくりに挑戦する **高岡銅器を守ってきた人々**(13時間・発展、総合) ○高岡銅器シェアー90%の秘密を探ろう 　・いろいろな鋳造法の魅力 　 伝統的工法－鑞型、焼き型、双型 　 近代的工法－ガス型、生型、ロストワックス 　・優れた加工技術 　 彫金＜現代的象眼＞　着色＜秘伝の色＞ 　 仕上げ加工＜何十本ものタガネ＞ 　・問屋、販売に携わる人たち 　・飛躍へ向けての課題に取り組む人たち 　　後継者育成、新商品の開発 ○伝統工芸士の生き方に学ぶ 　・金森映井智氏（人間国宝） 　・鑞型一筋平井昇氏 　・釜師畠春斉氏と感性を学ぶ		弥栄節参加（課外） (ものデザ)(図)－原型、彫り、仕上げ研磨 国－伝統工芸に携わる人たちの生き方で学んだこと(作文) 社－環境の学習とリンクする
生 か し 合 う	**鋳物の町の展望**　　　(12時間・発展、総合) ○高岡の町の環境度を調査する 　・社会（人）的環境 　・文化的環境＜銅品の設置、御印祭と弥栄節、金屋町町並み保存、鋳物資料館＞ ○鋳物の町を守ろう		音－ふるさとの音楽に親しむ（弥栄節保存会に学ぶ） 特－伝統・文化の町実践行動しよう

184　Ⅲ部　地域の文化・伝統を招いた人に学ぶ

②単元『高岡銅器の炎，いつまでも燃え続け』の指導計画

【指導計画】 計50時間

　　第1次　時代を超えて生きる高岡銅器 ……… 10時間

　　第2次　地域で育てる高岡銅器 ……………… 15時間

　　第3次　高岡銅器を守ってきた人々 ………… 13時間

　　第4次　鋳物の町の展望 …………………… 12時間

③「総合的な学習の時間」の授業で培う学び方

・地域の人々が守り育て発展してきた伝統や文化に誇りをもち，自分たちも大切にしていこうとする心情をもつ。[豊かな感性]

・伝統的工法や近代的工法のよさを考えるとともに，伝統的な工業を守り育てている姿を通して，高岡銅器の抱える問題点や対策について考えることができる。[洞察力]

・銅器の作り方を見学・体験したり，資料で調べたりして，それらをもとにパンフレットや新聞に工夫してまとめることができる。[表現する力]

・銅器づくりに携わっている人の努力や生き方に心を動かし，自らの生き方を見直してみる。[思いやり]

・よりよい地域社会を目指して，将来の展望をもち積極的にかかわっていく。[実践力]

2　地域で育てる高岡銅器

　学習の導入は，社会科学習（第4学年）における基礎・基本の学びを生かすようにする。

○　身のまわりの銅器製品を持ち寄り，高岡銅器の特徴（工芸品，美術品）をつかみながら私たちの生活に潤いを与えていることに気付いていく。

○　校区や市内をフィールドワークし，銅器マップを作成する。高岡銅器が伝統工芸の指定を受けて盛んであることを学び，高岡大仏（日本三大仏の1つ，伝統的には3番目に大きい）や古城公園の銅像群，街角に設置されたブロンズ像が，市民の憩いの場，安らぎの場になっていることに気付く。

○　歴史的背景及び土地の結びつきといった地理的条件を踏まえて，高岡銅器の発祥や発展の過程を学ぶ。

(1) 銅製キーホルダーづくりに挑戦

　子どもたちは，町中にある銅像や問屋のウィンドーの美術品を目にしているが，その生産工程や働く人の気持ちには意識が及んでいない。高岡銅器が伝統工芸の指定を受けて盛んであることを知ると，「自分たちも手づくりの鋳物を作ってみたい」

写真1　キーホルダーづくり

という願いをもち，鋳物専門家に教わりながら追体験をすることになった。そして，焼型やガス型鋳造で大型銅像（日本海高岡なべ祭りの銅製の大鍋，長崎平和観音像）などを制作された梶原製作所さんや戸出銅器団地の北辰工業製作所の定塚さんの指導やPTA担当者の協力で銅器製作体験を行った。

T₁　キーホルダーの追体験は，どうでしたか。

C₁　ゴーっという音がして炎が黄色や緑色に光った。銅が液化した「湯」が，1300度を超えると，砂の鋳型の口から「湯」を入れた。

T₂　鋳物の作業をする人たちの様子はどんなでしたか。

C₂　鋳込みをする人は，一生懸命，湯の温度を調節していた。上着を脱いでシャツだけになった。私は，やっぱり銅器の仕事は大変だなぁと思った。

C₃　「湯」がこぼれたり吹き出したりする様子がすごい。私たちの手づくり作品がうまく仕上がるように頑張ってと祈っていた。

C₄　工場の人たちって，こんなに危ない仕事をしているんだな。ぼくの野球帽型のキーホルダーはうまく仕上がった。世界でたった一つなので大切にしたい。

C₅　「あら土」が手について取るのが大変だった。土がガスで固まり不思議だった。一つのものを作るのにこれだけの作業が必要なのだから，大きいものを作る時はもっと大変だろうな。

　デザイン・原型・鋳型作り・鋳み・研磨など製作工程を専門家につぶさに学びながらキーホルダー製作を体験することができた。子どもたちは，「溶金が砂の中で変身する」様子に感動し，さらに，"働く人"の努力や工夫に目を向けていく。ものを作るという体験によって感動や成就感が生まれ，意欲的な追

究活動を呼び起こすことができた。体験的活動を位置付けることで、枠内の感想のように、自分たちとの比較から対象を調べる視点がはっきりし、地域を見る観点の形成を図ることができるのである。

(2) 文化の継承と創造へ向けてアプローチする子どもたち

鋳物づくり体験から、子どもたちは、「製作工程でどんな苦労や工夫をしているのだろうか」「高岡銅器が全国シェアー90％の生産を誇るようになった秘密や魅力を探りたい」という課題が生まれてきた。そこで、高岡銅器の工夫や努力を次の三つの観点から予想した。

○銅器生産に直接携わる人（鋳物工場、着色・彫金・仕上げ部門）
○問屋など販売に携わる人
○飛躍に向けて課題に取り組む人たち（後継者育成、新商品の開発）

そして、関心をもった課題別グループで市内の工房や関連機関を訪ね、見学聞き取り調査を行った。各グループの報告会を行い、さらに共通課題について相互に話し合う中で、これらの機関の人たちによる連携・協力で、地場産業を地域ぐるみで育て振興している実態をとらえていった。デザインから生産まで高岡市内全てが工房のような仕組みは、世界に誇るシステムであり教材として大きな魅力である。

(3) 伝統工芸士の技に見入る

見学や調査活動を通して、地域に根ざした伝統文化を継承、発展させている人たちの技の様子や工夫に着目していく。特に、伝統工芸士の働く姿や話す言葉や作品を通して、人のあり方や生き方を学んでいく。

① 鋳造

国内で唯一の人、鑞型の伝統的工法を守り続けるのは、平井昇さんである。平井さんの工房で、蜜鑞と松脂を使って原型の作り方を教わった。

写真2　鏨の使い方に見入る

2　高岡銅器の炎　いつまでも燃え続け　187

> ・平井さんは，私たちに教えてくださる時も真剣な目で手に力をこめながら作品をつくっていく。「あっ！これが伝統を伝えていくすばらしい秘密なのだな」と思った。

② 着色

　色政着色（いろまさちゃくしょく）さんは色づけが専門である。着色工房で，でき上がった銅製の壺に着色する色について教わった。着色の仕事だけでも，「下色」「乾燥」「漆」「お羽黒」「青銅」などたくさんの工程があるというのである。子どもたちは，秘伝の色があるということに驚いていた。やがて，「見た感じが古そうな色だけど，じーっと見ていると，とうてい真似のできないような色だ」と感想を述べている。

③ 彫金

　斬新なデザインの彫金作家である人間国宝の金森映井智（かなもりえいいち）さんは，布目象眼という手法で斬新な模様を編み出し人間国宝に指定された。

写真3　象眼の工夫を聞く

> ・金森映井智さんは80歳のご高齢なのに，線の模様が未来を感じさせる若々しいデザインの象眼の壺を創っておられすばらしい！

④ 双型釜師

　釜師の二代目畠春斎（はたしゅんさい）さんといっしょに市の美術館で美や感性について学んだ。

　畠さんは，「人は豊かな感性をもつことが大切だ」と力調され，子どもたちの感性を磨く一助となりたいと話された。「市美術館で『伝統工芸展』を催しており，出品作品があるからぜひ来てください。私の作品や他の伝統工芸士さんの作品で学びましょう」という誘いを受けた。

　畠さんは，展示室で実物作品を見ながら

写真4　美術館で教わる

美や感性について語られた。心に残ったのは，皇太子，妃雅子様ご成婚記念献上の釜で，結び目に斬新なデザインを入れ，お二方をお祝いなさった経過を話されたことである。そして，畠さんは，「いろんなものに感動する心をもち，たくさんの人と出会って，感性を磨く中からデザインが生まれる」といわれた。

　子どもたちは，働く人の「もの」をつくり出す真剣な眼ざしに心を動かす。また，伝統工芸士が「もの」をつくり出す喜びや苦労・工夫を語られると，その人の姿に心を寄せ，その人の生き方に感動を覚えた。これらの感想から，子どもたちが，伝統工芸士の生き方を少しずつ自分の方に引き寄せて考えるようになったこと，さらに自分自身の生き方やくらしのあり方に生かそうとする姿勢をもつようになったことがうかがえる。

(4)　地場産業の振興対策は地域全体で

　後継者育成を行う旧国立高岡短期大学（現富山大学芸術文化学部），海外取引も行う問屋，地場産業センター，富山県インダストリアル工業デザインセンター，富山県工業技術センターなどをグループ別に見学・調査した。そして，地場産業を地域ぐるみで育て振興している実態を追究していった。

写真5　大学のミニ講座を聴く

　例えば，現富山大学芸術文化学部の後継者育成の様子を聴講した。金工科の先生は，金属，木材，デザインの専門に分かれ，富山の学生が20人中6人（当時）で学んでいること，5～6千年前から銅器が作られていること，奈良大仏の作り方などを話された。実際に大学内を案内していただき，実技室では，お兄さん，お姉さんがベンチの鋳型を作っていた。S子は，「将来，立派なブロンズ像を作ってほしいな」と声援の言葉を書いている。この見学で，県や市が将来の後継者育成にも力を入れていることを知った。

○問屋型販売の組織図

　デザインから生産まで高岡市内全てが工房のような仕組みになっている。世界でこの高岡だけである。

　高岡デザインテクノロジー研究所のK部長は，T製作所に勤めていた時に，

2　高岡銅器の炎　いつまでも燃え続け　　189

ヨーロッパのブロンズ像の購入によく渡欧している。その話によると，「ヨーロッパでは，ブロンズ像を注文すると，まずイタリアで鋳造し，次に装飾を施すためにパリへ送る。このように広範囲に移動しながら仕上げていく。それに比べて高岡は，注文があると生産から販売まで全部一つの市で賄う」という。世界に誇るシステムであり，子どもたちも，高岡の製造方法は，すごくよい仕組みなんだと感動するのであった。

3　伝統・文化の開眼

(1)　豊かな広がりのある自己実現の支援

　子どもたちが伝統工芸士の人たちの生き方について少しずつ自分の方に引き寄せて考えるようになったこと，さらに自分自身の生き方に生かそうとする構えが見られるようになった。

T　鋳物の町の銅器産業に携わる方々の見学からどんなことを学びましたか？

C_1　平井さんは，「よい作品は，花ひとつにでも1時間，2時間も観察することにより生まれる」と話された。一つの作品にそんなにも思いをこめてつくられるのだ。ぼくは，鑞型一筋の平井さんから全力を尽くすことの大切さを学んだ。

C_2　畠さんに，「作品をつくる時に工夫していることはどんなことですか」と尋ねると，「正直にまっすぐに生きる」，「何にでも感動する」といわれ共感した。ぼくも友だちが困っている時，助けてあげれるような感性をもちたい。

T_2　畠さんにとってもすてきなことを教えていただいたね。困っている時，私たちも手を差しのべてあげれるような優しい豊かな感性をもっていきたいですね。

C_3　色政着色さんでは，秘伝の色だけに拘らないで，今ある色に加えて新しい色をつくっている。ぼくも一つのことばかりでなく，いろいろなことに挑戦したい。

C_4　鋳物をつくっている人たちに，「いつまで続けたいですか」と聞くと，全員が「死ぬまでです」といわれた。ぼくは，その言葉に感動してしまった。

C_5　ぼくも「死ぬまで続けたい」という言葉をいえるくらいに，仕事や好きなことに打ちこみたいと思う。

190　Ⅲ部　地域の文化・伝統を招いた人に学ぶ

このように，高岡銅器という地域社会の伝統・文化を受け継ぎ，発展させている人に着目し，伝統工芸士とふれ合い，感性の目を育むことができた。そして，さらに地域の環境を追究する課題へ発展していった。

(2) 鋳物の町を展望する

① 銅像は腐食していないかな

鋳物発祥の地である金屋町は，工場が校区外の銅器団地に移転した今もなお，鋳物資料館や鋳物公園，金屋の古い町並み，鳳鳴橋の鳳凰の像，鋳物発祥の碑など鋳物の町らしい趣きを備えている。

学習の深化，発展の段階で，子どもたちは，自分たちの銅器の町の環境をフィールド調査し，環境マップに位置付けてみた。その結果から，銅器の町を見つめ直し行動しようとした。そこで，一人ひとりの着眼点や学びのよさを認め，課題が達成できるよう弾力的に応えるように努めた。

社会科の国土分野で学んだことをもとに，「自分たちの銅器の町の環境を見直そう」という意見が出てきた。そして，学校の近くの有磯神社（前田利長公の遺徳を偲ぶ御印祭で４つの分霊が出発する要の神社）の銅像の腐食が激しいことに気付いた。以下，子どもたちの話合いでの追究である。

C_1 「有磯神社の銅像がはげ落ちている！」
C_2 「確かに，銅像の腐食が激しい」
C_3 「酸性雨の影響かもしれないよ」
C_4 「Ｔ製作所の人にインタビューしてみよう」

左記のように酸性雨の影響ではないかと予想を立てた。そして，社会科との関連で酸性雨について学習し，雨の酸性の度合いを測定したり，詳しいデータを求めたりした。

これは，自分たちの鋳物の町へ主体的にかかわろうとする前向きな姿の表れと考える。以下，主なグループの地域環境調査の活動から考察してみた。

Ｍ　男	銅像と酸性雨のかかわりを調べる実験を継続しながら，酸性雨に関する新聞記事をスクラップしたり，県内のより詳しい情報を知るため公害センターからデータを取り寄せたりした。
Ｊ　子	大型銅像を製作している家族が，酸性雨による被害調査を金属で実験していることを知り，さらに，木の被害との関連から林業試験場に問い合わせの手紙を書く。

2 高岡銅器の炎　いつまでも燃え続け

Yグループ	鳳鳴橋の「鳳凰像」の前で，観光客に鳳凰像の印象についてインタビューする。さらに，鋳物公園や千本格子戸の古い町並みを案内ガイドした。
Aグループ	「銅器の町を美しくしたい」という気持ちから，市民の憩いの場である鋳物公園の清掃を考え，週末に竹ぼうきで落葉を掃く。
Sグループ	80歳を超えた金森映井智さんや色政着色のハルさんが，寒い冬も彫金や着色の仕事を元気に打ちこめるように，膝かけやマフラーを製作した。

② お囃子を受け継ぐ

　金屋町では，前田利長公の遺徳を偲ぶ御印祭（毎年6月19～20日）が行われ，鋳物師の労働歌である弥栄節の歌踊を伝承している。J子・M男のグループは，何百年も歌い継がれてきた弥栄節のお囃子を教わることになった。囃子方の3人が，公民館で和太鼓や砧，鉦などの和楽器の演奏法を教えてくださった。T男は「代々伝わってきたお囃子を教わると思うと緊張した」，M男は「砧をばちで叩いていると手にビリビリと振動が伝わってきた」などと，伝統の弥栄節を教わることで緊張がみなぎっている。

　保存会の方の弥栄節を継承していこうという熱い思いにふれ，感謝の気持ちを抱いている。さらに，御印祭に誇りをもち，T

写真6　弥栄節の奏法を学ぶ

男は「このお囃子を覚え，自分がまた次の世代へ伝えていきたい」と決意している。M男は，弥栄節の資料を見て，最近人手が足りない実態を知り，こんなに楽しい弥栄節なのに人手が足りないのかと不思議に思った。反面，弥栄節を伝えることの大変さや大切さを学んでいった。

　子どもたちは，伝統・文化の保存や継承に向けて，さらに主体的にはたらきかけていこうとしている。多様な体験的活動は，子どもの地域環境に関するイメージを拡大させるのである。

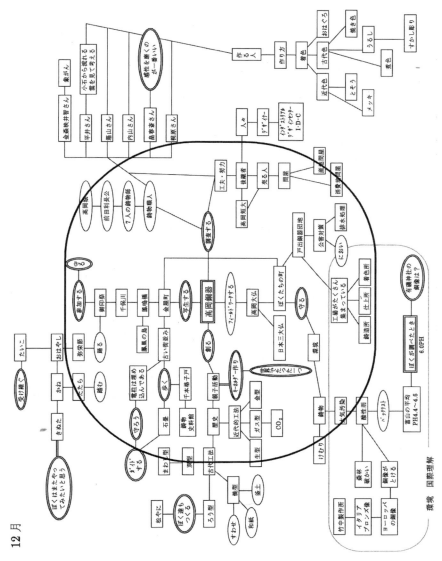

図2 高岡銅器の学習終了後のイメージマップ（T男）

図2は，T男の「銅器」を中心としたイメージマップ（12月学習終了時）を図化したものである。学習導入時の高岡銅器のイメージは，高岡大仏など5つぐらいの語彙であったが，学びによる急速な広がりがうかがえる。

2 高岡銅器の炎 いつまでも燃え続け 193

子どもたちは，今，伝統文化の保存や継承に向けて，さらに主体的にはたらきかけていこうとしている。

4　伝統工芸士の心の琴線にふれる

　教師は，「子どもたちが課題を追究する中で，地域のどんな人とかかわれば，学習が深化，発展していくか」という見通しをもって単元構成をすることが大切である。本教材で取り上げる釜師の畠さんもその一人である。

　有名な釜師の工房を見学したいと県外からも視察に訪れている。ある時，「銅器って泥まみれの中で作ってるんだ」と囁いているのを耳にしたという。以来，見学をお断りし，でき上がった作品で楽しんでいただいている，と話された。プロの作家や職人にとって作業場は，試練，模索，創造の神聖な場である。教師は，子どもたちにその重大さを伝え，真剣に学習に臨む必要がある。そんないきさつや畠さんと子どもたちとのふれ合いを通して，畠さん自身も子どもの感性教育に積極的になられた。交流を重ねるうちに，苦労話をしてくださった。

　畠さんは，若い頃，釜が全く売れなかった。その時，名古屋の和啓堂（わけいどう）のご主人が売れない釜を全て買い取ってくださったという。畠さんは，それをふり返り，人が苦しい時，助けてあげれる心，それこそ感性である。私は，その気持ちを忘れないで，日々，美しい物に感動するように心がけ，感性を磨き，作品づくりに生かしていく。

　子どもたちは，この話に共感し，自分のあり方や生き方を見直していく。伝統工芸はそれに携わる多くの職人さんの努力によって生み出される。

　着色を続けて50年のハルさんもその一人である。ハルさんの「元気な限り働きますちゃ」という力強い言葉に，子どもたちの心が動き，寒い冬も頑張るハルさんを思い，励ましの手紙を送った。「ハルさんは風邪をひいた時も，励ましの手紙を心の糧に，『子どもたちが応援しているのに休んじゃ申し訳ない』と頑張っていましたよ」と話された。子どもたちにこの話を伝えると，ますます心を打たれるのであった。

　学習者や授業者と伝統工芸士や作家との双方の心の通い合いが授業を一層，

高めていくのである。

　高岡銅器を伝統・文化という視点から教材化し，地域社会との連携を十分に図ることにより，人としての生き方に高まりがみられ，学習に深化をもたらすことが明らかになった。地域の特色を生かした総合的な学習の時間のカリキュラム開発は，特色ある学校づくりにもつながるだろう。

＜付記＞

○本稿掲載にあたり，下記の実践論文等をもとに再構築を行った。

・拙稿『教材学研究』日本教材学会「学校教育における学社融合カリキュラムの研究— 銅器の町「高岡」の伝統・文化を守る子どもの育成—」2004，No.15，PP237-244

　※上記実践研究は，独立行政法人「日本学術振興会」の平成15年度科学研究費助成を受け遂行したものである。

・富山県総合教育センター『学校における環境教育推進に関する調査研究（第3報)』拙稿「伝統的な技術を生かした工業」1994，PP17-23

・小学館，日本児童教育財団編『全国小・中学校環境教育賞環境教育実践マニュアル』「自然的・社会的・文化的環境の一体化による主体的環境観の育成」1995，VOL1，PP256-261

・平成3年高岡市教育振興会学術研究報告書

＜註・参考文献＞

(1) 文部省『小学校学習指導要領解説—社会科編』PP48-49

・安彦忠彦『教育課程編成論』放送大学教育振興会

・波多野誼余夫，永野重史編著『教授・学習過程論』PP162-166，2002

・栃木県鹿沼市教育委員会『学校をつくる・地域をつくる』2000，草土文化

・養田実・定塚武敏『高岡銅器史』桂書房

■3■

加賀藩の誇り，前田利長

(平米小学校)

■ 第6学年　社会科 ■

1　人物学習の意義

　社会の先行き不透明な昨今，全国学力調査の質問用紙で「将来に夢や目標を
もちますか」[1] の項目に対して，平成19年は全国平均で「もつ」が66.7％で数
値が低いと危惧された。以後，少しずつ伸び平成22年は平均70.3％であった。
本来，高学年の子どもは，社会や人間に対する理想像を高くもっており，英雄
崇拝の時期ともいえる。歴史には，よりよく生きる人間の願いや時代に応じて
努力した人間の姿がにじみ出ている。こうした人間の努力を学ぶとともに歴史
を大切にしようとする態度を育てたい[2]。

　学校から徒歩10数分の所に県定高岡古城公園があり，江戸時代初期加賀藩
主前田利長によって高岡城が築城されるが，一国一城令によって廃城となる。
本実践では，郷土の先人の業績を時代背景の中で取り上げながら，政治の中心
地江戸と地方史をかかわらせることによって，子どもの歴史認識が高まりふる
さと愛が培われるよう教材開発を行った。

2　歴史上での位置付けと子どもの教材との出会い

　高岡は戦災にも遭わず，平成21年に開町400年を迎え[3] 高岡商人（町人）
の伝統・文化が垣間見れる地域である。御車山祭の山車は豊臣秀吉拝領のもの
で，毎年5月に古式ゆかしく土蔵造りの山町筋を曳く行事である。七基のうち
五基が校区にあり，山車に乗ったことのある子もいて伝統文化の大切さを感じ
とっている。特に6年生は，歴史の窓口からのアプローチとして，徳川家康の
幕藩体制の中，外様大名であった初代加賀藩主前田利家や利長，高岡城が一国
一城令をきっかけに廃城になった経緯に関心を示した。郷土の藩主前田利長と
いう貴重な人的資源や地域の伝統文化資源をかかわらせて教材化していく。

196　　Ⅲ部　地域の文化・伝統を招いた人に学ぶ

(1) 子どもの歴史上の「人物への接近性」

　歴史学習がはじまる4月当初，知っている歴史上の人物について記述させた。すると，人物名の知識度は2～3人と低く，関心の高い子どもでも数人程度である。人物の行った仕事を記述することは皆無であった。しかし，前田利長の名前は半数以上が取り上げている。それは，校区に利長ゆかりの古城公園があること，昨年，高岡が開町400年の記念イベントを行ったことに起因する。利長に関する事前知識は以下の通りである。（調査人数22人）

- 利長くん（前田利長の愛称）は開町記念マスコットキャラクターだ。（19人）
- 開町400年のイベント行事で知る。（16人）
- その一環として古城公園の野外ステージで，学校の伝統の獅子舞を披露した。（15人）
- 昨年9月13日，利長高岡城入城の大名行列を見た。（3人）
- 高岡城築城の石垣の石曳き行事を見た。（1人）
- 5年生の校外学習で，利長が若い頃住んでいた富山城天守閣を見学。（11人）
- 古城公園の利長の銅像（11人）特に，利長の被る鯰兜（なまずかぶと）が有名。（10人）利長の兜を色紙で折る体験をした。（4人）
- 古城公園オリエンテーリングを行った。（7人）

　さらに「身近な地域の歴史でどんなことが調べたいですか」という意識調査に対し，古墳1人，高岡大仏の歴史4人，御車山祭7人，古城公園のこと2人，前田家や前田利長6人などである。この結果から，（筆者波線）高岡城が存在した古城公園と藩主前田利長に強い関心をもっていることがうかがえる。そこで，前田利長が生きた戦国から江戸幕府に至る時代に，加賀藩の地方史を教材化して，政治の中心江戸と関連付けて考えるようにさせた。

写真1　古城公園本丸広場の前田利長銅像

3　加賀藩の誇り，前田利長　　197

(2) 学習の流れ「全国統一から幕府の政治の確立」

学習内容	高岡城と前田利長（6時間）
(1) 豊臣秀吉の全国統一	①御車山祭（5月1日）の成立の由縁，戦国時代武将豊臣秀吉から拝領（1時間） ・美術館で「高岡の名宝展」見学（ものづくり・デザイン科1時間） ・体験と新聞づくり（課外）
(2) 徳川家康，江戸に幕府を開く	②関ヶ原の合戦と前田利家，まつ（0.5時間） ③富山城の焼失と前田利長（0.5時間） ④高岡城築城と高山右近 ・町割と町役人（1時間） ・『幻の高岡城をつくろう』（図工2時間）
(3) 徳川家光，大名たちに命じる	⑤加賀藩の参勤交代（1時間） ⑥一国一城令による高岡城廃城と高岡の町（2時間） ・利長の高岡の町の繁栄策 ⑦全校古城公園オリエンテーリング（発展として，総合的な学習の時間へ位置付ける）

　本指導計画では，江戸の政治が加賀藩にとってどんな意味をもたらしたか，地方藩はどう受けとめて藩政を行っていったかを学ばせた。古城公園が江戸時代初期，加賀藩の前田利長により高岡城が築城された場所であること，加賀百万石の外様大名であった前田家は大名行列が最も大規模であったこと，徳川家から姫君を迎えているなど江戸と深くかかわっていたために現在まで続いていることを理解できるようにした。そこで，本単元は授業時間数に軽重をつけて，他教科と合科的な扱いで単元構成を工夫した。

3　前田利長との対話

(1)　利長の生い立ち

　前田家の家系図の資料[4]に織田信長や徳川家康とのかかわりを加えたものをプリントにして学ぶ。このことから，初代が尾張国荒子城の前田利家とまつであること，その長男が二代目前田利長である。父利家とともに織田信長，

豊臣秀吉に仕え，戦功をあげた。利家の死後，家康の疑いを解くため母の法春院（まつ）を人質として江戸へ送り，前田家の安泰を最優先させた。この決断により加賀藩は明治維新まで生き残ったのである。

　キリシタン大名高山右近は織田信長に仕え，その後秀吉のバテレン追放令により追放された。やがて，前田家に客将として迎えられて[5]領内に住み，政治・軍事両面で利家・利長親子を支えた。幕府の禁教令によりマニラへ追放となるが，信仰に生きた右近の名はヨーロッパまで届いたといわれる。子どもたちは，加賀藩のために忠誠を尽くした右近にも感銘を受けたようだ。

(2)　フィールドワークでの学び

①　御車山祭（Ⅲ—1，168ページ参照）

　国指定重要有形・無形民俗文化財に指定されている曳山は，全国で5つである。高岡御車山は，秀吉が後陽成天皇を聚楽第にお迎えした時の鳳凰の飾りを，加賀藩祖利家が譲り受け，それを利長が開町に際し，町人に与えたものである。

　6年生は歴史的意義を学んで祭に臨み，状況を新聞作成した。前夜祭でスタンプラリーに参加する，御車山に乗った気持ち，御車山コースの担当者の動き，保存会の歩み，山車のつくり，高額の費用をかけて修理したり新調したことなどを写真や絵図，資料を切り貼りなど工夫しながら制作した。そこには，郷土の歴史と文化に誇りを感じとっていた。

②　城の遺構の検証

　公園内で高岡城の名残が垣間見れる場所を巡検し，マップに記入していく。

・民部の井戸（三の丸茶屋）　　・本丸井戸　　　　　・水濠や滝
・入城するための土橋　　　　　・本丸広場（天守閣があった）
・高岡城の設計に携わった（縄張者）高山右近像
・古城公園設立に尽力した服部嘉十郎の記念碑（生家は平米校区天野屋）

----

(3)　幻の高岡城を作ろう

①　石垣の切り出しの不思議

　高岡市立博物館の学芸員の方が，高岡城について説明してくださった。土塁や石垣の石の数の多さ，石にある文字の刻みこみは切り出しの際，産地の印を

表しているなどである。さらに，実際に，土橋の下に石垣が積まれているのをスケッチした。よく観察すると，海石や山石，川石など運んで来た場所によって田の印，卍，♀，♂，‡，∞など記号や文字が異なるのである。子どもたちは，実際の石の大きさや運ぶ時の大変さなどを思うと新たな感動があった。

写真2　石垣のスケッチ

② お堀にまつわる伝説「竜女と枡形濠（ますがたぼり）」

利長は，敵に攻められないような堀を作ったが水が出なかった。その時，能登生まれで笑ったことのない娘が堀を見に行きたいと両親に頼んだ。見張りが厳しい中，お金を払いやっと堀端にたどり着いた。雷に打たれて死んだと思うや竜になり堀に水が出た。　　　　　　　　　　　　　　　　　　　　　（Y男）

今も残る内堀や外堀。市立博物館館長さんをはじめボランティアグループは，高岡の伝説を紙芝居に制作した。「竜女と枡形濠」も紙芝居にされ，子どもたちは，枡形濠をバックに，般若（はんにゃ）さんの読み聞かせで城の堀づくりをイメージしながら聞き入った。

③ 紙工作名人のレクチャー（城づくり）

図1　江戸初期の高岡城

高岡城は，石垣や民部の井戸など当時の遺構を垣間見ることができる。しかし，天守閣は本丸広場に位置していたがその姿は想像するしかない。歴史的価値が認められ，高岡城は，「日本100名城」に選ばれている。

この城づくりを紙工作の名人で高岡市立博物館工作講座の講師の飛見（ひみ）先生（眼科医）に指導していただいた。はじめに高岡城の立地条件について教わった。富山を流れる七大河川のうち，小矢部川（おやべがわ）と庄川（しょうかわ）に挟まれた地域である（当時は橋が架かっていない）。北の海

写真3　城づくりを教わる

写真4　幻の高岡城製作

からは侵入できず，関野台地の御城外は，湿地帯で敵が攻めにくい地形であること。また，利長が高山右近と設計した城は周囲を二重濠で囲み，堀の深さがそれぞれ異なるなど，平城を攻めにくく工夫している。「高岡城および周辺図」を史料から印刷したものを提供いただき[6]，厚い台紙に貼りつけ，城が頑丈につくれるようにした。城成立の話をもとに，子どもたちは，天守閣や大手門，鉄砲窓などの基本的な作り方を教わると，高岡城をイメージしたり他の城を参考にしたりして発想を膨らませながら作った。T男は，事前に加賀藩とつながりが深い豊臣秀吉の大阪城を調べた。そして，天守閣をダイナミックにし，石垣を堅固にした。子どもたちは，紙で作ることにも苦労したのに，石や木で敵が攻めこんでも頑丈に倒れない城にするのは大変だったろうという思いを抱いた。実際に作ることによって城のイメージをとらえ，価値ある体験的活動になった。

お城づくりの活動について

- とてもよい学習になった（12人）
- よい学習になった（3人）
- むずかしいけど役に立った（8人）
- あまりできなかった（0人）

制作の感想は次の通りである。

- 城で橋を作るのが楽しかった。（K男）
- 城を作る時，橋や入り口などを工夫した。（U男）
- お城の前に見張りをおいた。（W男）
- 敵が侵入しにくい構造にした。（M男）
- 自分だけの城ができた。想像していたよりもうまくできてびっくりした。（G男）

- 紙で立体的にするのは，難しかった。(K子)
- 私はあまりうまくできなかったけど，飛見先生が作られたのは，本物そっくりで，先生はすごいと思った。(T子)
- みんないろんな形の城を作っていてすごい。想像していた城よりおもしろい形になった。(A子)
- 色合いや形を考えるのが楽しかった。(H子)
- 紙で作るのさえ大変なのに，板や石とかで築いていくのは大変だったろう。(N男)
- 難しい箇所もあったけどちゃんと作れてうれしかった。(H男)
- とても難しかったけど，楽しかったし，学習になってよかった。(R子)
- 楽しかったから，また，きれいな城を作りたい。(G子，S子)

　この体験学習と前後して，G子は公民館行事で祖母といっしょに安土城を見学した。階段をたくさん登ってやっと到着し，山城の大変さを体感した。その観点から平城のよさを制作に生かしている。(飛見先生が崩れないようにする作り方を教えてくださったり，自分でいろいろ工夫をして楽しかったです。B子)

　さらに，子どもたちはそれを築城した利長の気持ちを考えるようになった。

- とってもすごい人だと思う。(S子・H男・K男・T男)
- すごく賢くて，偉いと思う。(H子・U男・G子)
- 地理のことをたくさん知っていないと高岡城は建てることができなかったと思うので尊敬した。(H男)
- 敵から見て攻めにくいお城を築いてすごいと思う。(S男)
- 利長が，攻撃より守りの高岡城を全部作らせたのはすごい。広い土地をもっているのは，自力でそこまでかけあがったからかな。(G子)
- とても行きにくい土地を逆にとって，敵に侵入しにくくするなんてすごい。(N男)
- 今までよく知らなかったけど，すごい規模のことだと，分かってよかった。(Y男)

- ・守りを中心とした城はいい考えだと思う。(K子)
- ・高岡を開いてくれたからすごい。(U子)
- ・高岡の町を繁栄させるのは，大変なことだと思うからすごい。(R子)
- ・前田利長が高岡の町をつくり上げたので，今，私たちが住んでいる高岡があるのだなと思う。(A子)

(4)　中心資料の読み取りから

①　加賀藩大名行列からの読み取り

> その1　加賀藩にとって，参勤交代はどのようなものであっただろう。

　大名行列の道中の様子をとらえるためため，石川県立博物館蔵『加賀藩大名行列図屏風』[7]の写真と『参勤交代道中記―加賀藩史料を読む―』[8]および新聞連載資料を使って展開した。

　2つの資料の学び合いから次のような意見が出された。

【諸侯証人の制・江戸置邸妻子収容の法】

- ・家光は，どうして藩の殿様の妻子などを人質として江戸に住まわせたのだろうか。人質として住まわせられた妻たちは，いやだったろうに。大名行列では，殿様はどうしてそんなにもたくさんの人に囲まれて行っているのかな。そんなにも偉いのかな。(H子)

【参勤の準備】

- ・参勤の準備は，すごく難しかったことがよく分かった。なぜなら，2000人分の宿割りと役割を決めなければならないからだ。それにすごくお金がかかっている。2000人が13泊する旅費だけでなく，大雨や台風の時，増水，崖崩れがあるので，旅館に泊まる日数が増えるので，使うお金も増えるからだ。(Z子)

【江戸へ出発する日】

- ・参勤に行く直前には，家族だけでなく，親戚等まで見送りが来るなんて，それほど大きなイベントだったことが分かる。(Y男)

【参勤交代のルート】(205ページ参照)

- ・参勤交代の通る道が，富山も通っていて，昔の人はずっと頭を下げていなく

3　加賀藩の誇り，前田利長

てはならなくて大変だったんだな。あんなたくさんの距離を歩いて足がしび
れたり動かなくなったりしなかったかなと思った。（A子）

・ルートがとっても長くてビックリした。第1ルートは約480km，第2ルート，
第3ルートは約600kmととても長い。参勤の準備は，現代のように電話や
ファックスがない時代だから，大変だなと思った。（S子・G子）

【徒渡り】

・「徒渡り」は，川を歩いて渡ることができると書いてあったのでびっくりし
た。もし，足が届かないくらい深かったらどうするかな。旅人を竹につかま
らせる川越人足は大変な仕事をしていたのだと思った。（R子・H子）

【行列を迎えた宿場の人々】

・大名のために，水溜まりを埋めたり，道をきれいにして大名のことを本当に
偉いと思っているんだな。大名は退屈しのぎに放鷹を楽しむけど，町の人は
野犬狩りもしなくてはならないから大変だったろうな。（W男，Y男，H男）

【病人の発生】

・昔は，病気になったらどうしていたんだろうと思った。読んでみると，牛糞
が薬として使われたのには，びっくりした。牛糞には，熱冷ましやせき止め
の効果があってすごいと思った。今では，予防注射があるけど昔はなかった
から大変だったんだなと思った。（K子，T子，N男，M男）

【拷問にあった殿様】

・駕籠に乗って12泊13日も背筋を伸ばして狭い所に座っているのは，とても
きつかっただろう。そんなことが，1年ごとにあるから，確かに殿様が拷問
にあっていたような感じだったろうと思った。（K男，T男，G子）

　この参勤交代には，銀320貫（今の価格で4億2700万円）の出費が嵩み，加
賀百万石の殿様といえど窮乏をしのぎ，道中，野草の菜を汁にして食したこと
も記されている。特に，加賀藩はかろうじて利長の策で徳川家に味方した経緯
もある。

　そこで，利家は外様大名であるが，できるだけ徳川関係と親類縁戚関係を築
き，力を保持するよう苦慮した。その史料として，家系図や富山新聞「武士の
家計簿―飯山直之―」[9]「日本の歴史と社会」[10] などを活用した。

②　参勤交代ルート

　参勤交代で金沢から江戸へ向けて２週間，どのような道順を辿っていくか日本地図に書きこみ作業を行う。

> ◎第１ルート＝金沢〜北国街道
> ○第２ルート＝福井〜中山道
> ○第３ルート＝福井〜東海道

・資料をもとに筆者がわかりやすく書き換えたものを利用した。

・第１ルートは，川や親不知海岸のように，潮の満ち引き状態に応じて急いで渡る険しい崖の部分もあったが，加賀藩に好意をもつ諸藩を通るためよく利用されていたようである。

・第３ルートは，途中から譜代大名藩を通るため，かえって危険であり利用度が少なかった。

　これらの３つのルートを地図で確かめ，白地図に宿場を書き写しながら地形をイメージし，江戸までの道のりを今と比較しながら，その困難さを理解することができた。

> その２　第３代藩主前田利常は，家光の「一国一城令」の政策をどのように考え，行動したのだろう。

　1614年，利長は高岡城内で53歳で亡くなった。開町後わずか５年である。翌年，幕府の一国一城令により高岡城は廃城となった。利常の気持ちや政策を吹き出しに書いた後，話し合った。

> ・せっかくよい城を作ったのに，城が壊されて悔しい，残念。（10名）
> ・城が残れば領土を広げることをできたかもしれないのに。（２名）
> ・何で壊さなきゃならないのだ。ずっとこの城を残しておきたいものだ。（４名）
> ・徳川に従わなくてはならないから，せっかく作った高岡城を壊され残念だ。（３名）
> ・高岡は，どこから攻めてきても守りが強いとてもよい土地だったのに，なくすとは惜しいことをした。（３名）

　子どもたちは，これまでの学びを生かして，吹き出しに書きこむ作業をしな

がら，利常が高岡を開いた利長の気持ちになって苦悩し，高岡の町の将来を案じていたことを理解した。そして，利長の意思を継ぎ，高岡の鋳物や漆器など商工業を守り，繁栄させる政策を実施していったのである。

4 地域の歴史学習の魅力

(1) 子どもたちの人物・歴史観の成長

江戸時代初期，徳川幕府が幕藩体制の確立へ向けて，様々な政策を実施していく事象を学んでいくが，その中に身近な加賀藩の前田利長公の開町の様子を学ばせることによって，抽象的な歴史学習を身近に引き寄せてとらえることができる。例えば，参勤交代や一国一城令が加賀藩，高岡にとっては，非常に困難な政策であり，高岡城内で利長が苦悩している様相を思い浮かべることができる。

利長の「高岡を廃れさせてはならない」という願いが，高岡銅器や漆器産業を保存させ，今も脈々と続いていることをとらえている。江戸時代に各地方の地場産業が発展していくのにつながる一つの見本でもある。

・石川の加賀藩を強くした。

・短い期間（半年）に高岡城をつくった（風の強い富山を嫌って，高岡関野の荒れ地に築いた）のは賢いな。

・北陸道をかえた（自分たちの町を通り，今も御車山祭が行われている）。
・河内国丹南から鋳物職人を金屋町に呼び寄せ，高岡鋳物を保存させた。

・利長はすごい権力の持ち主なんだな。築城から5年で亡くなったのは残念だ。

・高岡は開町400年を迎えた。そんな歴史ある高岡は，古城公園や高岡銅器・漆器があるすばらしい町だと思った。

・下関小学校にいた時に，利長の墓所や八丁道，菩提寺の国宝瑞龍寺について調べたのでこれらのことがつながり，よく分かった。

・これから先，私たちが大人になっても，伝統が続いてほしいと思う。

地域の歴史上で顕著な人物加賀藩主前田利長を教材開発し，全国的な政治の動きなどの歴史とかかわらせながら取り扱うことにより，子どもの追究意欲が高まり，当時の歴史的な動きも一層明確にとらえられる。また，地域の歴史や

当時の人々の営みに感銘し，地域愛を育むことにつながる。

① 城の遺構である石垣，土橋といった具体物は貴重な歴史遺産である。これらの見学や城の制作，参勤交代のルート図作成などの作業的活動を体験することで，イメージ豊かにとらえられる。また，思考の筋道を具体化でき，表現する力も身についていく。

② 参勤交代屏風図や徳川家との関連図などの明示により，自分の地域は政治の中心である江戸と深くつながっていることを認識し，地域愛が深まる。

③ 大名行列道中記や一国一城令による武士の気持ちなどに迫る学習過程を組み入れることによって，子どもたちは当時の人々のくらしや心情に同化し，社会的なものの見方や考え方が養われる。

地域には，①②③のような歴史的資料や関連図などが博物館や図書館に保管されており，貴重な歴史的遺産である。また，地域の有識者の方の語りや講座指導者も貴重な人的資源である。

(2) 加賀藩の魅力と遺徳を学ぶ子どもたち

本実践では，高岡開町400年という節目に合わせて，郷土の名将，名大名前田利長を教材化した。過去にＮＨＫ大河ドラマで放映された「利家とまつ」に見られるように，外様大名でありながら，加賀百万石の富を有し，姫君を江戸の将軍家に嫁がせるなどして外戚関係を保った。東京本郷（東京大学敷地内）には，加賀藩江戸屋敷があり（他にも邸宅をもった），赤門は第11代将軍徳川家斉の女・溶姫が第13代藩主前田斉泰に入輿した際に建造されたものである。加賀藩は，利家・利長親子の努力によって，現在も子孫が続いているということは，喜ばしいことである。

本学習を開始するにあたり教材化に向けて，2010年（平成22年）9月，石川県立歴史博物館で開催された『徳川将軍家と加賀藩—姫君たちの輝き—』の秋季特別展を見学した。同時に，前田家第18代宗主前田利祐氏と徳川家第18代宗主徳川恒孝氏の対談会も拝聴することができた。対談は和気藹々と行われ，両家が今も脈々と続いていることに温かいものを感じた。また，加賀藩の算盤侍や調理侍の様子が映画化されたが，その映画の内容を見ても，当時の藩をあらゆる職業の侍たちが支えていたことをより理解した。

高岡では2013年に，前田利長死去400年のため顕彰儀式が行われ，御印祭も

3 加賀藩の誇り，前田利長　　207

盛大に行われた。膨大な年月がたっても，大人は遺徳を偲び，子どもたちが「利長くん」のキャラクター人形に愛着をもち誇りに思うことはすばらしいことである。いつまでも，この愛着と誇りを失わないよう，みんなで子どもたちに学びを伝えていきたいと思う。

＜付記＞

○本稿は，筆者下記論文をもとに，執筆したものである。

・拙稿「一人一人の子どもが歴史上の人物の姿を生き生きととらえる指導法―加賀藩主前田利長・利常を通して―」『教材学研究』日本教材学会，第22巻，2011，PP95-102

＜註・参考文献＞

(1) 文部科学省2010『全国学力調査報告書』

(2) 文部科学省（2008）『小学校学習指導要領』及び『小学校学習指導要領解説―社会編―』

(3) 高岡開町400年記念事業報告書『みんながつくった開町400年』

(4) 『高岡物語』前田家家系図より，高岡市立博物館「特別展―前田利長展より一部加筆」

(5) 同上

(6) 平成16年高岡市博物館「企画展」より

(7) 『加賀藩大名行列図屏風』は石川県立博物館蔵の複写した縮小図を利用する。

(8) 島倉規『研究紀要』「参勤交代道中記―加賀藩史料を読む―」富山高専商船高等学校原文は，忠田俊男前田殿様旅話（平凡社出版）による。

(9) 富山新聞社2010，8～10「武士の家計簿―猪山家の人々―」第1面連載

(10) 放送大学教育振興会（2010）『日本の歴史と社会』「城下町の構造」

※石川県立博物館2010『徳川将軍家と加賀藩―姫君たちの輝き―』

4

大伴家持，源義仲，義経のルーツを探る

(平米小学校)

第6学年　社会科

1　ふるさとの歴史上の人物の教材化

(1)　子どもの歴史上の人物の意識観

歴史学習開始時に，子どもたちの人物知識度の実態調査を行った。

H. 24. 4. 10　調査31名

5人以下（6人）5〜10人（8人）11人〜15人（9人）16〜20人（9人）

　　子どもたちがよく知っている人物は，戦国時代の武将やNHKドラマで放映された平清盛や坂本龍馬などの名前が多い。次に，医学で尽くした野口英世である。また，高岡城主で加賀藩藩主の前田利家・利長親子，高峰譲吉を記述しているのが18人いることは本校区の特徴ゆえである。

　本調査では，名前記述のみの子どもが大半で，何時代のどんな仕事をした人物か記述できる子は1人のみであった。また，本稿で取り上げる大伴家持は名前は知っているものの取り上げる子どもは3人，源義経は5人のみである。しかし，歴史文化のよさやふるさと愛を育てる上でも大切な人物であり，教材化を図る必要性を感じる。

　そこで，越中の歴史や伝統・文化とかかわりの強い大伴家持や源（木曽）義仲，源義経を取り上げ，政治の中心地の歴史とどのようにかかわらせていくかで，子どもの歴史認識が高まるのか教材開発，実践を行った。そして，歴史学習において，地域の歴史・伝統文化をも学びふるさと愛が培われることを願った。

(2)　歴史での位置付けと教材との出会い

①　大伴家持

　家持は，奈良時代に『万葉集』を編纂した中心人物である。当時，高岡は越中（現在の富山県と能登半島に該当）の国庁地で，家持は国守として赴任し，

5年間に223首の和歌をつくった。

　高岡はその偉業を後世に継承するため，平成2年の市制施行100年の時，「万葉歴史館」を建設するとともに，「万葉朗唱の会（万葉集全巻4516首を3日間夜通し詠いつなぐ）」を実施し，二十数年間続いている。また，「越中万葉かるた大会」は，小・中学生が参加してカルタの枚数を取り競い三十数年間続いている。

　こうしたことから子どもたちは，家持が越中で和歌をつくったことに誇りをもっている。しかし，国司や政治家としての使命は知らず，越中を舞台とする家持を大切な人物と考え，政治の中心地の歴史と関連付ける必要性がある。

② 越中とかかわりの深い源義仲や源義経

　教科書では，源氏が平氏を西国へと追う過程を記述している。さらに，源頼朝（みなもとの よりとも）が征夷大将軍に任命され，武士が世の中の政治を動かす時代を切り開いていく。富山に関しては，倶利伽羅峠（くりからとうげ）の地名が地図に位置付けられているのみで，源義仲は越中を舞台とする重要な人物と考えたい。

　源義経は，源平の戦いで活躍したが，兄の頼朝と対立し，東北に追われ平泉で亡くなると教科書に記述されている。この間，越中には，義経と弁慶（べんけい）が身を隠しつつ逃れたと伝えられている。その様子を教材化することは，奥州逃れの二人の心情にも迫ることになる。

(3) 社会科を主とした指導計画

①聖武天皇と大仏造営（現行1時間） ○大伴家持と万葉集（＋2時間増） ・歴史館研究員の話【出前講座】（1時間） ・万葉歴史館見学（6年全員1時間） ○万葉かるたクラブ活動（特別活動） ・校内万葉かるた大会，市万葉かるた大会 ・万葉探訪（課外＝休日） ・万葉朗唱の会（課外で高岡市の行事）	②源氏の平家追討の道しるべ 　　　　　　（現行1時間） ○源義仲の学習（＋2時間増） ・「14歳の挑戦」の中学生と読み聞かせ ③源義経の生い立ちと平家追討の道しるべ（現行1時間） ・如意の渡や雨晴の岩（実地見学） ・安宅（あたか）の関（せき）＜読み聞かせ＞（＋1時間増）

本指導計画実施に当たっては，単元の終末で補充・発展学習に充てる時間数を本実践の時間に生かし，過不足がないようにした。

2　国守大伴家持と歌人としての家持

(1)　万葉集の関連による歌への感性

　市立万葉歴史館の研究員に講師を依頼し，家持の越中時代や和歌の意味を解説してもらった。歴史館職員たちは，家持や関連する人物をキャラクター化し親しみをもつよう工夫しているという（例えば，やかもち君と呼ぶ）。

　二つ目は，大仏建立や中国への派遣などの歴史的背景について学んだ。家持は国司として巡業の時，奈良の都では見られない3000ｍ級の山々（奈良の山は900〜1000ｍ位である）の連なりなどを見てたくさんの歌をつくる。都に住む人にとって，海は滅多に見ることのできないものであり，「馬並めて　いざうち行かな　渋渓の　清き磯見に　寄する波見に」の家持の歌が，気持ちを表しているなどを学んだ。

　次の子どもの感想は，家持の歌への感性をとらえている。

- 出前講座を聞いて，前より万葉集が好きになった。家持は，越の国に５年間いる間に巡業して詠んだ歌が万葉集に載っている。家持の生い立ちを年表通りに覚えてみようと思う。（Ｅ男）
- 家持は，弟が亡くなって悲しむ歌や病気で悲しい歌など寂しいことも歌にしていて立派だ。私なら，歌をやめてしまうのに。私が，一番好きな歌は，「春の苑　紅にほふ　桃の花　下照る道に　出で立つをとめ」だ。（Ｓ子）
- 家持は，弟の書持が亡くなった時の思いや気持ちを歌にしていて感心だ。私が好きな歌は，病気の家持と大伴池主との友情を詠ったもので，とても友との絆が深いと思う。（Ｎ子）

　このようにはじめは，家持の詠った和歌のすばらしさや和歌を通した家持の魅力をとらえていった。５月，歌の中に出てきたかたかごの花の実物を教材として提示し，家持の心情に迫るように工夫した。

4　大伴家持，源義仲，義経のルーツを探る　　211

(2) フィールドワークを通して
① 家持ゆかりの地域
　　・国庁跡（現勝興寺）　・国守館（伏木測候所）　・万葉歴史館

　　写真1　国庁跡　　　　写真2　国守館跡　　　　写真3　万葉歴史館

　万葉かるたクラブでは，家持が政を行っていた国庁跡や国守館跡，海の歌を詠った雨晴海岸などをフィールドワークした。「もののふの　八十娘子らが汲みまがふ　寺井の上の　かたかごの花」の名高い歌碑が，勝興寺と境内裏に設置してあるのを探し，市の花に指定され好まれ謳歌されていることを理解した。

② 万葉歴史館の展示見学や体験
　万葉歴史館は，全国の万葉研究者に貴重な場であるが，子どもにとっても万葉時代の歴史・文化を知る格好の資料館で，6年生全員やクラブ活動員で見学して関心を高めた。

写真4　歴史館で藤原京の講義

　　・家持の半生を人形劇で上演する「家持劇場」
　　・家持の和歌を四季別の美しい風景と対に映像装置で鑑賞できるメディアボックス

③ 資料（史料）を通しての理解
　図書館司書の協力で，家持に関する書籍を市内図書館より借りて教室に常置して読むようすすめた。特に，人物の業績や生き方の大切な部分は資料にして配付して学び合った。以降，義仲や義経についても同様である。他の人物についても必要に応じて随時，実施した。

(3) 子どもの学びの変容
　N男は，母親といっしょに市内地図を参考に家持の歌碑を設置してある場所をまわった。歌碑の場所と写真，和歌の意味などマップに位置付けて工夫し，

家持が膨大な場所を巡業して詠ったのに感心していたが，国守としての任務や都の権力争いなどを追究していった

　K子は，幼稚園在園時に万葉かるたを学び，「もののふの　八十娘子らが　汲みまがふ　寺井の上の　かたかごの花」の歌を詠い，関心をもっていた。クラブ活動では万葉かるたクラブに所属し，万葉探訪巡りに毎年，楽しみにして参加した。万葉かるたは100首全部覚えきり，大会のオープン戦では75枚取り認定証をもらった。いろいろなイベントに熱心に参加する中で家持の生き方を探っていった。

　D男は，家持の本を読み，当時の権力争いの中で，大伴家が藤原仲麻呂に政治力を握られ，地方役人として転々と異動しなければならない大変な目に遭いつらい様子を知った。最後は歌を詠わなくなり，そのことを考えると，越中高岡在任時は，家持の全盛時代であったのだと理解した。

写真5　越中万葉かるた大会　　図1　かるた札　　写真6　万葉朗唱の会

家持への子どもたち全体の意識の変容は次の通りである。

表1　家持についての学びの変容

学びを通して，家持に関する記述内容の変容の分析	人数（人）	頻度数％
歴史館及び館内の展示について	16	51.6
・歴史館の庭は万葉の四季に溢れている。 ・ミュージアムの家持の歌がすてきだ。その他の展示もよい。 ・越中は万葉のゆかりの地だ。	6 8 2	19.4 25.8 6.5
歌人としての家持	24	77.4

・越中で223首もの多くの和歌を詠んだ。	11	35.5
・自然を題材にした和歌を詠んだ。	8	25.8
・万葉集にたくさん歌を残しすごい。	5	16.1
国守の任務	31	100
・越中に期待をもって京から来た。	6	19.4
・天皇の命で越中へ来た。	3	9.7
・大仏造営のため銅や像の調達を頑張ろう。	2	6.5
・国守の仕事を全うしようとした。	9	29
・藤原仲麻呂の策略に遭い残念だ。	6	19.4
・家族と離れ寂しいだろう。	5	16.1
家持の人物観	10	32.3
・歌や国司としての仕事などすごい人だ。	10	32.3
・偉い人だ。誇りだ。	4	12.9
・他（越中を愛した。思いやりがある。気持ちをすなおに表出した。優しい。）	6	19.4

　家持ゆかりの名所・旧跡の見学を通して，歌人としての価値をとらえ，自分たちの地域が日本の万葉のゆかりの地としても重要であることを再認識した。さらに奈良から離れた越中へ聖武天皇の命を受けて国守として来た事実を知った。また，自作読み聞かせ資料の学びを通して，遙か遠い道のりを思いやる子ども，聖武天皇亡き後の大伴家の衰退，藤原仲麻呂の策略や遠い地への派遣に同情する子どもなどが表れた。このように，見学と適切な資料や読み物教材を位置付けることにより，子どもの歴史的事象が深くなり，政治の中心地奈良との強いつながりをとらえていった。

3　源（木曽）義仲

(1)　「14才の挑戦」の中学生による読み聞かせ

　子どもたちは，大河ドラマでも放送された源平合戦を，「越中とは無関係だ」という先入観をもっていた。そこで，北陸の合戦では，義仲を核にして，

平氏や越中の武士たちとのかかわりで時代の動きをとらえさせた。

　今回は，「14才の挑戦」で来校中の中学２年生２人も加わって源義仲の読み聞かせ資料を作成した。倶利伽羅峠の合戦の「火牛の計」は臨場感が表出するように読み，子どもたちに歴史のおもしろさや意外性をとらえさせた。読み聞かせについての反応は，次の通り好評だった。

とてもよい29人，よい２人，よくない０人

　子どもの発言を通して，思考が変容していくのをとらえたい。

思考の流れ１
・義仲に味方したことは，自分たちの考え方と矛盾し，疑問を生み出す。

中心課題　なぜ越中の武士たちは，数の少ない義仲に味方したのだろう。

C₁　義仲は，倶利伽羅峠へ来る前に，木曽や越後で平氏の大軍を破っている。
　　だから，今度も勝つだろうと考えたから。
C₂　関東が頼朝に治められていることを知っていたから。
C₃　東国は源氏とのつながりが強かった。
C₄　平氏を調べてみると，京都から越中に来るのに３週間もかかっている。
　　だから，疲れることを予想していたのではないだろうか？
C₅　平家が横田河原，富士川の戦いで負け，平清盛も亡くなってしまっていたから。
C₆　平氏の政治をみると，「平氏でない者は人でない」といっている。あまりにも自分中心で，越中の武士たちも不満をもっていたと思う。

思考の流れ２
・義仲の願いと越中の武士たちとの願いを関連付けて考えた。
・武士の願いとは何か改めて問い直す。
・平氏の願いと対比して考えてみる。
・義仲の考えを見直したりしようとする。

思考の流れ３
・義仲のその後に興味をもち，源平合戦の行方を調べる。
　源平合戦での様子を臨場感をもって理解するには，倶利伽羅峠の源氏の配置

4　大伴家持，源義仲，義経のルーツを探る　　215

図や攻撃の仕方を頭だけで思い描くのでなく，絵図でイメージできるようにすることが大切と考え，当時の様子を資料にして話し合った。

「義仲物語」で心に残ることや子どもたちの義仲に対する考えは次の表2の通りである。

表2　見学や学習を通した子どもの変容

子どもの学びを通した記述にみる分析の観点　〜〜〜心情表出	人数（人）	子どもの学びを通した記述にみる分析の観点　〜〜〜心情表出	人数（人）
○戦いに関連した事項	24	○生い立ち	8
・命がけで戦うすごい人だと思う。	10	・生まれた時に，敵に火の中から救われ，味方の住む地方へ放されたことは運がよかった，心に残った	2
・最後まで戦う姿が心に残った。	3		
・倶利伽羅峠の作戦はすごい。	3		
・中国の古書の話から「火牛の計」という作戦を考え，味方の人数が少なくても戦いに勝ち，頭がよい。	3	・親不知子不知の海岸を渡るのがかわいそうだった。険しい海を越えて義仲は越中へ入りすごい。	4
・京に上った時，乱暴をはたらいたり部下がひどい行いをしたりで信頼を失い残念だ。	2	・巴御前を大切にしてすてきだ。	2
		○生き方	5
・源平合戦で活躍したのに，義仲も義経も頼朝から追討の命が出て，血がつながっていても明日の命も分からない大変な時代だったのだ。	3	・助けた人とでも戦わないといけないということが心に残った。勇ましい人だ。	2
		・仲間のことをしっかり思っている	1
○今後の興味・関心	10	・義仲の最後がかわいそう。	2
・源平合戦についてもっと知りたい。	6		
・生い立ちや人間関係を知りたい。	4		

(2) 新聞づくりにみる表現

　北日本新聞社の出前講座では，編集長に新聞業務に携わっての生き甲斐や新聞作成の工夫について教わった。読者を引きつける見出しの言葉，一番載せたい記事の位置，写真や活字の色・大きさ・デザインなど大切なことを解説してもらい，実際にミニ新聞づくりを指導してもらった。

　E男やN子は，義仲の合戦に関心をもち，実際に倶利伽羅峠の現地へ出かけている。頂上の公園になっている広場には，火牛の計の作戦を立てた牛の角に松明をつけた銅像が設置されている。E男は，まわりの風景や銅像などを写したり取材をしたりして分かったことを『火牛新聞』で丁寧に作り上げた。

　N子は，『倶利伽羅源平新聞』とし，火牛の像や火牛の奇襲作戦の攻撃の仕方を地図や4コマ漫画で表現したりするなど創意工夫している。小矢部市が義仲と巴御前のロケ地運動をしている情報も入れて楽しく制作した。

　K子は，『源平新聞』とし，源氏と平家の戦いを地図に位置付け，その戦いの解説や屏風図を載せ，効果的に表現した。小矢部市の博物館に展示される火牛の像の前でとった写真を載せ，「最後に平氏を滅ぼしたところがすごく印象に残った」と述べている。このように新聞作成で義仲やかかわる人物の行動に着目し，義仲の言動や背景もより詳しくとらえて表現していった。

　このように，子どもたちに，見学や資料で自分なりに分かったこと・考えた

図2　義仲をテーマにN子の作成した新聞

4　大伴家持，源義仲，義経のルーツを探る

ことを表現させることにより,歴史事象をより明確にとらえるようになる。そして,地方の政治が中央の政治と深く結びついていることを理解していった。

そして,倶利伽羅合戦を源平合戦に位置付け,命がけで作戦を考えた義仲の生き方に傾倒しつつも,義兄弟どうしの争いの中で,武家政治へ一歩進んでいく様子をとらえていくことができた。

4　源義経の辿った足跡を追体験

源平合戦の様子を義仲と並行して義経についても学習した。

(1)　如意の渡や義経岩の見学

伝説では,義経が奥州の藤原氏を頼って北陸道を逃走中,弁慶は義経が雨に濡れないよう岩を持ち上げたことから雨晴という地名が生まれたという。戦功を立てながらも追われる身となった義経,そして命がけで守る弁慶,二人の思いを感じ取らせながら見学した。

(2)「安宅の関」の読み聞かせ

さらに,奥州への逃走の経緯や人間関係を学ぶ意義を感じ,紙芝居で『安宅の関』を「学びのアシスト」事業の学生と読み聞かせをした。安宅の関の話は,『義経記』に書かれ,それをもとに「勧進帳」の話ができたものである。

写真7　義経岩

子どもたちは,実際の「如意の渡」や雨晴海岸の「義経岩」と「安宅の関」の話を重ね合わせ,義経と弁慶の主従関係の強さに思いを巡らせた。

また,追討命令で,北陸道から奥州へ逃れる道筋に合わせて地図帳で確めながら,その地名が今も残ることに驚き確かさを認識した。

こうして義経という人物の存在も知らなかった子どもたちが,見学や読み聞かせ,源平合戦の様子,奥州への逃れの地図学習などの教材化を通して学びを確かにして

図3　奥州への逃れの道のり図

いった。子どもたちの学びによる義経や弁慶の意識の変容は，次の通りである。

表3　見学や学習を通した子どもの変容

子どもの学びを通した記述にみる分析の観点	人数（人）	子どもの学びを通した記述にみる分析の観点	人数（人）
○主従関係に着目	22	雨晴海岸義経岩で	18
・2人はすさまじい人生を生きてすごい。	2	・雨に濡れないように，岩を持ち上げているとは，力があってすごい。	14
・主人思いのすばらしい人だ。	3	・あんな狭い所で雨宿りしたのだ。	2
・義経を何としても助けたいという気持ちがよく分かる。	6	・観光スポットの雨晴にこんなすごい伝説があってびっくりした。	1
・主人を叩くとは，弁慶はとっさに知恵がはたらき賢い。	3	・義経はよい人だし弁慶も主人思いなのにかわいそうだ。	1
・弁慶は忠実で義経と絆が強いな。	1		
・関所を通る時，家来が主を殴ることはあり得ないが，演技をするのは，追い詰められていたのだ。	1	歴史・伝統の地高岡に関連して	11
・義経を大事にしていたのだな。	1	・義経と弁慶の銅像は立派で大きい。	2
・勇気がいることだ。	1	・本格的につくられた銅像で，険しい表情で叩く様子が表れている。	2
・弁慶は，義経を思い優しい。	1		
・義経を叩いて疑われないようにしたから奥州へ逃げられたのだ。	1	・義経岩が今も残っていてすごいことだ。	5
・後から男泣きをしたことが印象的だ。	1	・今も話継がれるほどすごい話だ。	1
・義経を守るという気持ちが強い。	1	・伝説の地が高岡に残されていてすばらしいことだ。	1

(3)　学びの変容

　表3に見られるように，地域の如意の渡や雨晴海岸義経岩を通して，義経と弁慶の主従関係や絆の強さを学ぶことができた。地域の歴史・文化の遺産が残る場所が存在することにも価値を見出すようになった。

　また，源平合戦の歴史的流れの中で，義兄弟の頼朝ともかかわらせながら，義仲と義経の各合戦での戦いぶりを学ばせた。それは，源平の戦いと義仲や義

経の活動がつながっているこに気付き，①本の読み聞かせ　②奥州への地図上の学びで，点と点の知識が一連の歴史として認識し武家政治の礎をとらえることができた。

(4)　歴史人物への見方の変容

①　人物名について

　歴史学習の終了後，学習開始前と同様に，歴史上の人物の知識度を記述調査した。

　子どもたちは学習で印象に残った人物を中心に記述している。学習前は，あまり記述できなかったが，学習後は，各時代に活躍した人物の名前を漢字で書き，行ったことや業績もきちんと記述している。

　また，波線の本実践で学んだ地域の人物，家持・義仲・義経をほとんどの児童があげている。三人の偉功を愛でる地域の年中行事が実施されているが，学びでより定着され，相乗的に子どもたちの脳裏にもしっかりと位置付けていくことが期待される。

②　学習の取組みにみる変容

　歴史学習における人物の関心度は，はじめは，とてもよい1名，よい9名，ふつう11名である。学習後は，とてもよい12名，よい17名，ふつう2名となった。つまり，関心度が高くなり，人物名をあげるだけでなく，分かったことや調査したことを新聞にまとめたり，学習に生かしたりして楽しむ姿が見られるようになったのである。

5　地域の歴史的人物の教材化の魅力

　地域の歴史上重要な人物を教材開発し，政治の中心地の歴史と関連させながら学ばせることで，子どもの追究意欲が高まり，当時の歴史の流れが一層明確にとらえられる。また，地域の歴史や当時の人々の営みに感銘し，自分たちの地域にこのような歴史や伝説の地が今も残っていることに誇りをもち，ふるさと愛を育むことにつながる。

　その手立てとして次の方策が考えられる。

①　地方史の人物の現地へ足を運び，フィールドワークなど五感を通した見学で，具体化して考えることができ，思考力が増す。

② 人物に関する史料を展示する博物館や歴史館を利用することは意欲を高める。当時の歴史的背景の理解がより深くなる。

③ 当時の歴史を解説した物語や小説などの資料を通して，子どもは歴史上の人物の背景や人間関係などをとらえやすくなり，認識を深めることができる。

史料をわかりやすくして提示することが大切である。例えば，読み聞かせなどで難しい人物名や人間関係なども絵で対比させるのも親近感が湧き理解しやすくなる。

＜付記＞

○本稿は，下記論文をもとに構成まとめたものである。

・拙稿「小学校社会科における歴史的人物の教材化―とくに地方史にかかわる人物の教材開発と実践―」『教材学研究』第25巻，日本教材学会，2014，P121-130所収

＜参考文献＞

『小学校学習指導要領』および『小学校学習指導要領―社会編―』P77

『小学校新指導要領ポイントと授業づくり―社会―』東洋館出版社，2008，P142-145

『高岡と万葉』高岡市教育委員会，2000，P35-PP53

『ふるさとの万葉越中』高岡市万葉歴史館『高岡』高岡市教育委員会，P4-5，2002，

・源平絵物語第9巻『安宅の関』今西祐行，偕成社

・源平絵物語第7巻『木曽義仲』今西祐行，偕成社

・『小学社会6』教育出版，2012

・北俊夫・片上宗二『小学校新学習指導要領の展開』明治図書，2008，P13-15，P121-PP122

・佐島群巳『人間を中心にした小学校社会科の単元構成と展開―6年』教育同人社

・太田公『雑学日本史こぼれ話』読売新聞社，1988

・高岡市万葉歴史館「越中万葉の紹介」2012

・『越中万葉歌碑めぐり』市万葉歴史館，桂書房，1994

5

学校ぐるみで町の歴史文化遺産に学ぶ

（平米小学校）
<small>（ひらまいしょうがっこう）</small>

全学年　全教科，領域

1　地域の魅力を生かす学習の充実

　本校では，特色ある独自の活動として，伝統の「おおとりの舞」「獅子舞」，地域人材を生かしたクラブ活動，交通少年団活動などを20年以上継続し，担当学年が特別活動や総合的な学習の時間などに位置付け定着の域である。また校区は，歴史や文化的環境面で価値を有する教育資源が豊かな町である。御車 山祭や土蔵造りの町並み，高岡古 城 公園など地域の特色を生かして各学年で実践しているが，学校全体に系統立てて継続するまでには至らない。地域の資源を生かして教材化し，実践を通して子どもにふるさと愛や誇りを育成することは大切である[1]。そこで，地域の教育資源をいかに教材化し実践していくか，担任教師に広めていくか，また担任交替後も次担任が継続して実践し，組織全体に定着していくようなふるさと学習をつくりあげていくことを共通理解した。

【ふるさと学習のねらい】

　地域の歴史文化や自然，外部人材，博物館など多様な教育資源を生かした教材開発を行い，体験的なふるさと学習を展開することにより，子どもはふるさとに愛着や誇りをもつようになる。

【手立て】

①　多様な外部人材や施設を活用したり，教科・領域の関連を図ったりして，ふるさとを多面的にとらえるようにする。

②　教師の力量・専門性の向上を図る研修を進め，確かな指導力を磨くようにする。

③　子どもの個人及び相互評価，教師や保護者の学校評価，アンケートや感想

222　Ⅲ部　地域の文化・伝統を招いた人に学ぶ

などをもとに数値化し，成果や変容を把握したり，改善策を講じたりして実践を深めていくようにする。

2 ふるさと学習の具体的な実践

自校では，月に数回校内研修で全体会や部会研修を行う。それは，互見授業を通した主題研修，Q-U[(2)]などの実践研修，校区巡検といった教養研修など3つの形態の研修を年間計画に位置付けた。出張研修で学んだことは，終礼前の時間を利用して，随時，ミニ報告研修をするなど共有を図り，研修の活性化と効率化に心がけた。

(1) 初年度：地域へ出て教材のたねを拾う

主題研修会で，地域の特色を生かしたふるさと学習を教材開発，実践していくことを共通理解した。そして，教師自身が積極的に地域に親しみ，教材づくりをすることを第一とした。

① 教養研修としての地域巡検

○ 関野神社，菅野家住宅など土蔵造りの町並み，御車山にまつわる山町コースを探訪し，文化財課やボランティアガイドの解説を聞き，理解を深めた。

参加教員（8人）に実施後，アンケートしたところほぼ満足な数値であった。
とてもよかった50％　よかった37.5％　普通12.5％　よくなかった0％

感想は次の通り、波線は着眼のよさである。

関野神社：宮司さんに神社の由来や御車山祭とのつながりを教わる。

・初めて訪問したので，新鮮であった。雅楽について関心がもてた。紙芝居の存在が分かり授業に活用できると思った」

・神社の方の関野神社や御車山祭に対する思いが伝わってきた。子どもにその思いが伝わればよいと思う。

重要文化財菅野家住宅—高岡商人の町家

・土蔵造りの家に初めて入ったので，その広さや造りの工夫に感動した。

・日ごろは見ることのできないご仏壇を拝見し，その財力の大きさと建造物としての価値を実感できた。

土蔵造りの町資料館（高岡市指定文化財，室崎家住宅）

土蔵造りの町並み一般

- 古いものを残そうとする努力を垣間見た気がする。
- 今まで展示物や古い家などをたくさん見てきたが，見落としたり全く気付かなかったりしたものがあることが分かった。
- 近くにありながら実際に訪れた子どもは少ないと思う。見学の場をもちたい。

　身近な文化財を巡検する機会を設定して，まず教師自身が学び感動することがスタートである。この巡検の成果を生かし，各学年がどのような教材化や学び合いができるか話し合いをもった。そして，各担任が実践していく手立てとして，歴史や文化に留まらず様々なイベントにかける人たちの願いやそこに生活する町民の心意気にふれるようにしようと提案した。

> - 1年生での教材化は少し難しい。
> - 4年生：総合（郷土のよさを学ぶ）
> - 5年生：社会，図工，音楽－アジアの音楽（雅楽），道徳，総合

② 古城公園フィールドワーク

　高岡古城公園は，加賀藩高岡城の城趾という歴史をもち，広大な水壕，豊かな自然，動物園や博物館，神社などの施設が充実し，市民の憩いの場である[3]。公園学習では，教師が園内の自然や文化を見通していることが大切なため，ナチュラリストを講師に依頼して巡検することにした。

写真1　公園の樹木で学ぶ

夏季研修の一環に位置付け，学び合った。参加教師9人の満足度は町家巡検同様，高かった。教師の感想記述は下記の通りである。

・とてもよかった44.4%　・よかった55.6%　・普通，よくなかった0%

> - 自然を生かした公園は，里山に負けないほど自然が豊かなことに気付いた。
> - 古城公園にはたくさんの樹木があり，生き物も多いことを再認識した。
> - ナチュラリストの説明がよかった。機会をつくって子どもたちにもいっしょに活動させたい。
> - 植物中心の説明だったが，改めて知らないことがたくさんあることが分かった。

> 四季折々にあしげく通う価値ある場所だ。
> ・古城公園の素晴らしさを再発見した。解説も分かりやすくためになった。

　公園フィールドワークで，子どもたちにどのように教材化，学び合いができるか話し合った。それをもとに，社会科や生活科，総合的な学習の時間の内容と関連付けながら公園の自然や文化を学ばせるようにした。

・1年生生活科：秋となかよし「秋からのプレゼント，お店屋をひらこう」
・2年生生活科：自然とかかわる領域，生き物とかかわる領域
・3年生理科：「生き物の観察，飼育」→図工科へ，社会「公園の公共施設」
・4年生総合的な学習の時間：郷土の歴史，自然を学ぶ　※筆者指導
・5年生道徳（公共心や自然愛護），図工
・6年生社会科：季節感や生命の息吹を感じる学習，歴史的な事実にふれる学習（城の石垣等）※筆者指導
---

③　公園を生かした授業実践

　1年生生活科「あきのおみせ」：公園で拾ってきたどんぐりなどの自然素材を使って，園児が楽しめそうなものを制作した。近くの市立中央保育園の園児との交流学習では，マラカスでポニョを歌ったり，どんぐり剣玉を教えなかなか入らない時は，「おまけにあげるよ」という思いやりの言葉をかけたりなどした。幼い相手意識も効果的にはたらいて，自分たちがやりたいことを真剣に考え，「楽しい」という感動を体験できるのも，生活科のよさである。普段から身近な環境や公園などを教育資源として取り組んできた歩みが，交流でさらに質の高い気付きを生み出した。「幼保育ちのかけ橋事業[4]」としての交流学習は，伝え合い共有感を味わうのによい活動であった。

④　教師の教育活動評価

　前期の教師評価では，「見学調査，実験観察など体験的な学習活動をこまめに行っている」という設問に対して，62％が実施していると答えており体験的活動を重視しているととらえた。後期末では，さらに，

図1　体験的な学習の実施

5　学校ぐるみで町の歴史文化遺産に学ぶ　　225

78％と伸び，体験的な活動を通して，子どもの意欲化を図り，共通の土台で話し合いがなされるよう配慮していることが分かる。

　また，「地域の素材を生かして，教材化したり，実践したりしていますか」の問いには，教材化・実践している教師がわずかの数値であったが，後期末評価の数値は，「実践した」81％に伸びた。上述の夏季研修での巡検は，身近な地域の素材の教材化の一助として有効であった。各担任の１年間の実践報告例は，次の通りである。生活科や総合的な学習の時間は，時宜を工夫して実践するのが効果的である。安全面や教材化のこつなど，教務主任として担任の支援をして実践しやすいよう配慮した。

図２　地域素材の教材化や実践

○低学年：古城公園の桜見（２年生が新１年生を案内する）。動物園で動物とふれ合い生き物に親しみをもつ。どんぐりなど秋の実や葉っぱを拾い製作物を作る。さらにそれを使って保育園児と交流する。
○３学年社会科：「わたしたちの町」で，自然や歴史，文化など顕著な場所をフィールドワークする。射水(いみず)神社は，二上(ふたがみ)神社が古城公園に遷座した歴史，中の島の記念碑は服部嘉十郎(はっとりかじゅうろう)が公園を民間に払い下げられないよう守った事実を知る。タラヨウの葉の裏に文字が描けることを体験する。※筆者指導
○高学年社会科学習，総合的な学習の時間：幕府政治とかかわらせて，高岡城主前田利長(まえだとしなが)が，高山右近(たかやまうこん)に命じて築城した高岡城の遺構を見学した。（本丸広場や民部・本丸の井戸，石垣，土塁，竜女伝説の堀。※筆者指導）

(2) ２年次：１年次のたねをもとに実践
① 全校公園オリエンテーリング活動
　各学年の公園学習を生かして，全学年で活動する古城公園オリエンテーリングを企画した。運営の主体であり，ねらいや児童の事前・事後指導，児童の班編制，コース設定，問題，教師分担，保護者依頼，公園管理事務所との交渉など企画案を作成し，提案した。ねらいは下の通りである。

- ネイチャーゲームや班で考えた遊びをしたりして，古城公園の自然や文化にふれ，愛着を深める。
- ６年生が中心となり，縦割り清掃グループの班員と仲良く行動することで，異学年との交流を図る。

ア　活動の前後と実際

　全校活動でねらいを達成するには，事前の共通理解と縦割りグループや各学年に応じた指導が欠かせない。

★教師サイド
- 目当ての共有・活動の目当てに合わせた児童用記録用紙（目当てとふり返り）作成・カードの作成

☆子どもサイド
- 事前の打合わせ（結団の集い，目当ての作成，結束を固める班旗作り）
- 事後のふり返り（グループ別に目当てのふり返りと子どもの自己評価）

イ　グループによる事前打ち合わせと事後の振り返り

　全校のグループ編成する場合，縦割り清掃班が適当と考えた。それは，清掃班を学校における学年集団の核にしたいとの考えからである。○は班の目当てで，◇は班のふり返りの言葉である。

事例 （下線は，児童の着眼のよさ）
6班 （班長Ａ児）○力を合わせてファイト！ゴー！
◇列に並んで進むことがあまりできなかったけど，班のみんなでクイズを解いたりしてなかよくできてよかった。落ち葉やどんぐりなど地面に落ちている物で秋を感じた。クイズは，みんなで相談して問題の答えを見つけたのでとてもよかった。

ウ　オリエンテーリング中の活動について

　これまでの公園学習を生かして，10問出題した。どの学年にも均等に答えられるようネイチャーゲーム型，低学年が関心をもつ動物園の動物のこと，高学年では，開町400年に因んだ歴史的な問題などに配慮した。

問題例　①本丸広場クイズ：広場の高台の銅像で馬に乗っている人の名前は何でしょう。　（答え：加賀藩主　前田利長）

　低学年は，「迷子にならないようにする」など他学年についていくことを目当てにしている子が多い。班をまとめる6年生にとっては，多少手のかかるグループもある。チェックポイントでの教師の声がけやフリーで巡回する保護者や教師の寄り添った指導で，班のメンバー全員でゴールすることができた。メンバーの満足度も大きく成長が感じられた。

写真2　イロハモミジが真っ赤な公園で

　ふり返りカードは，目当ての観点やよかったことや楽しかったこと，驚いたこと，今後の希望など，学年に応じて自由に書いた。それを掲示し，授業参観の時など保護者に読んでもらい教育活動の一コマを知ってもらった。

エ　活動のふり返り（考察）

A　オリエンテーリングの目的の観点について，目当てやふり返りカードを活用することで，学年に応じた達成感を味わえた。班全体と個の反省をもとに，活動の成果を把握することで次への方向性をとらえられた。

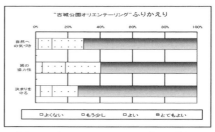

図3　オリエンテーリングふり返り

B　保護者の協力は，安全面や開かれた学校という面で効果があった。また，活動の掲示や学校だより，HPに発信，掲載することで，学校が今，行っていることを理解してもらい一層の連携を図ることができた。

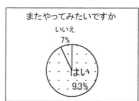

図4　子どもの評価

C　滞在時間や学年に応じた学習コースの設営など多様な方法を考え，子どもたちの企画意識を強くしてよりよい活動を継続していく。

オ　改善点を生かしたオリエンテーリング

　次年度は，改善部分を考慮して実施した。例えば，考察Cのように，学年に応じた活動を30分実施する体制にした。公園でどんぐり拾い，博物館の展示見学，高岡城の歴史を聞く，名所巡りなど有効に活用した。

写真3　オリエンテーリング写真の校内掲示

　平成22年度学校評価項目「学校行事が児童にとって魅力あるものとするため，工夫・改善を行っている」では，A38.5%　B53.8%　C7.7%平均3.3と好調であった。活動を評価しながら，3，4，5年次と続いている。公園は市民の宝であり，学校にとってもかけがえのない宝，教育資源である。

②　おおとりマップ＆カルタの制作

【ねらい】

　校区の自然・文化・社会（人を含む）的環境から洗い出して総合的に表す。マップを制作し掲示したり，カルタを制作し活用することにより，学習の歩みを着実に理解するとともに，次学年の学びの目安にしていく。

ア　教科学習での深まり

> 3年生社会科……土蔵造りの家に住む級友の家族の話を聞く。天窓の明るさや暖かさといった住居の工夫を知る。
> 6年生図工科……毎年，写生会で土蔵造りの家や古い商家，町並み，明治の建築様式の富山銀行等を克明に描き，絵画展に出品する。
> 6年生社会科……教科書などに加賀藩前田家の参勤交代が大規模で莫大な費用がかかったことが載っている。公園巡検後，利長の威徳について学んだ[5]。
> ☆開町400年を迎え，戦災にも遭わず高岡商人（町人）の伝統・文化が垣間見れる校区のため，今年度は，土蔵造り資料館で土蔵造りの仕組みを解説ボランティアの話を聞きながら見学した。

イ　制作の具体的方法

　制作担当は，マップ班とカルタ班を低・中・高学年担任や無担任で分担し，

5　学校ぐるみで町の歴史文化遺産に学ぶ　　229

研修日に実施案を練り，写真撮影など実行した。

マップ担当　次の3観点から校区マップの周りに40枚の解説ガイド付きラミネート写真を貼って構成した。縦横2.5mの固定した枠入りの大きなマップを完成させた。

名所カルタ担当　「あ〜ん」までの56文字を校区の事象のどれにあてはめるか，構想を練った。次に，56文字をどの学年が分担するか決めた。

写真4　完成したおおとりマップで学ぶ

私販の県内名所カルタなどを参考に，文字カルタのことばは標語形式で表すことにした。絵札は，マップ用のデジカメ写真や子どもの作品を採用した。カルタは，校正を重ねて大きめのぶ厚いしっかりした体裁に仕上げた。校内名所かるた大会を行い，校区のよさを知るとともに，家庭にも呼びかけ，家族でも活用してもらっている。

写真5　自作おおとりカルタ

(3) 3年次：未来を考えるふるさと学習

学習したことは自校の知の財産として蓄積していきたい。そこで，県支援事業「学ぼう！ふるさと未来」に企画案を提出し，積極的に取り組んだ。

①各学年で取り組んだ事例

1年生　生活科：古城公園本丸広場の探検を繰り返し，お気に入りの箇所を探す。本丸広場の自慢や分かったことなど大きなマップに表現し伝え合う。

2年生　生活科：校区内の保育園との交流（のびのび5歳児はぐくみ事業の連携）。園へ出かけ，昔の遊びや紙芝居や学校紹介をしたりして親しむ。

3年生　社会科：地域探検や総合的な学習の時間の「平米，不思議発見！」を通して校区自慢を追究する。

4年生 社会科（筆者担当）：学びを発展させ総合的な学習の時間に,「環境チャレンジ10」の活動を家族ぐるみで実践する。成果を学習発表会で披露する。

5年生 社会科：「ファイヤーパーク・イン平米」活動を契機に，校区の消火栓調査，土蔵造りの町の文化遺産を守る様子を保存会の方に聞いた。防火研究発表や学習発表会で紹介したり，保育園の園児にお便りを配布したりして防火意識を高めるようにした。

6年生 社会科（筆者担当）：市立博物館で,「幻の高岡城」を製作した。高岡城や町づくりにかけた前田利長の心意気をとらえた[5]。

② 全学年共通の実践

ア 琴月先生の曲を学ぶ歌声教室

　自校の子どもたちは，歌が好きでごく自然に歌う。そこで，放課後土曜開放事業の一つとして，歌声教室（中・高学年対象）を実施した。担任の理解を得，月1～2回，歌が好きな三十数名の子どもたちに直接，指導した。

ねらい＝校区出身の室崎琴月の歌を歌い，音楽に親しみ，郷土に誇りをもつ。

　折しも，琴月先生の生誕100年と重なり，市内では先生を慕い讃え様々な行事が開かれ，歌声教室の子どもたちも披露する機会を数回もった。

- 琴月先生は，今どきのロックとかでなく優しげな曲を作り，みんなから親まれていた人だ。(Y男)
- 歌声教室で,「夕日」「さくらんぼ」「ほおずき提灯」を歌った。2000曲も作りすごい。私は，ほおずき提灯が好きだ。夏の練習は暑いけどきれいに声が出ると楽しい気分になった。(M子)
- 「落ち葉」の歌の低音部と高音部がハモルとうれしかった。(R子)
- 琴月先生の歌は，同じ言葉を2回繰り返している。歌の後半が高くなって盛り上がっていく。土蔵フェスタで歌えたし歌声教室をずっとやりたい。(H子)

写真6　土蔵造りフェスタ

　文化の日，高峰譲吉顕彰祭が高峰公園で行われた。この儀式に4年生が参加

5　学校ぐるみで町の歴史文化遺産に学ぶ　　231

し，琴月作「高峰譲吉を讃える歌」を高らかに歌い，博士の偉業を讃えた。琴月先生が作曲したことも子どもたちの驚きであり喜びであった。

琴月先生作曲の『高峰博士を讃える歌』を歌った。歌には，アドレナリンやタカジアスターゼなど高峰博士が発明した薬などが歌詞になっている。私たちが歌った時，天国で高峰博士も喜んでいるだろう。私は，三題目の「太平洋に並び一立つー，日の丸の国，星の国〜♪」の歌詞のところが好きだ。平和の橋となって日の丸の国と星の国の母国の幸を築かれた人だと思う。(H子)

イ 「夕日を見つめて」の絵本の読み聞かせ（省略，Ⅳ－1，242ページ参照）

3　Plan-Do-Seeのステップを積み重ねて

　教師の学校評価の中から，本実践に直結する学校の特色についての評価を抜粋し分析してみた。

　平成23年度は実践開始から3年目になり，運営方針が多少変わっても5年計画の骨子は受け継がれ実践していった。23年度評価は，前期に比べて後期は，教師の意識も高まり伸張が見られる。また平成21年度に比べて教師の教材化，実践意欲も高まり，担任や学年が変わろうとも自校にふるさと学習が定着してきている様子が見てとれる。

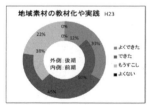
図5　地域素材の教材化結果
（H23年度前期・後期）

図6　教師の実践意欲
（H23）

図7　体験的な学習
（H23）

　また，保護者の学校評価では，「特色ある教育活動を行っている」の設問に対し，当てはまる，やや当てはまるが大半を示し，前期より後期がさらに伸びている。「地域に開かれた学校である」の設問も同様の95％以上が当てはまると答えており，学校の取組みが保護者にも理解されていると考える。

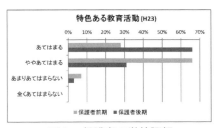
図8　保護者の学校評価
（H23後期特色ある教育活動）

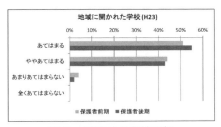
図9　保護者の学校評価
（H23後期地域に開かれた学校）

　教師の学校評価をみると，平成23年度は21年度に比べ，教師の意識も高まり，全教職員で学校教育活動を運営・実践していることがみてとれる。例えば，「教育活動には，他の学校にはない特色を大切にした取組みをしている」の設問に対し，21年度は，到達度数値が4点満点の3.3でほぼ定着しているが，23年度は3.4で少し上昇した。学校ぐるみでふるさと学習や特色ある活動を地道に継続してきた成果である。

表1　教師の学校評価（H23教育活動一部）

　ふるさと学習を今後も継続し，ふるさとの魅力を知り，誇りや愛着をもつ子どもの育成に期待したい。

4　特色ある学校の創造を目指して

　地域の教育資源を生かしたふるさと学習を実践，評価，改善を通して特色ある学校づくりを目指した。どの学校でも推進できる実践と考える。

　教師対象の地域巡検やフィールドワークは，地域環境への眼を開かせる。県や市が支援するふるさと関連事業を活用することは，教師の意識も高まり有効である。教育課程に位置付け，講師を招聘して学び合う中で，教育活動の幅が広がり特色ある学校の創造につなげていくことができる。また，学校は，美術館・博物館的存在である。全ての文化環境が子どもに有効にはたらきかけて生きる力を育てる。教育活動の一コマを学習環境に生かすことはソフト面の充実

を図るであろう。

　体験的活動や実感を伴う学びで子どもは心を揺さぶられ，その積み重ねの中で，ふるさとの自然・人・歴史文化のよさを認識し，ふるさとに親しみ誇りをもつようになる。小学校教育において培われた力がふるさと観を形成し，自然や歴史，文化環境を大切にし，どんな地域で暮らしても活用できる力量を身につけさせるであろう。

＜付記＞

○本稿は，次の論文等を再構成したものである。

　　・拙稿『教材学研究』第26巻　PP219-228，2015

＜註＞

(1) 古城公園関連の実践は，Ⅰ－1，Ⅰ－2，Ⅲ－3を参照。

(2) QUESTIONNAIRE－UTILITIES（楽しい学校生活を送るためのアンケート）の略

(3) 拙稿『教材学研究』第20巻　PP225-234，2009

　　拙稿『教材学研究』第23巻　PP289-298，2012

(4) 富山県県教委主催の幼保小連携教育の一環。

(5) 拙稿『教材学研究』第22巻　PP.95-101，2011

IV部
家庭と連携してつくる学校教育

■①■
思わず本に手を伸ばす子を目指して

（成美小学校ほか）

全学年

1　本好きな子どもの育成

　子どもの活字離れが心配されて読書推進法[1] がつくられ，4月23日を「子ども読書の日」に設けて久しくなった。これは，学校はもちろん，家庭，地域，機関みんなで子どもの読書習慣を形成し，国語力のある日本人になってほしいという願いからである。さらに，『文字・活字文化振興法』[2] が施行されたが，国語力を養うためには子どもが本好きであることが大切である。公共施設では，滞在型図書館といったものが，いろいろな世代が使えるような工夫や配慮をしている。行政や学校のみならず，保護者も子どもの読書の機会の充実及び読書活動の習慣化に積極的に役割を果たすことが期待されている。

　そこで，豊かな情緒を育成していくための読書推進の大切さを考えたい。私は，「自ら本に手を伸ばす子」の育成にどのような方策ではたらきかけるか，その手立てとして，大きく3点を設けた。

　手立て1 ：PTA広報紙を通した読書推進や保護者対象の読書感想文を募集
　　・保護者が自分自身や子どもの読書傾向や実態を知り，本への関心を高めていく。
　手立て2 ：多様な読み聞かせによる読書への意欲付け
　　・学校に応じた特色的な読み聞かせを通して本への関心を高めていく子どもや保護者の変容をとらえる。
　手立て3 ：家庭でのファミリー読書実施による読書習慣の定着
　　・ファミリー読書を設定して子どもと家族が本を通して共有感をもつ。

2　PTA広報を通した読書推進の啓発

　地域や保護者に読書の大切さを伝える手立てとして，PTA広報紙を通して啓発することが効果的と考えた。年度当初，年間活動計画や編集案の相談に応じ，年間4回発行のうち，読書をテーマとした特集記事を2回企画した。

　子どもの読書傾向を知るため，全校480名と保護者，教員のアンケートをとった。保護者の読書時間は予想以上に少なく新聞や雑誌を見る程度で，大人にも読書離れの傾向が認められた。これは保

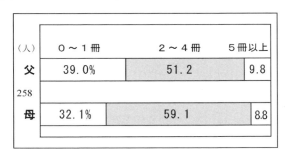

図1　大人の読書傾向（539名調査）

護者自身が自分の読書の実態をふり返る好機になった。また，担任も，保護者がわが子に読書をすすめたり，心に寄り添って本について共通の話をするには十分な啓発が必要ととらえた。

　夏休み期間，保護者の本の与え方は，図書館利用56％，購入44％であった。本を選ぶ観点として，大人が推薦する「名作」ベスト5を写真で紹介したり，図書館司書の先生の意見や中央図書館の案内記事を入れたりした。また購入する家庭が意外に多かったことから，本のよい買い与え方も紹介した。

　保護者の読書する姿や身のまわりに本がある家庭は本好きな子どもを育む。学校だよりに，保護者にも，『大人の責任』『ただ一人の個性を創るために』といった本を紹介した。寄せられた感想は，説得力があり力作である。これを保護者の感想文集として全家庭に配布し，参考にしてもらった。

3　多様な読み聞かせ

　朝読書が日本中の学校で定着するようになった。近年，私が勤務した各校は，朝活動時間帯に，朝読書を主としたり，朝読書と漢字・計算練習を月別に交替に位置付けたりしている。また朝読書に読み聞かせを位置付けることもある。

　読み聞かせは，読書が習慣化されていない子どもにとって，比較的本に親しめるきっかけになる。読み聞かせは，耳で聞いた言語を頭の中でイメージとし

て想像する上で重要である。特に，小学生には楽しみな活動の一つで，読書を
はじめる重要な動機付けとなる。また，1日の学習の開始の区切りとして授業
への動機付けにもなる。

読み聞かせの取組み方

	各校の特色ある方法	共通の方法
A校	・保護者と地域の人による「読み聞かせクラブ」（図書ボランティア） ・造詣の深い人	・担任，図書館司書，図書委員会の児童（読書週間），高岡読み聞かせの会
B校	・放課後読み聞かせ教室 ・のびのび5歳児育み事業 ・木版画家制作の絵本	

　読み聞かせの取組みは，学校の規模や実態に応じて多様であり，時間帯や方
法も工夫しながら組み入れることができる。

　本書では，保護者や地域社会の支援による読み聞かせについて述べる。

(1)　地域の図書ボランティアと子どもが一体化する読み聞かせ

○　A校の「読み聞かせクラブ」……10人の母親で構成。毎水曜日，朝の
　チャレンジタイムの10分間，各学級で実施。その真摯な取組みを学校だ
　よりに随時掲載している。クラブ員も読み聞かせに見入る子どもたちの眼
　ざしにふれ，熱心に活動される。特に，市中央図書館から借りた大型絵本
　が人気である。保護者・地域の方がかかわることで，子どもたちに，学校
　だけでなく家庭・地域でも読書をしよう！という意欲付けにもなっていく。

　　　　　　　　　　　　　　　　　＜筆者，傍線−子どもの姿，波線−保護者の心＞
・とてもうれしそうで真剣な眼ざしで，うれしくなるくらい静かに聞いていま
　す。先生が協力的でありがたいです。（6年生保護者）
・じーと集中して，作者の意図に忠実に反応してくれます。（5年生保護者）
・熱心に聞いています。視線を感じながら読み進めていると，ぞくぞくするほ
　どです。（3年生保護者）
・娘の成長につれて私自身絵本とのふれ合いが減っているが，この活動によって，
　新しい本との出会いや以前読んだ本を再び読みこむことができたりと楽しん

238　Ⅳ部　家庭と連携してつくる学校教育

でいます。また，よそのお子さんや先生方とお会いする機会があると学校の様子も分かったりして，安心感を抱いています。（6年生保護者）

「読み聞かせ」は，学級の仲間がともにお話の世界で笑い，ドキドキし悲しむことができる。友だちと気持ちを分かち合ったり，時には自分と違う感情表現をする人がいることに気付いたりする場になる。「声に出して読む」ことで，読み手と聞き手が共感し合いながら作品のメッセージを味わう。

　読書活動を推進する上でも，保護者による図書ボランティアの役割は重要である。図書ボランティアが読み聞かせだけでなく，読書のアドバイスなどもきめ細かくできる。今後も一部の負担にならないよう配慮しながら，意欲のある図書ボランティアの人的資源を拡充していくことが望まれる。

(2)　「やえもん文庫」主宰の神保先生との読み聞かせによる交流

① 　方法＝ 学級ごとの実践 　特別非常勤講師制度の活用－全学年で計13時間
国語科＜読むことに関する領域＞に位置付けて実施

　読み聞かせは，長年，小学校や保育園，高齢者を対象に行うなど指導経験が豊かな神保康子先生に依頼した。想像力を膨らませながら集中して聴かせるため，学級ごとに行った。各学年担任の読み聞かせの希望をとり，下記のテーマで実施した。

低学年	中学年	高学年
・命の大切さ，動物が主人公のお話 ・乗り物（車・船・飛行機）	・ブックトーク ・4学年国語科「伝え合う」ということに関連した点字や手話等に関する本，目や耳が不自由な人たちの様子 ・くらしなどを扱っている物語や手記などといったもの。	・心に響く涙の出るような話 ・まじめに何かをした人や真剣にすることの尊さがわかる話，また報われなくとも真剣にする気高さの話・ハチドリのひとしずくのような話・民話

②　絵本の世界に一体化した子どもたち

　5年生のテーマは，「心に響く感動的なお話」である。先生は，『平和の種をまく「ボスニアの少女エミーナ」』（岩崎書店）『地雷のあしあと』（小学館）『花になった子牛』（自由国民社）の3冊を用意された。

　子どもたちからは次のような感想が寄せられた。

> 　神保先生は，みんなに分かりやすく本の読み聞かせをしてくださったので，とってもいいなあと思いました。1つ一つの言葉に気持ちをこめてお話され，本当にその人が話しているように思えました。(I男)

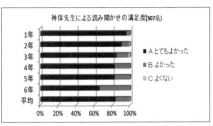

図2　読み聞かせ満足度

> 　先生が読んでくださったのは，戦争や地雷についての話でした。先生の読み聞かせがとても上手で，どんな感じだったのかよく分かり，泣きそうになりました。人をにくんではいけない，戦争をしてはいけないと思いました。(H子)

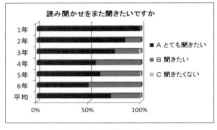

図3　また聞きたいか

> 　「地雷」の読み聞かせを聞いて，世界の国々では，人や動物が苦しんでいることを知りました。「地雷」が早くなくなれば多くの人の命が助かると思います。ぼくも，少しでも協力して，命を救いたいです。(N男)

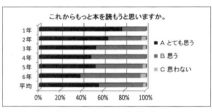

図4　本への意欲感

　「これからどんな本を読もうと思いますか」の質問に対して，5年生は，地雷の本，戦争の被害にあった人の話，命についての本，戦争の本など読み聞かせをされた本をあげ，その感銘の強さがとらえられる。

　低学年の子どもたちは固唾をのんでお話の世界に浸る。終わると，「まるで，映画を見ているようだった」とつぶやくのが印象的であった。

(3)　幼保小連携事業による読み聞かせ
①　県の「のびのび5歳児育み推進事業」の活用

> 講演テーマ「絵本で育む豊かな心」
> 　対象－学習参観時に，全児童，保護者，教員，校区保育園の保育士が参加

読み聞かせの魅力は，園児から大人までお話の世界で聴き入ることができることである。県外でも活動している神保先生は，B校の放課後育成クラブの読み聞かせをもしてくださった。さらに，本事業では，全校参加で会場が体育館と広いため，みんなが見えやすい大型絵本を使い，子どもや大人が幼い頃，夢中に読んだ本などを紹介した。『せんたくかあさん』『グリとゲラ』などである。

写真1　神保先生の読み聞かせ

a　読み聞かせアンケート回答者（数字は人数）
　　（保育士3　　保護者24　　教師2）
　　大変よかった　24　　よかった　5
b　保護者，保育士の感想，子どもの感想（略）
　先生の読みは，さすがプロである。そのよさをまとめると次のようである。

・語り口が心地よい　3　・語り口の柔らかさ　2　・淡々とした語り　2
・読み進むスピード　1　・心がこもっている　4
・心に届く魅力ある声，語りかけ　2　・読み方（声のトーン，声質，アクセント＜時には大きな声で楽しそうに＞，声の抑揚）4
・温かい声（声の強弱や緩急をつけた読み方）　1　・心が温かくなる　3
・丁寧で誠意に溢れている　1　・自分の読み方の反省　1　　（数字は人数）

　先生の読み方のよさから，子どもも保護者も絵本の想像力豊かな話の世界に引きこまれていく（19人）。それは，念査した中身のある本で，「私が子どもに読ませたい本が数々ありました」という点からうかがえる。
　子どもの表情観察では，「絵本を見て驚いたり，笑ったりする児童の姿が印象的である」「体を乗り出して聞いていたのでびっくりした」「真剣でうれしそうな笑顔を見ていると微笑ましい」などの記述があった。一方の大人は，読書生活をふり返り，読み聞かせの魅力を再発見，再認識する（11人）ことになった。「ゆったりした時間だった－5人」「童心にかえって聴き入ってしまう－7人」「大人になった今も大切にしたいことだ－6人」「感動を分かち合う場－3人」などがある。

そこから，自分の読み聞かせをふり返り，「よく子どもが寝る前にいっしょに絵本を読んでいました」「読み聞かせた本は，私（母）の大事な思い出なのでしまっておこう」「読み手の生の声での語りかけは，大人になっても鮮明に覚えているもの」そして，「少しの時間でも読んだり，子どもに読んでもらったりする余裕のある時間を過ごしたい」と11人が読書への姿勢を示している。

このように，のびのび5歳児育み推進事業において，読み聞かせの場を設定することにより，保護者や保育者（やがて本校へ入学する園児を指導する）も共に，「感性豊かな子どもに育つ」「読書好きな子どもになって」「良書に向き合ってほしい」「最近，テレビやゲームの毎日から一転した」というように子どもの読書への姿勢を願うなどよいひとときとなった。

②「室崎琴月」の生涯を絵本にした木版画家水上先生の読み聞かせ

写真2　古城公園内「夕日」の歌碑

校区近くに住んでいた室崎琴月先生は，日本人が誰も知っている「夕日」の作曲家である。昨年度生誕120周年を迎え，室崎琴月を偲んで市内でコンサートが行われたりしている。本校でも音楽で，琴月先生の作曲した「夕日」「さくらんぼ」「ほうずきちょうちん」「落ち葉」などを歌ったり，生活科や総合的な学習の時間などに，名人探検で琴月先生の生い立ちを調べたりして親しみをもっている。

木版画家の水上悦子先生は，室崎琴月の音楽家人生を木版画で手づくり制作した伝記風絵本『夕日を見つめて』を読み聞かせしてくださった。対象は中学年である。

・今日読んでくださった本で一番印象に残ったのは，戦争で琴月先生が建てた学校や書いた楽譜も燃えてなくなったことです。(S子)
・ぼくは「夕日を見つめて」の絵本にとても感動した。特に，琴月さんが，夕日を見ようと坂を上っていく場面だ。ぼくは「夕日」の曲が一番好きで，二

番目は「校歌」だ。(M男)

・私が驚いたことは，琴月先生が2000も作曲したこと，私たちの学校の校歌と
　か高峰譲吉の歌とか琴月先生は曲をつくるのが大好きだと思った。水上先生
　は木版画できれいな絵本を作りましたね。琴月先生の歌をたくさん覚えたい
　と思う。(A子)

　琴月先生を木版画の絵本にされた水上先生は，読み語りの中に熱意がこもる。
琴月先生が音楽に心と寄せた経緯，教師をしていた東京の音楽学校が震災で焼
け野原になったこと，「落ち葉」の曲ができたきっかけが絵本に織りこまれ，
水上先生がイントロを歌うと，子どもたちもいっしょに歌いはじめた。読み聞
かせを通してみんな一体化していく。

　水上先生の読み聞かせも好評であったため，今年度は学習参観時に，《昨年
神保先生が「のびのび5歳児育み推進事業」で行った読み聞かせ》と同様な制
度を活用した。低学年対象に，自ら制作された木版画絵本で「いのち」がテー
マの読み聞かせをしていただいた。

③　B校の放課後子ども教室を活用した読み聞かせ

・実施方法……月1回（年8～9回），低学年児童対象（毎回20名程度の希
　望者）放課後1時間の読み聞かせ（図書館司書と地域の読み聞かせボラン
　ティアの2人体制）

・対象の本……市立図書館の好評の本や学校で購入した新刊図書

　読書愛好家で自分の愛読書やお子さんの小さい頃，好きだった吟味された絵
本を持ってきて読み，寄贈してくださる。

　市生涯学習課の制度を活用して，4年間継続し低学年に定着してきている。
毎回，2人の先生が30分交替で読み聞かせを行う。子どもたちはすごく反応
する。司書の先生が大好きで，参加した子どもたちは登場人物になりきって真
剣な眼ざしで読んでいる。

【考　察】　読み聞かせが終わると，「先生，その本を見せてください」と
作品に興味を示してくる。読み聞かせは，読書へのつなぎだけでなく，読
み手と聞き手といっしょに，お話の世界を共有するという魅力がある。優
れた本にはそれぞれに生きる力となるものが潜んでいる。

1　思わず本に手を伸ばす子を目指して　　243

また，話を聞きながら，細かい絵の変化までも楽しんでいる。全員に，絵が見えるように配慮するとともに，学年に応じたよい本を，学年の教師や学校図書館司書，司書教諭，ボランティア支援者と選定していくようにしたい。

読み聞かせは，回を重ねるごとに，お話の世界を共有することの楽しさが深まる。保護者主催の読み聞かせと合わせて地道に継続していきたい。

4　家族ぐるみのファミリー読書の設定

(1)　ファミリー読書の設定と読書カード活用による推進

A校の子どもたちは全般によく本を読んでいる。しかし，学年や学級によってばらつきがあるので，「本が楽しい」と思う子どもを増やしたい。そこで，読書の推進が家庭にも及ぶように，「ファミリー読書」を企画した。家族で落ち着いた時間を共有することは大切である。本について会話がはずみ，継続することにより読書習慣がついていくと考えたのである。そこで，月3回「ファミリー読書の日」とし，読書カードを活用して実施することにした。

①　ファミリー読書実施に向けての約束事項

読書の大切さや家庭での家族読書の約束を提示し，共通理解を図った。親子読書が，よく取り組まれる中，家族読書にしたのは，学級の中には，一人親の児童が数人いること，両親共に帰りが遅いなどのハンディが解消するための理由による。

- いっしょに読む人……お父さんかお母さん，祖父母等家族の大人の人
- 時間……20分以上
- 約束……テレビを消して静かな部屋で読む。部屋の電灯は明るくよい姿勢で読む。

学校だよりを通して，読書の大切さや家庭での読書の約束ごとを提示し，ファミリー読書カードを使って実施した。取組み状況は集計結果を掲載し保護者の参考にしてもらった。年間欠かさず継続した家族（1〜6年生450人中194人）には，ファミリー読書賞を渡した。

- いろいろな本が読めてうれしかった。（H男）→貴重な読書の時間をもててよ

かったです。(母)
・いろんな本を読んで、楽しかったし、おもしろかった。(K子)→気がつくと本を読むわが子の姿が多く見られるようになり、うれしく思います。(母)
・昔のことに興味があったので、昭和の歴史の本を読んでいておもしろかった。(D男)→２年生になって開始したファミリー読書、最初の頃からの様子と比べると、最近は、読書をしているわが子が自然になり、読むのも上手になったと思います。(母)

② 図書室と連携した図書の活用の工夫
　子どもたちが読みたい本を手軽に貸し出せるように、本の状況を紹介し合っている。あくまでも図書室の本の貸し出しが中心であるが、読書習慣が身についてきている子は、学級文庫や家庭の本、市内外の図書館の本などにも関心が及んでいく。そこで、取組みはじめた年から多様な角度から本への関心を支えようと、そんな領域の本は緑カードに書きこんで意欲化を図っている。

○　県教委が推薦する「すすめたい本100冊」を活用して読書を推進することにした。まず、「すすめたい本100冊」を、低・中・高学年別（33冊程度）に分けて一覧表にする。本の表紙を写真に撮り学年廊下に掲示して、探しやすくし、意欲付けるようにした。学校全体が図書館のような環境になることが望ましい。

写真３　すすめたい本の掲示コーナー

(2)　ファミリー読書の効果
　毎月、ファミリー読書を実施した中から、６、９、11、１月の達成率をグラフ化してみた。次ページ図５参照。
【分析】月３回各20分、ファミリー読書をはじめた頃の取組み率は70％であった。
　伸び率も上昇、下降を辿るが１月には80％に向上し、担任の熱心なはたらきかけや保護者の意識の高さがうかがわれる。

1　思わず本に手を伸ばす子を目指して　　245

・低学年と4年生が80〜90％の読書率で、保護者がともに読書に積極的である。特に、2年生は、常に90％前後の家庭で読書が行われているという好結果が出ている。低学年時から、読書習慣が確実に身についていくと考えられ頼もしい。
・3年生の取り組み率が低かったが、家庭へのはたらきかけにより1月は90％に伸びた。

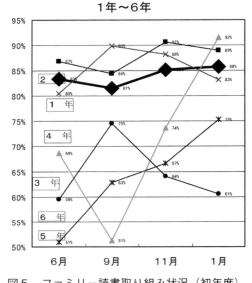

図5　ファミリー読書取り組み状況（初年度）

・高学年は、全般に家族読書率が低い。学習塾やスポーツ少年団による活動で、大人と共有する時間が少ないことがあげられる。そんな中で、学校ぐるみで熱心にはたらきかけることによって、70％を超えることができる。5年生は、少しずつ伸びが見られる。

(3) より豊かな家庭読書習慣を目指した改善

|月2回の変更による定着化|　翌年度のファミリー読書は、月2回20分以上とした。1回少なくしたのは、「ファミリー読書がA校に定着しつつあること」「多くの子どもたちが達成感を味わうには、2回実施が妥当であること」「がんばりカードはよい励みになるので、継続するには家庭状況も鑑みて保護者の負担を軽減する」などによる。

　取り組み自体に慣れてきたため、第1回目5月のファミリー読書は、各学年とも80〜90％の実施率となり、好調なスタートである。特に、1年生は経験が薄いので事前指導がよくされたことや保護者も新鮮な気持ちでの実施であり96％の達成率である。しかし、月によってダウンすることがある。担任にその状況を聞き支援しながら見守っている。2学期は、84〜87％とより定着に近

づいてきている。下の枠内波線のように、より豊かなファミリー読書を目指し、家族で読んだ本について会話し、読書を楽しむ家庭が増えてきている。

・いろんな本を読めてうれしかった。（2年生子）→いっしょに本を読むのは楽しい。読んだ本について、いろいろ話ができるのもいい。（保護者）
・『エルマーとりゅう』には、まだ続きがあるのでまた読んでみたい。（5年生子）→いろいろな本を読んでほしいです。読書は、心が落ち着きますね。（保護者）
・私は、もともと家で本を読む方だったけど、ファミリー読書で本を読む数がもっと増えるようになりました。（5年生子）→ファミリー読書を通して、私の読書量も増えてきたように思います。これからも楽しく読書を続けたいです。（保護者）

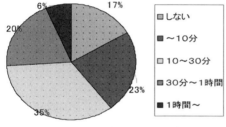

図6 学校以外で読書をする時間（H20実施）

実施2年度1年間、一回も欠かさず継続して家族と読書をした子どもたちに、がんばり賞として「ファミリー読書賞」を渡した（1～5年生183人）。これを励みに、一層、本に進んで手を伸ばす子、読書好きな親子になってほしいと願う。

・10～30分読む子どもが35％、30分～1時間は20％で、平均して30分前後確保している子どもが50％と半数以上もいる。1時間以上読む子が6％おり、読書の楽しさを感じていると考えられる。
・読まないと答えた子どもが17％いるのが気になる。学校での読書に満足しているからか実態をとらえた読書に一歩踏みこむ指導が必要である。

5 コラム ―読書の思い出―

　子ども読書の日が交付され、読書の大切さが唱えられた頃、美智子皇后様の読書の思い出や藤原正彦氏の読書の書評にふれて感銘を受けた。ごく最近の新聞で阿刀田高氏の社説によると、スペインでは、4月23日を「サン・ジョルディの日」といって本を贈る習慣があるそうだ。何とすてきなことだろう。

私は，４年生の７月，「悲しみの王妃」という本に出会った。王妃が亡くなるのがあまりにもかわいそうで泣きくれていた。その後，中高校の歴史学習で，フランス革命のルイ18世のお后マリーアントワネットであると知った。このことは，歴史への誘いとなり西洋史を専攻することになった。

　本は，歴史との邂逅であり，生きていく上での情緒を養ってくれる気がする。感動する本を，大人になってから読んでもあの時くらいの感激はよみ返らないだろう。それくらい子どもの感受性は瑞々しく輝いている。さあ，思わず本に手を伸ばす子を育てていきましょう。

＜註・参考文献＞

(1) 『子供の読書活動の推進に関する法律』H. 13. 12. 12
(2) 『文字・活字文化振興法』H. 17. 7.
・文化審議会「これからの時代に求められる国語力について」（答申）H. 16. 2. 3
・教育開発研究所『教職研修』―生きる力を育む「朝の読書」の実践, 2001 ～ 2007,
　　No. 1 ～ No. 12
長倉美恵子『子どもの読書活動をどう進める』教育開発研究所, No. 158, 2003
北日本新聞社「言論―子どもの活字力―」柳田邦男, 2005, 11. 18
美智子皇后様『橋をかける―子供時代の読書の思い出―』すえもりブックス, 1998
阿刀田高『―新「ことば」シリーズ20―「文字と社会」』国立国語研究所, ぎょうせい, 2007
藤原正彦『国家の品格』　藤原正彦『「本を読む子に育てよう」文藝春秋』講談社, 2004. 7
中教審中間報告「教育課程部会におけるこれまでの審議の概要（検討素案)」2007, 11
松下義一『「ベテラン教師の読書指導術」教育技術２年生』小学館, 2006, 7
文部科学省「保護者の皆様へ―子どもの読書活動について―たくさん読もう，楽しく読もう」

2 ぼくもわたしも家庭学習大好きっ子

(成美小学校)

全学年

1　家庭学習習慣の大切さ

　現代社会は，国際化，情報化，科学技術の発展，少子高齢化など様々な面で急激な変化が進んでおり，社会の変化に対応する力が求められている。したがって学校教育においては，子どもが生涯にわたって主体的に学び続け，問題を解決していく力を育てることが重要な課題になっている。教育基本法第10条では，「教育の第一義的責任は家庭教育にある」とし，新学習指導要領総則でも家庭との連携による児童の学習習慣の確立[1]を強調している。

　子どもの家庭教育を担う保護者や家族は，教育資源の大切な視点である。本稿では，自己学習力の形成に向けて学習習慣の形成・定着や効果的な学習環境の設定のあり方などに着目し，児童の家庭学習を習慣化する取組みについて記す。全国学力調査開始以来，全ての学校は学力向上に向けた諸政策が取られ，私の勤めた学校でもいずれも確かな学びを育てる多様な取組みが行われた。特に，成美小学校では，文部科学省学力向上拠点校の指定を受け（平成17〜19年3年間），学校，子ども，家庭が一丸となって取り組んだ。私は，確かな学力を育成するために，図1のように，自己学習力（学ぶ習慣）を根底にして，家庭との連携で育成するという構想図を作成した。

図1　確かな学力の構想図

◎重点的に育てたい力
　「学ぶ意欲」「思考力」「表現力」
　「基礎的・基本的な知識・技能」
○基盤を育てる力
　「自己学習力」「聞く力」「話す力」

(1) 子どもの実態と取組みのねらい

　子どもたちの学習実態について，アンケートを実施（平成18年7月）した。「勉強は大切だと思いますか」という問いに対して，全校507人中，そう思う73％，少し思う22％，あまり思わない4％という結果であった。このことから，子どもなりに勉強をしなければならないと思っているいることがとらえられた。子どもたちは，みんな勉強ができるようになりたいと願っているのである。

　また，家での勉強時間については次の結果であった。

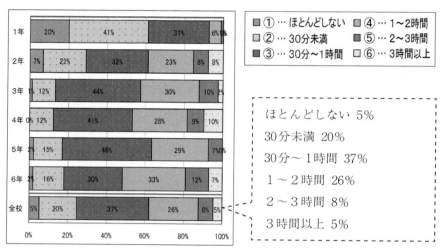

図2　家での勉強時間(18年7月全校507名調査)

　全般に，家庭で目標時間よりも多く，熱心に学んでいることがとらえられた。反面，ほとんどしない子，高学年で学年相当目標時間に達していない子も見られ，学習時間に差が表れている。集中して，能率よく質の高い学びを続けてほしいものである。そこで，前年度に引き続き，環境面・時間面・意欲面を配慮しながら，全校で家庭学習に取り組ませることにより，学習習慣の形成と定着を図ることにした。

(2) 家庭学習の意義や取組み方の明示

　・家庭学習 ＝ 宿題 ＋ 自主(発展)学習 ＋ 読書

　家庭学習は，その日のうちに復習することによって，「授業の補完」となり，より定着を図ることができるものである。また，教育学者岸本智典らは，「エビングハウスの忘却曲線」[2]を引用して，記憶は，1日たってテストすると半

分忘れている。2日すると25%であるという。つまり2回くり返して学んだ後，テストを実施すると記憶の忘れ方が低いのである。こうした家庭学習の意義を7点ほど伝え，意欲的に取り組めるように配慮した。

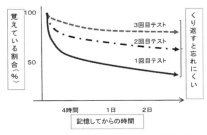

図3　「エビングハウスの忘却曲線」

(3) 家庭学習の目標時間と内容

・ 学年目標時間 ＝10分間×○学年数を目標時間とした。そして，目当てを各学年廊下のレベルアップコーナーに掲示して，常に意識化させるようにした。

また，家庭学習を充実させるために， 環境 やる気 準備 などの7つの約束を継続して実施した。

写真1　レベルアップコーナー

環境	・テレビを消して学習する。	やる気	・途中で遊ばず学習する。
・机に向かって学習する。		・宿題をする。
準備	・明日の学習の用意をする。		・進んだ学習にも取り組む。

これは，細かい指示であるが，こうしたことに留意することが家庭学習時間の確保になると同時に，習慣化へつながると考えた。各学年の目標時間や学習内容は，表1の通りである。

表1　各学年の家庭学習目標時間と内容

学年	時間	学習内容	学年	時間	学習内容
1学年	10分	教科書音読，ひらがな・漢字・計算練習，プリント，日記，詩の暗唱等	4学年	40分	教科書音読，漢字・計算練習，プリント，自主学習ノート（日記）
2学年	20分	教科書音読，漢字・計算練習，プリント，日記	5学年	50分	教科書音読，漢字・計算練習，プリント，日記，自主学習ノート
3学年	30分	教科書音読，漢字・計算練習，漢字の学習ドリル，プリント，日記，自主学習ノート	6学年	60分	漢字・計算練習，プリント，日記，自主学習ノート

2 「家庭学習がんばりカード」の活用

① 目的と方法

・毎月1週間を「家庭学習強調週間」とし，環境・時間・意欲面等の7つの観点について，低学年は2段階，中高学年は，3段階で評価する。保護者のコメント欄も設ける。

②カードの回収と集計

・各学級，学年の達成率をグラフ化し，実態を分析する。

図4　低学年家庭学習がんばりカード

(1) 家庭との連携の図り方

①学校だより〜学力レベルアップ編〜の発行

・レベルアップコーナーを設け，学力や家庭教育に関する情報を載せ，学習習慣や生活習慣，読書推進に向けての協力を依頼する。さらにホームページにも連動させ，発信していく。

②懇談会での依頼

・取組みのデーターから具体的なかかわり方について協力を求めた。[3] 例えば，エピソード記憶（経験記憶のよさ）を生かして，母親が，「今日，学校で何を習ってきたの？」と聞くと，子どもは，「1時間目の国語はね…」にはじまって，学校であったことを話してくれる。これは，記憶に残すよい方法なのである。

③学年だよりでの啓発

・授業参観時の学年・学級懇談会で，データ等を配布して情報交換をする。

(2) 「家庭学習がんばりカード（毎月1週間）」の継続活用と変容の分析

　初年度の2か月に1回の実施から，2年度は，毎月実施し，継続することによって確実に身につくように試みた。

　各学級や学年の達成率を求め，グラフ化したりして変容を分析し，各学年の取組み実態をとらえた。同時に，達成度の低い子どもについては，担任を通し

て，保護者に連絡帳や電話等で子どもの取組み状況を伝え，協力を依頼した。
① カードの回収率から保護者との連携を把握

　がんばりカードの回収率は，初年度の実施開始時の89％から96％に伸びた。

　2年度当初は，進級によって上の学年のカードになったことや担任の交替等で

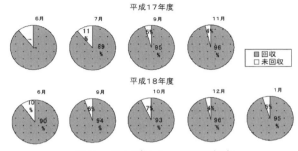

図5　がんばりカードの回収率

意識が薄らぎ90％に下がったが，再び，95％前後まで伸びている。担任の粘り強い声がけと家庭の協力のもと，子どもの成長がうかがえる。
② 家庭学習目標時間達成

　目標時間を確保するとともに，中学年以上は，学習で生じた課題を明確にして，発展学習に取り組むことをアドバイスした。学年目標時間と発展学習の取組みとの関連をとらえてみた。（図6～8は，初年度6月～2年度2月までの毎月のデーターの中から選択し，家庭学習の達成率をグラフ化して変容をとらえたものである）

★中学年の分析

- 4年生は，3年生の6月時45％であったが，徐々に伸ばしていった。4年生になり，学習時間が40分に増えたことで，一旦は達成率が54％に落ちるが，毎月頑張り，1月には65～70％の達成率を示している。

- 発展学習に取り組んだ割合は，宿題量の加減で影響を受けるが，30％から徐々に，67％まで伸びており，子どもたちが目当てをもって取り組んでいるとみられ達成率が重なり合っている。

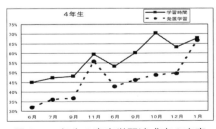

図6　4年生の家庭学習達成率の変容

2　ぼくもわたしも家庭学習大好きっ子　253

★高学年の分析

- 5年生は，4年生6月時で25%の達成率から35%に伸びたが，5年生進級で50分になると，再び15%に減少した。担任の協力体制で35%まで挽回した。発展学習も学習時間と並行するように伸びているが，いずれも他学年比べて落ちこんでいる。

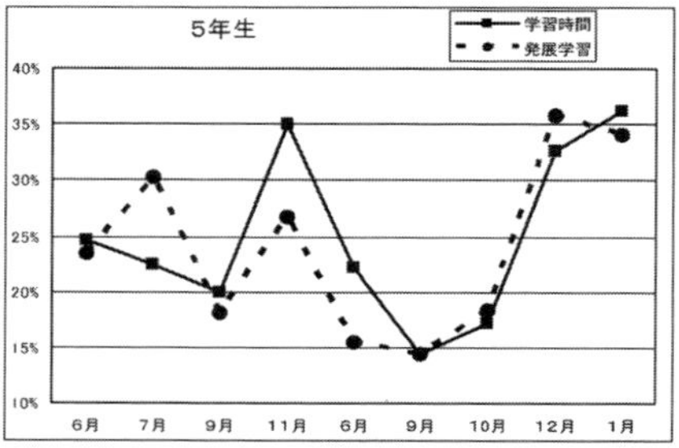

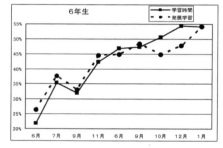

図7　5年生の家庭学習達成率の変容

- 6年生は，5年生の6月時に50分の達成率が22%であったが，少しずつ伸ばし，6年生で60分になると45%，さらに55%まで向上した。これは，中学校進学に向けて，自覚をもって取り組んでいる表れである。

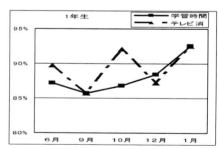

図8　6年生の家庭学習達成率の変容

③主体的・自律的な生活態度が基本的な学習態度を育てる（環境面から）

★低学年の分析

- 1年生は，入学時から，テレビを消して10分間学習するという約束で取り組んでいるため，85〜92%と好成績である。明日の学習準備も十分に取り組んでおり，心構えに好感がもたれる。

図9　1年生の学習とテレビとの関連

- ２年生も入学時から学習時間を指導されているため，常に90〜95％前後の実施率を確保している。

  低学年からごく自然に，家庭学習のしつけをされることが重要であることが分かる。

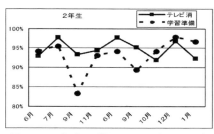

図10　２年生の学習とテレビとの関連

９月のカードは絶対◎ばかりにしたい。　　　　　　　（２年生子）

分からないことは，自分で調べるように努力しているね。　（母）

★高学年の分析

- ６年生は，５年生の時にテレビを消して学習，明日の学習準備の達成率が55％〜65％という低い数値から，80％まで伸ばした。しかし，低・中学年に比べると低い。目標学習時間が長いため，集中力を欠きやすいというハンディがあるが，テレビを見ながら勉強するというながら勉強に移行することが危惧される。５年生も同様の傾向である。

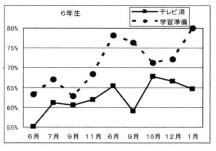

図11　６年生の学習とテレビとの関連

「テレビを消して学習する」をしっかりできたから，次は，明日の学習の用意をしっかりしたい。（５年生子）

そうですね。自分の部屋の机に向かってやると，集中力が高まりますね。これからもガンバレ！　　（母）

(3) 実施上の配慮事項

　がんばりカード類は，一人ひとりが月ごとにファイリングして継続的に取り組ませるようにした。また，全校ぐるみで，がんばりシールや努力賞を与えるなど，達成感が新たな意欲につながるように心がけていった。こうした積み重ねにより，児童や保護者からの感想も多く寄せられた。

3　3年度の実践の流れ（平成19年度）

　指定3年度は，「家庭学習がんばりカード」の見直しを行い，より確実に定着，習慣化するよう方策を練った。

(1)　マンネリ化を防ぐために

> 課題　回収率が95％，長期間継続するとマンネリ化でデーターの伸びが悪くなる。

　新学年になると，前学年より家庭学習時間が10分増える。「家庭学習がんばりカード」を実施してみると，18年度末に向上していた達成率が80％以下に落ちこんでいる。これは，新学年になり10分増えたリスクと担任の交替によると見られる。そこで，80％以上により定着させていくために現状分析を行った。
★アンケート質問—家庭学習80％に達成しないのは，なぜだと思いますか。
（担任教師18人回答）

- ・　子どもが，家庭学習の大切さを十分に認識していない。（11人）
- ・　保護者が子どもに声をかけ，励ましていない。（6人）
- ・　何をすればよいか分からない。（4人）
- ・　担任が子どもの現状を把握し，支援していない。（3人）
  その他の意見・観点の基準（とらえ方）が子どもに分かりにくい。
- ・子どもによって自己評価にむらがある。スポーツ少年団など学習時間がとれない等。

(2)　達成率アップを目指しての取組み

　達成率向上を目指して，担任から次の取組み方法が提案された。そこで，7月は，下波線の方法を共通策として取り入れることにした。

256　Ⅳ部　家庭と連携してつくる学校教育

- がんばりカードに○の合計数を書く欄を設け，○の目標数を意識させる。
- 自分で８割になっているか評価させる。
- 前回の分をふり返る時間を設け，次に生かせるようにする。
- 全体的に評価する場を設ける。
- 保護者のサインが「ない」子どももいるのでぜひ，保護者の方にも声かけをしてもらいながら家庭学習に取り組むようにする。
- 毎日こつこつ学習する大切さを指導していく。家庭学習以外の時にも，30分間（３年生）勉強することの重要さを話していく。夏休みも間近なので，家庭学習の大切さを指導していく。
- とにかく「20分は学習」ということをいい続ける。（２年生）
- 子どもたちの中には，勉強の仕方がわからない子がいるように思う。自主勉強で同じ漢字や図形問題ばかりしている子がいる。勉強の仕方も紹介しながら自習の抵抗感をなくしていく。
- 休みの日の親子でのふれ合いの中に家庭学習になることを入れてもらえるようにするとともに，土日のふれ合いを多くしている家庭は，チェックが１日だとやりやすい。
- 家庭学習を充実させるには集中力が大切で，日ごろの授業で育てていき，家での継続につなげたい。

方策１　国語や算数の学習方法を紹介した「家庭学習の手引き」を作成し，配布する。

方策２　がんばりカードの見直しを行い，カードに○＜守った＞の合計数や累計数を書く欄を設け，自己評価をくり返すことによって，継続する力を養う。

―19年度の親子のがんばりカードの文言より―

◇全部頑張るようにする。　◆この頑張り週間で，学習の姿勢が身についてきているように感じています。でも足りないところがあることも，この頑張り週間で親も気がつくので声がけしていきます。　　　　　＜２年生Ｋ子親子＞
◇全部できました。　◆時間を見つけては，漢検のドリル等を進んでするよう

2　ぼくもわたしも家庭学習大好きっ子　257

になって，机に向かう時間が増えてきましたね。　　　＜２年生Ｎ子親子＞
◇机に向かって勉強できたり，まとめて書くことがなくてよかった。　◆この
カードのおかげで少しずつ取組む姿がかわってきました。＜５年生Ｍ男親子＞

19年度は上記のような感想が多く寄せられ，学校だより総集編に全て盛りこんで発信した。子どもは自分の学びをふり返り，保護者は子どもの取組みの様子と親としてかかわり方がどうであったかを謙虚にふり返っている。

(3) 方策による成果

担任は，多様な観点から達成率アップを目指している。この教師の新たな認識によって，再び伸びてきた。くり返し，家庭や子どもに地道にはたらきかけていく中で，家庭学習習慣が身についていくと考えられる。

① 家庭学習時間の学年目標達成率が，平成17年度スタート時は，40％程度であった。しかし，徐々に達成率を伸ばし，18年度は60％に増加し，19年度には85％前後までに伸びていった。

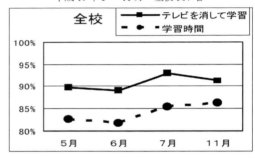

図12　全校の変容

② 「テレビを消して学習する体制を整える」ことや「発展（自主）学習も行う」ことにより，学習時間の達成率が伸び，充実感につながることがとらえられた。

家庭学習を習慣化させるために，授業で身についた基礎学力が定着するように，日常的にはたらきかけを行うことが大切である。家庭学習がんばりカードを定期的に活用し，自己評価の場をくり返すことによって，継続する力が培われる。

2003年に国際教育到達度評価学会調べにより，日本の中学生は，46か国中世界一短い宿題時間であった[4]。ベネッセ教育研究開発センターの2006年調査では，小・中学生の学習時間が増えてきて，高校生が課題であった。小学校時代から学習習慣を形成されることが重要であることが認識される[5]。

学習時間も，テレビ視聴時間も1日の時間で換算すると，10分から30分の違いである。しかし，1週間，1か月と総計すると大きく開いていく。まず，教師がこのことを認識し，「継続は力なり」ということを，地道に指導していかなければならない。

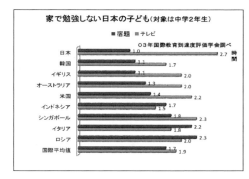

図13　世界の子どもの学習・テレビ視聴時間

(4)　家庭学習における読書の位置付け

　家庭学習の中に，宿題と合わせて読書を推奨している。読書活動は，学校および家庭全ての教育活動とかかわってくる大切なものである。その一方策として，家庭でファミリー読書（1回20分以上月3回）の機会をもった。

　ファミリー読書の定着とともに子どもたちの読書量も増加した。冊数の競争意識をあおらないように配慮して実施したところ，図書室の貸出冊数が，初年度は42.3冊，2年度は44.0冊，3年度は55.5冊ととても増えた。

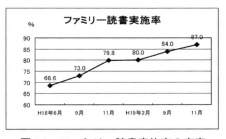

図14　ファミリー読書実施率の変容

　図書室以外の家庭からの持ち寄りの学級文庫や市内外の図書館での貸し出し冊数も含めると，一人当たり85冊にも増えた。こうした積み重ねで，言語力や豊かな情緒を育成されていくと考える。

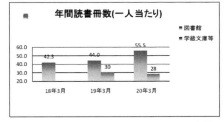

図15　一人当たり年間読書冊数の変化

4　家庭は貴重な教育資源

　家庭学習習慣を確立させるには，授業で身についた基礎学力が定着するよう日常的にはたらきかけを行うことが大切である。そのために，家庭学習がんば

りカードを定期的に活用し，学年に応じた自己評価をくり返すことによって，継続する力が培われる。特に低学年は，学習習慣を身につけさせる好機である。

　保護者が，家庭での子どもの学びの成長を見守り，温かい励ましや適切なはたらきかけを行うことで相乗効果をあげるのである。このような家庭教育の機能は，まさに教育資源に位置付けられるものである。

　学習習慣と学力との関連を個々のデータで全学年について調査してみた[6]。これは，学習の取組み方（学習態度や家庭学習の時間）やテレビ視聴時間の長さ等にも密接にかかわっているのである。県独自の学力調査（長年の歴史をもつ４教科調査３学年～６学年実施）や標準学力調査（CRT），６学年全国学力調査などを活用して，学力の実態（定着や落ちこみ等）を把握し，取組みの成果や反省から指導法の工夫改善を図っている。詳細は割愛するが，年々向上していき，多くの学力向上策に取り組んできた成果と考えられる。

　家庭学習習慣の定着に向けた家庭との連携もその一環であり，まさに，家庭の協力，支援は大切な教育資源である。

＜付記＞

◎本実践は，成美小学校が文科省学力向上研究指定校のおり，実践研究の企画・推進に携わった際のものを一部，再構成したものである。

・平成19年度（３年度）『研究のあゆみ～個を見つめ，確かな学びを育てる授業の創造～』成美小学校，及び追補版

・拙稿，「家庭学習習慣の形成と定着―確かな学力向上の育成に向けたアプローチ―」『教材学研究』第20巻，日本教材学会，2009，PP225-234

＜註・参考文献＞

(1) 文科省『小学校学習指導要領解説―総則編―』「第１章総則」の第１教育課程の一般方針，東洋館出版社　p3-4

(2) 清風堂書店　P-64「記憶力を強くする」（池谷祐二・講談社）

(3) カナダのタルビングは意味記憶やエピソード記憶といった経験記憶の大切さを説く。

(4) 朝日新聞「Life&Science」より　2006.7.16付

(5) 耳塚寛明，木村治生他『学習基本調査』2007，3，ベネッセ教育研究開発センタ

－VOL38

(6) 基本的な学習習慣や生活習慣の確立と正答率には一定の相関関係が窺える」中
央教育審議会初等中等教育分化会教育課程部会におけるこれまでの審議まとめ

・辰野千壽『指導と評価』日本図書文化協会　2008，vol54-02，p2-3

・辰野千壽『第49回指導と評価大学講座』財団法人応用教育研究所　2007，p2-11

・辰野千壽『指導と評価』無藤隆「学力向上策と家庭学習・生活習慣」日本図書文
化協会　2008，vol54-03

・高階玲治『自ら学ぶ「確かな学力形成力」』ぎょうせい，2005，3，pp174-177

・高階玲治『「確かな学力」指導の基礎・基本』教育開発研究所，2005，3，pp210-213

おわりに ―感謝をこめて―

　子どもたちは,「勉強が楽しく分かるようになりたい」「スポーツの技を磨き強くなりたい」「少しでも成長したい」といった自己の成長動機とその実現を目指しており,それを達成させていくのが教育の営みです。本書の実践は,その意味で,子どもたちの自己実現の姿を表現したものです。

　子どもたちと学習を進めていくと,子どもの学びのステージは学校という枠を越え,広い地域のフィールドに広がっていきます。私たちは,子どもの学びのステージを整え,一人ひとりの学びを十分に保障してやりたい,地域にネットワークのアンテナを張り,情報収集に努め,学びの広がりに応えられるようにしたいと思わずにはいられません。また,実践を深めていくほど,各教科・道徳・特別活動の基礎・基本の重要性や子どものよさを多面的に見取る指導者の教材研究の大切さを認識します。

　ふるさと高岡は,世界の子どもたちに人気の漫画家藤子不二雄先生の出身地です。両氏は,『二人で少年漫画ばかり描いてきた』の300ページの原稿をつくるのに,1000ページを描き700ページを惜しげもなくカットしているのです。この逸話に感銘致すとともに,文をつくり練り上げることの厳しさを感じました。

　拙書は,研究報告を書き下ろす時,難解な箇所や数値的データーなど割愛し,分かりやすくなるよう心がけました。なお読みにくい点をご了承いただければ幸いです。また,子どもたちが生き生きと活動する姿を追って,十万枚もの写真を写しました。保護者の方には,掲示写真でご覧いただき,子どもさんの成長の証としてアルバムに収めていただいたりしました。拙著では,子どもたちの真剣な学びの眼差しを伝えたく,また内容を少しでも理解しやすいようにと写真を挿入いたしました。

　この実践の過程では,地域の方々や専門家,行政・教育関連の方々に,懇切丁寧なお教えをいただき,有意義で実り多い学習を展開することができました。保護者のみなさんには,お子さんを見守り,支援し,時には感想を寄せていただいたりしました。また,各学校の校長先生はじめ教職員のみなさんと,目指す子ども像に向かって心を一つにして取り組むことができました。

そして,「子どもの明るい未来のために」をスローガンとする株式会社国土社とご縁があり,上梓できましたことは誠に意義深いことです。
　拙著の出版は,たくさんの方々の温かい心に支えられてこその賜物です。こうしたことに思いを致し,ご一同様に厚く感謝を申し上げます。
　なお,ご指導いただきながら上梓に及ばず,故人となられました方々に謹んで哀悼の意を表します。
　最後に,縁あって出会った子どもたち,感動をいっぱい表出しながら,共に学び合ったあなた方に拍手を贈ります。次世代を担うみなさんのご活躍を心から祈念いたします。

　2018年7月

中島　美恵子

著者紹介

中島美恵子（なかしま　みえこ）

　1953年富山県に生まれる。東京学芸大学教育学部卒業。放送大学大学院文化科学研究科修士課程修了。富山県滑川市，射水市，高岡市等の公立小学校教員として三十数年間在職。

　日本環境教育学会，日本社会科教育学会，日本教材学会，東京教育工学研究会に所属していた。現在は，日本教材学会会員。

　著書に『地域に学ぶ環境教育』（1996，教育出版）がある。共著に『小学校環境教育ガイドブック』（1991，教育出版）『小学校環境教育ガイドブック』（1994，教育出版）『環境教育実践マニュアル』（1995，小学館）『教育方法学の実践研究』（2013，教育出版）ほか多数ある。

地域の教育資源を生かした

ふるさと教育

2018年8月20日　初版1刷印刷
2018年8月25日　初版1刷発行

著　者　　中島美恵子
発行所　　株式会社　国土社
　　　　　〒101-0062 東京都千代田区神田駿河台2-5
　　　　　TEL　03-6272-6125　　FAX　03-6272-6126
　　　　　http://www.kokudosha.co.jp
印刷・製本　株式会社　厚徳社

Ⓒ M. Nakashima 2018 Printed in Japan
ISBN978-4-337-79018-6 C3037